●华南师范大学哲学社会科学优秀学术著作出版基金资助项目

中国高等教育学研究的 知识图谱分析
——基于期刊数据库的考察

于小艳 著

华南理工大学出版社
SOUTH CHINA UNIVERSITY OF TECHNOLOGY PRESS
·广州·

图书在版编目（CIP）数据

中国高等教育学研究的知识图谱分析：基于期刊数据库的考察／于小艳著．—广州：华南理工大学出版社，2023.9
ISBN 978-7-5623-7324-7

Ⅰ．①中⋯　Ⅱ．①于⋯　Ⅲ．①高等教育学－研究－中国　Ⅳ．①G640

中国版本图书馆CIP数据核字（2022）第258128号

Zhongguo Gaodeng Jiaoyuxue Yanjiu De Zhishi Tupu Fenxi——Jiyu Qikan Shujuku De Kaocha
中国高等教育学研究的知识图谱分析——基于期刊数据库的考察
于小艳　著

出版人：柯　宁
出版发行：华南理工大学出版社
　　　　（广州五山华南理工大学17号楼，邮编510640）
　　　　http://hg.cb.scut.edu.cn　E-mail：scutc13@scut.edu.cn
　　　　营销部电话：020-87113487　87111048（传真）
策划编辑：李秋云
责任编辑：李秋云
责任校对：梁晓艾
印　刷　者：广州市新怡印务股份有限公司
开　　本：787mm×960mm　1/16　印张：15.25　字数：265千
版　　次：2023年9月第1版　2023年9月第1次印刷
定　　价：68.00元

版权所有　盗版必究　　印装差错　负责调换

前 言

学科的发展需要其自身的阶段性总结、梳理与反思。为从宏观、中观、微观角度对我国改革开放以来的高等教育学研究作全景描述和深层分析,本书利用学术期刊这一媒介,通过定量与定性相结合的方式,以改革开放以来的 CSSCI 和 CNKI 高等教育学研究论文以及国外高等教育代表期刊文献为样本,综合采用可视化软件 CiteSpace、Ucinet 和 Pajek 与计量分析工具 Bibexcel 等,揭示我国高等教育学研究的学科给养、学科结构、学科交流、学者合作等核心问题,旨在为中国高等教育学学科发展史、学术史提供新的历史素材;同时尝试提炼相关学术期刊与学科发展之间的互动关系。主要内容如下:

第一章为绪论,主要介绍本书的选题背景、意义和核心概念等,并对本书的相关文献做纵横向的全面综述与评价,梳理研究的理论支撑、观点争鸣、范式演进、方法更迭等,进而引出本书的价值所在,并详细介绍了本书采用的分析框架、主要内容、方法、技术、路径、创新、难点和预期效益等。

第二章主要介绍知识图谱理论及其具体的方法和数据来源。面对浩如烟海的文献,囿于人类的阅读能力、认知水平和分析能力,难以从海量的信息中快速提炼和掌握有价值的观点,尤其是新颖的观点,因此,借助于科学分析软件,尤其是大数据分析,能够让研究者从纷繁的信息世界中抽身出来进行独立的思考。知识图谱以库恩的科学革命结构理论为基础,并吸收了普赖斯的研究前沿成果和知识基础概念,其代表性研究工具 CiteSpace 为美籍华人陈超美教授开发,得到了世界研究者的广泛关注和应用,其研究广度和深度被众多研究者验证和认可。本书分析软件还包括 Ucinet、Pajek、Bibexcel 等,采用的具体分析方法包括引文分析、共被引分析、多元统计分析、词频分析、社会网络分析等。本书的数据来源为CSSCI、CNKI、Web of Science等学术期刊数据库，并根据研究范围和期刊实际发文情况对期刊数据进行了适当限定。

第三章为高等教育学"学科给养"知识图谱研究。本章主要从组织的维度对改革开放以来中国高等教育学研究的发展基础做全景描述。本章所指的"学科给养"，主要指研究队伍、研究机构和基金资助。本章探讨的着力点在于三者对中国高等教育学研究的支持度，以及三者在强度、相关性、差异性、生成逻辑等方面的情况。本章的基本结论为：高等教育学在多年的发展过程中，形成了一支庞大的、梯队合理的研究队伍，涌现出了诸多高产作者，开拓并夯实了学科发展的理论和范式，但延续性和产出效率不高；高等教育学研究形成了高等院校、科研院所、事业单位三大阵营，但研究力量比较悬殊；高等教育学研究的资金支持力度逐年上升，但覆盖面和额度仍需增强；高等教育学研究的应用性和生产力转化仍需进一步加强。

第四章为高等教育学"学科结构"知识图谱研究。本章主要从学科的外部显性结构和内部隐性结构入手，对中国高等教育学研究的倾向和体系进行科学划分。其外部显性结构可划分为理论研究、实践研究、交叉研究和比较研究四大分支；其内部隐性结构则相互交错，近缘交叉较多，远缘交叉不足。中国高等教育学学科结构的最大特征就是与中国社会转型和改革开放进程同步。本章的主要结论为：中国高等教育学研究的学科结构和热点演进反映了高等教育学基于自身内在学术发展逻辑的研究倾向，也反映出社会政治经济等外部系统对高等教育学的要求，以及两者之间的动态关系；国外高等教育研究注重实践导向，关注教育者本身，而国内则重理论和政策研究，本土化有余、国际化不足；高等教育学研究的内部分化较为严重，基于社会本位的过于庞杂的研究需进行整合。

第五章为高等教育学"学科交流"知识图谱研究。本章主要运用共被引分析技术，以学者、文献、期刊为考察对象，对改革开放以来中国高等教育学与其他相关学科之间的交流关系、趋势、广度和深度等进行分析，探索不同时期中国高等教育学研究的知识传播路径、学科交叉融合进程和知识生产范式，提示其背后的"多学科""跨学科"本质与规律。本章的主要结论为：国内外高被引作者均为老一辈学科带头人或学界知名人物，青年学人较少，研究领域涉及学科建设、教育公平及投入等，其学术生命周期较长；中国高等教育学研究的外文经典文献为"汉译世界高等教育名著丛书"，本土文献为潘懋元先生的三部论著，它们为中国高等教育学发展提供了知识论和方法论基础。但高被引文献中学术论文极少，缺乏时效性、实践性和创新性兼具的研究成果；中国高等教育学研究期刊形成了高等教育学专业类—教育学综合类—其他人文社会科学类三级期刊模式，承担了学科研究范式转变和热点引领的功能。高质量的高等教育外文期刊尚未创办，制约了高等教育学国际学术话语权的提升。

第六章为高等教育学"学者合作"知识图谱研究。本章主要利用复杂网络相关理论和方法，对中国高等教育学科的学者合作情况进行宏观描述、中观解构以及微观阐释，以透视我国高等教育学科研合作及产出的现状、趋势、特征和规律；借助复杂网络和图论相关理论及技术，定量与定性相结合，对高等教育学科研合作的整体、局部和演化做了层次分析。本章的基本结论为：中国高等教育学研究的网络拓扑结构表现出绝大多数学者开展分散研究、小团队缺乏领军人物、大型团队非对等权重关系的特点，合作模式正处于学缘式向资源式的转型期；中国高等教育学研究呈现出典型的"小世界"效应，聚类效果明显，形成了若干稳定的科研社团，大社团相对稳定，具有较强的学缘性，小社团则规模过小，随机性较强，社团之间的联通不够顺畅，未形成百家争鸣的开放共享态势；中国高等教育学研究出现了具有知识传播源特质的桥梁性领军人物，但显性效应弱、隐性效应强；中国高等教育学研究具有明显的谱系特征，其中最大的社团为"厦大学派"。

最后是总结部分，旨在对改革开放以来中国高等教育学研究的经验和教训进行回顾与反思，回应研究的问题起点和逻辑，从理论建设、研究范式、人力梯队、研究社区、学术期刊等角度对中国高等教育学研究的可持续性提出建设性意见，并对其未来的趋势进行预测。

目 录

第一章 绪论 …………………………………………………… 1
  一、研究背景及意义 …………………………………………… 1
    （一）研究背景 …………………………………………… 1
    （二）研究意义 …………………………………………… 2
  二、核心概念分析 ……………………………………………… 5
    （一）高等教育学研究相关概念辨析 …………………… 5
    （二）本书对高等教育学研究的理解 …………………… 8
  三、文献综述 …………………………………………………… 9
    （一）以系统的高等教育学科或高等教育学研究本身为
           对象的反思和展望研究 ………………………… 9
    （二）关于高等教育学"研究范式"的研究 …………… 12
    （三）关于高等教育学研究方法的研究 ………………… 14
    （四）简要述评 …………………………………………… 15

第二章 知识图谱理论、方法与数据来源 ……………………… 19
  一、知识图谱基本理论概述 …………………………………… 20
    （一）知识图谱的概念 …………………………………… 20
    （二）知识图谱的基本原理 ……………………………… 22
    （三）知识图谱的研究对象、功能及应用 ……………… 23
    （四）学科研究的知识图谱构建 ………………………… 24
  二、知识图谱的基本方法 ……………………………………… 25
    （一）引文分析方法 ……………………………………… 25
    （二）共被引分析方法 …………………………………… 27

（三）多元统计分析方法 ………………………………………… 28
　　（四）词频分析方法 ……………………………………………… 29
　　（五）社会网络分析方法 ………………………………………… 30
三、数据来源、采集及处理 …………………………………………… 31
　　（一）数据源及期刊遴选 ………………………………………… 31
　　（二）数据采集与处理 …………………………………………… 36
　　（三）分析软件和工具 …………………………………………… 38
四、小结 ………………………………………………………………… 40

第三章　高等教育学"学科给养"知识图谱分析 ……………… 42
一、高等教育学研究人员分析 ………………………………………… 43
　　（一）高产作者界定 ……………………………………………… 44
　　（二）高等教育学高产作者分布 ………………………………… 46
　　（三）高等教育学高产作者演变 ………………………………… 51
二、高等教育学研究机构分析 ………………………………………… 58
　　（一）高等教育学研究机构归类分析 …………………………… 59
　　（二）高等教育学研究机构区域分布分析 ……………………… 71
三、高等教育学基金资助分析 ………………………………………… 77
　　（一）高等教育学基金整体分布 ………………………………… 77
　　（二）高等教育学主要基金支持类型及其强度 ………………… 79
　　（三）高等教育学研究机构基金获取状况演变 ………………… 81
四、小结 ………………………………………………………………… 86
　　（一）高等教育学研究人员发展状况及反思 …………………… 87
　　（二）高等教育学研究机构发展状况及反思 …………………… 88
　　（三）高等教育学基金项目发展状况及反思 …………………… 90

第四章　高等教育学"学科结构"知识图谱分析 ……………… 93
一、高等教育学学科结构聚类图谱分析 ……………………………… 94
　　（一）高等教育学关键词词频统计分析 ………………………… 95
　　（二）高等教育学聚类结构分析 ………………………………… 97
　　（三）国内外高等教育学研究聚类比较 ………………………… 103

二、高等教育学主要学科分支分析 ………………………………………… 107
  （一）理论研究领域分析 ……………………………………………… 108
  （二）实践研究领域分析 ……………………………………………… 114
  （三）交叉研究领域分析 ……………………………………………… 117
  （四）国际比较研究领域分析 ………………………………………… 121

三、高等教育学研究热点演化分析 ………………………………………… 123
  （一）1979—2000 年高等教育学科结构分析 ……………………… 123
  （二）2001—2010 年高等教育学科结构分析 ……………………… 125
  （三）2011—2018 年高等教育学科结构分析 ……………………… 128

四、小结 ………………………………………………………………………… 130
  （一）高等教育学聚类结构知识图谱及其国际比较 ……………… 130
  （二）高等教育学分支结构样态及分析 …………………………… 131
  （三）高等教育学学科结构演进 …………………………………… 132

第五章 高等教育学"学科交流"知识图谱分析 ……………………… 135

一、高等教育学学者共被引分析 …………………………………………… 137
  （一）高等教育学被引作者基本情况 ……………………………… 138
  （二）高等教育学作者共被引知识图谱 …………………………… 139
  （三）高等教育学权威被引作者分析 ……………………………… 142

二、高等教育学文献共被引分析 …………………………………………… 145
  （一）高等教育学文献的基本情况 ………………………………… 145
  （二）高等教育学共被引文献知识图谱分析 ……………………… 148
  （三）高等教育学经典文献被引分析 ……………………………… 152

三、高等教育学关联期刊共被引分析 ……………………………………… 156
  （一）高等教育学关联期刊被引概况分析 ………………………… 158
  （二）高等教育学关联期刊共被引聚类结果及分析 ……………… 162
  （三）高等教育学关联期刊被引半衰期分析 ……………………… 166

四、小结 ………………………………………………………………………… 170
  （一）高等教育学学者共被引结论及分析 ………………………… 171
  （二）高等教育学文献共被引结论和分析 ………………………… 172

（三）高等教育学关联期刊共被引结论及分析 …………… 173

第六章　高等教育学"学者合作"知识图谱分析 …………… 177
　一、高等教育学学者合作网络知识图谱 …………………… 180
　　（一）高等教育学学者合作网络知识图谱概况 …………… 180
　　（二）高等教育学学者合作网络中心性指数分析 ………… 181
　二、高等教育学学者合作网络分析 ………………………… 186
　　（一）高等教育学学者合作网络"小世界"效应分析 …… 186
　　（二）高等教育学学者合作网络"社团"现象分析 ……… 188
　　（三）高等教育学学者合作网络"桥点"现象分析 ……… 194
　三、高等教育学学者合作网络演化分析 …………………… 197
　　（一）高等教育学学者合作网络合作频率演化分析 ……… 197
　　（二）高等教育学学者合作网络知识传播效率演化分析 … 199
　四、小结 ……………………………………………………… 205
　　（一）高等教育学学者合作整体情况 ……………………… 206
　　（二）高等教育学学者合作团体复杂网络分析 …………… 206
　　（三）高等教育学学者合作演进 …………………………… 207
　　（四）高等教育学研究的谱系特征 ………………………… 207

结语 …………………………………………………………… 209
　一、研究总结 ………………………………………………… 209
　二、学科发展建议 …………………………………………… 212
　三、研究展望 ………………………………………………… 213

参考文献 ……………………………………………………… 215
　一、著作 ……………………………………………………… 215
　二、论文 ……………………………………………………… 216
　三、其他 ……………………………………………………… 229

后记 …………………………………………………………… 231

第一章
绪　　论

一、研究背景及意义

（一）研究背景

重大的社会变革常常意味着认识论及方法论的大发展、大突破，这种大发展、大突破往往具有普适意义[①]。我国的改革开放事业是从高等教育领域开始的，邓小平同志率先在高等教育领域领导实施改革开放[②]。改革开放对高等教育和高等教育学的发展有重要的启迪意义。改革开放以来，中国高等教育蓬勃发展，研究组织和机构力量不断加强、研究人员和队伍结构持续优化、研究质量和效益稳步提高，高等教育学科在科教兴国和教育强国发展时期均扮演了重要的角色。从世界范围来看，我国改革开放以来的高等教育发展与改革是"世界高等教育改革发展领域的典

---

① 卢晓中. 社会变革视野下高等教育发展理论创新［J］. 高等教育研究，2011（10）：20－25.

② 张应强，等. 中国教育改革 40 年——高等教育［M］. 北京：科学出版社，2019：前言.

案例"①。改革开放以来，高等教育学学科建设是高等教育学研究的主体，高等教育学学界无论是在内在建制的建设、外在建制的建设、基本理论研究、应用研究，还是在学科的哲学反思等方面都进行了探讨，明晰了学科结构、学科组织、学科制度、研究对象、研究方法、高等教育学知识体系、学科组织和学科文化的改造等高等教育学学科建设的基本问题。当下，我国高等教育发展进入了一个新的时代，普及化、现代化、国际化是高等教育发展的主要趋势②。而"双一流"建设既为高等教育发展带来机遇，也提出挑战，刺激高等教育学科进一步思考并挖掘对内外部建制及资源的配置及使用效率。不论是适应并引领新时代，还是着眼于高等教育学科自身的发展考虑，都亟须对我国高等教育学研究进行阶段性总结和反思，以明确我国高等教育学学科给养、学科结构、学科交流、学者合作等核心问题，进而对高等教育学研究的取向、策略、效益等进行反思，并由此展望未来高等教育学科发展的趋势，从历史和逻辑的角度探讨高等教育学科发展的应然模式。

（二）研究意义

本研究的理论意义在于，以学术期刊论文为介质，利用科学知识图谱，通过定量与定性相结合的方式揭示改革开放以来我国高等教育学科发展的动向、趋势及问题，促进高等教育学科建设的"学科化、规范化、系统化"；通过对高等教育学研究进行研究，进一步深化"元高等教育学"研究，促进高等教育学研究范式的变革，拓宽高等教育学的研究视野以及研究高等教育学的视野，为探索建立中国特色高等教育学学科理论体系提供参考。因此，本书具有显著的学科史和学术史的价值。

本研究的实践意义在于，高等教育学既有服从学科内部发展逻辑的需要——研究本学科得以存立的基础，也有因应社会外缘的功能性需要，关切现实问题。对高等教育学在应对社会挑战时的反应速度、回应方式、嵌入深度、刺激效果等从实践上进行总结、从理论上进行反思，有利于提升高等教育学在社会经济发展中的参与度及贡献率，进而提升高等教育学学科的话语权和影响力。

具体而言，本书的意义在于以下五个方面：

---

① 张应强，等. 中国教育改革40年——高等教育 [M]. 北京：科学出版社，2019：前言.

② 胡建华. 中国高等教育学科发展40年 [J]. 教育研究，2018 (9)：24-35.

1. 回应高等教育学研究内容阶段性总结的需要

改革开放后，我国高等教育百废待兴，高等教育学经历了从学科形成阶段走向发展阶段，直至走向学科完善阶段的过程。改革开放以来，高等教育学研究内容不断向纵深发展，不断为高等教育的热点、难点与前沿问题提供新思路、新方法。对这些成果进行梳理和反思，清楚把握这一时期高等教育学的主要研究内容及价值走向并对这些问题进行深入探讨，有利于高等教育学学科体系及知识体系的建设。

然而，高等教育学是一门年轻的学科，在研究与实践中难免暴露出了诸多问题：学科体系亟待完善；学科规范有待进一步确立；研究方法尚待进一步完善和创新。通过梳理和反思，评估改革开放以来高等教育学研究的总体状况，概括高等教育学的时代特征，反思本学科建设中遇到的普遍性问题，对学科的建设和发展具有重大意义。

2. 回应本学科研究范式理性审思的需要

美国科学哲学家托马斯·库恩（Thomas S. Kuhn）在其《科学革命的结构》一书中最早提出"范式"一词，用来解释科学知识的历史演变和发展。库恩的范式指一个科学共同体成员共有的东西，其中包括科学共同体共有的价值取向、理论基础、研究方法和合作类型等。此外，库恩也阐明了范式与科学共同体互为前提、互为基础的关系，认为共有一个范式的人组成了一个科学共同体。

本书拟通过知识图谱中的作者共被引分析寻找学科内部的科学共同体，从而探讨高等教育学研究的范式。遵循库恩的科学发展阶段划分及判断规定性，对高等教育学研究的范式进行理性审思，以更准确地把握本学科发展的阶段，深入挖掘本学科内部更深层次的理论结构、研究方法和学术群体的形成过程，更科学地对本学科进行评估和建设。

3. 回应高等教育学学科引入新的研究方法的需要

传统的思辨研究和定性分析是开展高等教育学研究的惯用方法。这种方法得出结论的客观性和科学性多依赖于研究者所拥有的学科知识水平及对本学科的了解情况，难免带有一定的主观色彩，也难以全面、精准、快速地挖掘出高等教育学研究中令人注目的重点、热点、前沿和学科制高点。

知识图谱能通过挖掘数据、处理信息、计量知识和绘制图形，将复杂的高等教育学研究以直观的图谱将其学术共同体的研究范式、研究前沿和新生长点展现出来，揭示高等教育学发展的轨迹和特征，厘清各个/类研究之间的关系和相互作用，为研究者和读者提供一个崭新的视角来审视高等教育学研究的现状并展望未来的发展走向。这种方法弥补了传统研究工具和方式的不足，创新了本学科的研究方法，不仅为高等教育学发展提供了科学依据，也有利于对高等教育学的发展进行理性反思，一定程度上是学科发展走向科学化的标志。

4. 回应高等教育学适应并引领时代发展的需要

高等教育学研究的最终旨归在于研究高深学问（包括理论和应用）、培养高级专门人才，进而直接或间接地为社会服务。在知识经济社会里，个体的竞争力、国家的竞争力都有赖于高级专门人才的储备。高等教育学既需要服从学科内部发展逻辑的需要，研究本学科得以存立的规律和理论，也要因应社会外缘的功能性需要，关切现实问题。高等教育学在应对社会挑战时，其反应速度、回应方式、嵌入深度、刺激效果等，都需要从实践上进行总结、从理念上进行建构。本书寄望在全面分析高等教育学研究知识图谱的基础上，总结高等教育学的研究取向、人才培养模式等与经济社会发展的相关性及参与度，为高等教育学如何在提升个体和国家竞争力、促进社会进步中发挥更重要的作用做出合理评测。

5. 回应学术期刊与学科发展协同发展的需要

学术期刊与学科建设之间有着天然的纽带关系。学科的研究成果成为学科评估的一种替代性方法。这一方面昭示着学术期刊对于学科知识生产和发展的反应程度，另一方面也体现了学科与学术期刊之间的互动关系——学科的建设与发展为学术期刊的繁荣提供了基础与支撑，而学术期刊又反过来服务、传播和引领学科建设，促进了学科进步。

从学术期刊的角度看，学术期刊为学科建设提供了包括学者、物质基础以及以知识为要素的学术资源。学术期刊的"守门人"角色发现和凝聚了学科的研究共同体；学术期刊积累、汇集研究共同体的"范例"，推动了学科研究范式的创生和演进；学术期刊通过选题引领学科研究热点和新的知识生长点。从学科发展的角度看，学科发展的评估指标中大量使用了学术期刊的研究成果，但对于学术期刊的其他功能却有所忽视，对其可能发挥的培育和凝聚学术共同体，以及促进研究方法迭代和研究范式更新等的功能重视不够。故而，需更加重视高等教育学术期刊对于高等教育学学科发展的重要作用，使高等教育学术期刊真正立足于高等教育学科，并与其充分协同发展。

二、 核心概念分析

改革开放以来，高等教育学研究论题广泛、成果丰硕，比较集中地探讨了高等教育学学科的基本内涵、发展现状、构建历史、价值功能、学科代谢、学科困境等本体性问题，以及高等教育学与其他学科、社会其他子系统之间的差异性、渗透性、协同性等实践性问题。下面仅对高等教育学研究的相关概念进行厘清，并对与本书密切相关的研究成果进行简要梳理。

（一） 高等教育学研究相关概念辨析

高等教育学研究与高等教育研究是既有区别又有联系的两个概念①。在明确"高等教育学研究"的概念之前，需要对三个相关的概念——"高等教育""高等教育学""高等教育研究"进行厘清。

在我国，"高等教育"不管在概念上还是在实践中都是比"高等教育学"早一步出现的。之所以必须对"高等教育"的概念进行厘清，是因为其具有基础性和先在性特征。韩延明在《高等教育学新论》中明确指出，"高等教育"是高等教育学的核心概念，对"高等教育"概念的研究是高等教育学学科研究的基础②。而对于"高等教育学"的认识，本书认为可以从两个方面展开：

首先，"高等教育学"是学科之林的一个分支。这就需要结合普遍意义上的学科概念来认识"高等教育学"的概念。然而，给"学科"下一个统一公认的定义，不是一件易事。有时"学科"是根据观察的方法来定义的，如色谱学；有时"学科"则是按照研究对象来定义的，如历史学。但即便如此，对于"学科"和"高等教育学"，我们也不是一无所知。以下几种代表性的观点有助于我们认识和理解"高等教育学"的概念。

（1）基于文化/范式的学科。伊曼纽尔·沃勒斯坦在《知识的不确定性》中认为，学科涵盖着文化。文化在社会发展中是随着时间而变化的，但各学科的学者都在一定的时间内，有其区别于其他学科的令人欣赏的"陈述模式"③。这种陈述模式接近库恩的"范式"。

---

① 卢晓中. 对高等教育学研究中若干问题的认识 [J]. 高教探索, 2000 (3)：54-56.
② 韩延明. 高等教育学新论 [M]. 济南：山东人民出版社, 2012：1.
③ 伊曼纽尔·沃勒斯坦. 知识的不确定性 [M]. 王昺, 等译. 济南：山东大学出版社, 2006：103.

(2) 基于规训与知识的学科。华勒斯坦认为，学科是历史的产物，并以一定的措辞建构起来①。学科知识不单是知识层面的事，而且是一种社会实践②。不论是在知识缓慢增长还是在知识爆炸的年代，我们皆要让知识的增长服务于人类的长远利益和福祉，并发展出足够的自我反省能力③。除了华勒斯坦，我国学者王续琨在《科学学科学引论》中也明确指出，其研究对象是知识体系意义上的学科，具体定义为"学科是具有特定研究对象的科学知识分支体系"④。

(3) 基于创生和发展的学科。费孝通认为"学科"是一个动态概念，即"学科本身是一个成长的机体，它是不断生长的"⑤。此外，陈燮君从创生和发展的角度对学科进行分析，提出了学科创生的五大指标，分别是：①带有必然性的时代环境；②特有的学科定义和研究对象；③学科创始人和代表作；④独特的研究方法；⑤精心营建的理论体系。

(4) 作为基础的学科。从现代大学的纵向发展史来看，首先有一个学科，然后才有一个专业、有一个系、有一个学院，甚至才有一个大学⑥。此外，学科是大学的组成单元，是承载大学职能的平台，是其竞争力的承载基础⑦。从知识生产和传播的角度看，学科是专业人员分门别类开展知识生产及运用，以及进行高深专门知识教与学等活动的基本单元⑧。

(5) 基于知识与组织的学科。有学者发展了华勒斯坦的观点，认为"学科"包含与学科规训相联系的知识体系和学术组织两方面的含义⑨。伯顿·克拉克从

---

① 华勒斯坦，等. 学科·知识·权力 [M]. 刘健芝，等编译. 北京：生活·读书·新知三联书店，1999：34.
② 华勒斯坦，等. 学科·知识·权力 [M]. 刘健芝，等编译. 北京：生活·读书·新知三联书店，1999：5.
③ 华勒斯坦等. 学科·知识·权力 [M]. 刘健芝，等编译. 北京：生活·读书·新知三联书店，1999：1.
④ 王续琨. 科学学科学引论 [M]. 北京：人民出版社，2017：36.
⑤ 费孝通. 关于社会学的学科、教材建设问题 [J]. 西北民族研究，2001 (2)：1-6.
⑥ 韩水法. 大学制度与学科发展 [J]. 中国社会科学，2002 (3)：77-78.
⑦ 庞青山. 大学学科结构与学科制度研究 [D]. 上海：华东师范大学，2004：13-14.
⑧ 廖益. 大学学科专业评价研究——以广东省高等学校名牌专业和重点学科为例 [D]. 厦门：厦门大学，2007：24.
⑨ 李金奇，冯向东. 学科规训与大学学科发展 [J]. 高等教育研究，2005 (5)：79-83.

组织的观点将高等教育系统看作由生产知识的群体构成的学术组织[1]，并在其两部著作《高等教育新论——多学科的研究》和《高等教育系统——学术组织的跨国研究》里都强调，高等教育系统的核心是各门学科和各个实体组织之间形成的相互交织的矩阵。因此，学科及其组织是透视高等教育系统的一个有效视角。以此类推，组织形态的高等教育学科亦是分析高等教育学的一个重要维度。在我国的高等教育学研究中，庞青山曾在其博士论文中界定学科是知识或学问总体中的一种划分或一个部门，并将学科定义为学术知识的分类或学问的分支[2]。

（6）基于综合的观点的学科。周光礼、武建鑫运用词频分析法，构建了"学科"概念层次分析图谱，界定了学科的内涵与外延，认为"学科既是一套系统有序的知识体系，也是一套体现社会建构的学术制度。在大学组织当中，学科主要表现为教学科目、研究平台、学术团队、规训制度、学科文化"[3]。

学科概念通常暗含学科发展的要素或途径。方文认为，普遍意义上的学科发展有赖于学科理智和学科制度的共同发展。学科理智即学科知识和理论体系，强调知识的内在逻辑，通过学科编年史或者学科通史、学科中学派的形成和演变，确定一定时间段学科研究主题的变换以及权威教科书的内容变迁等线索或途径，可以从学科理智层面考察学科[4]。学科制度分为学科内在制度和学科外在制度：学科内在制度以弥漫在学术共同体中的学术标准和学术准则为表征，类似于库恩的"范式"；学科外在制度强调学科的组织机构等物质层面的社会建制，如研究队伍、研究机构、研究刊物、研究成果等[5]，对学科发展的内在建制起到促进和保障作用。

其次，高等教育学是高等教育发展到一定历史阶段的产物[6]。如果根据研究对象来给高等教育学下一个定义，那么高等教育学是研究高等教育现象、揭示高

---

[1] 伯顿·克拉克. 高等教育系统——学术组织的跨国研究 [M]. 王承绪，等译. 杭州：杭州大学出版社，1994：1.

[2] 庞青山. 大学学科结构与学科制度研究 [D]. 上海：华东师范大学，2004：12.

[3] 周光礼，武建鑫. 什么是世界一流学科 [J]. 中国高教研究，2016（1）：65 - 73.

[4] 方文. 社会心理学的演化——一种学科制度视角 [J]. 中国社会科学，2001（6）：126 - 136.

[5] 祝爱武. 我国高等教育学科发展轨迹分析 [J]. 南通大学学报（教育科学版），2009（3）：21 - 25.

[6] 韩延明. 高等教育学新论 [M]. 济南：山东人民出版社，2012：17.

等教育特殊矛盾和基本规律的一门学科①②。潘懋元先生曾指出："高等教育学是教育科学的一个分支学科，它在一般教育理论的基础上，专门研究高等教育所特有的矛盾，揭示高等教育发展的客观规律。"③ 这一方面说明高等教育学具有普遍意义学科概念的规定性，也具有自身的特殊性；另一方面也表明高等教育学的概念需从高等教育研究中汲取养分。

高等教育研究与高等教育学研究是既有区别又有联系的两个概念。高等教育研究是运用高等教育研究方法进行的一种科学研究活动，其成果形成高等教育理论，而这些理论的体系化和科学结构化即为高等教育学④。高等教育学研究是强调高等教育学的学科性的研究（而非只是研究领域），其以高等教育的整体为研究对象，主要包括对高等教育现实问题的研究（属于狭义上的高等教育研究）和对高等教育学科的研究（属于高等教育学的元研究），"研究成果则重在揭示规律与理论发现及建构"⑤，与普通意义上所说的高等教育研究并无差别。

尽管西方学者普遍认为，高等教育学并不是一门独立的学科，但我国的许多学者认为我国的高等教育研究一开始便是作为一门学科来建制的⑥。高等教育学是应用性学科，它是因应解决高等教育发展实际中的问题而产生和发展的，其对高等教育问题的响应速度、切入深度、回应效度一定程度上决定了自身存在的价值。可以说高等教育学的学科性质及其与高等教育实践的关系决定了高等教育研究与高等教育学研究的关系，即"高等教育研究对高等教育学研究具有促进和推动作用"⑦。

（二）本书对高等教育学研究的理解

综合上述概念解析，本书以伯顿·克拉克关于学科知识与组织的论述为核心概念，融合学科分化、演进、范式等理念，对高等教育学的"学科"范畴提出如下规定性：首先，学科是一门由专业人员依托专业组织在一定范式下生产的高

---

① 韩延明. 高等教育学新论 [M]. 济南：山东人民出版社，2012：20.
② 胡建华，陈列，周川，等. 高等教育学新论 [M]. 南京：江苏教育出版社，2005：5.
③ 潘懋元. 高等教育学（上）[M]. 北京：人民教育出版社，1984：2.
④ 卢晓中. 对高等教育学研究中若干问题的认识 [J]. 高教探索，2000（3）：54-56.
⑤ 胡建华，陈列，周川，等. 高等教育学新论 [M]. 南京：江苏教育出版社，2005：12.
⑥ 韩延明. 高等教育学新论 [M]. 济南：山东人民出版社，2012：15-16.
⑦ 卢晓中. 对高等教育学研究中若干问题的认识 [J]. 高教探索，2000（3）：54-56.

深知识;其次,学科是按照一定结构组成的一套系统有序的知识体系;再次,学科通过知识交流进行知识繁衍及自组织成长;最后,学科是一群人在历史性学习方法的基础上通过群内与群外的教育性质的相互交流进行的社会活动,通过学者社会网络分析可以获知这种活动的信息流动量、效率和方向等。而高等教育学研究是以高等教育问题和高等教育学科为研究对象,体现高等教育学发展或高等教育学学科建设的过程和特色的研究成果。同时,研究产出评价可以在某种程度上作为学科评估的替代性方法[①]。这些规定性给本书提供了一个理论分析框架,即以学术期刊显现的研究产出为媒介,开展基于知识基础的学科体系建构和创变研究,以及基于组织结构的学科支持体系研究。因此,对高等教育学研究进行纵向和横向探究,不仅要考察它的知识源流、知识体系的结构及知识生产的范式等,还要考察学科的研究人员、机构、学科研究基金及项目、学科的社会交流平台和交流机制等。

三、文献综述

文明的发展有赖于"站在巨人的肩膀之上",认识和知识的发展同样基于对前人研究成果的借鉴与批判性吸收。有关高等教育学的研究成果浩如烟海,本书仅对与本论题高度相关的部分成果进行述评,主要包括三个方面:以整体的高等教育学科或高等教育学研究本身为对象的反思及展望研究、对高等教育学"研究范式"的研究以及关于高等教育学研究方法的研究,以从整体上把握高等教育学研究的成果和脉络,并窥探高等教育学研究的发展路径。

(一) 以系统的高等教育学科或高等教育学研究本身为对象的反思和展望研究

一个研究领域或学科的发展,开始于对前人思想的综合和总结。高等教育学人深谙此道,在各种时间节点及重大高等教育事件前后都适时地做出展望或总结,以促进学科进一步发展。潘懋元先生作为高等教育学的创始人之一,其对高等教育学的整体认识、规划、反思和展望都影响着高等教育学科发展的方向,对于高等教育学学科发展具有重要的指导意义。例如其发表的《十年来我国高等教

---

① 沈勇. 论文指标与一级学科评估结果之比较 [J]. 高教发展与评估, 2016 (2): 49-57.

育科学研究的进展》（1988）、《关于高等教育学科建设的若干问题》（1993）、《高等教育研究在中国发展的轨迹》（1998）、《中国高等教育科学：世纪末的回顾与展望》（2001）、《依附、借鉴、创新？——中国高等教育学科建设之路》（2005）和《21世纪初我国高等教育研究的进展与问题》（2006）、《中国高等教育研究60年：后来居上 异军突起》（2009）等一系列论文，不仅为我国高等教育学学科发展提供了宏观指导，而且从学科发展实践和学科心理学角度指出中国高等教育学科所走的完全是一条非依附发展的道路，增强了高等教育学的学科自信，团结和吸引了一大批高等教育学研究人员。

另外，有一批专著或博士论文在不同阶段对高等教育学的发展做出了总结和反思。如由陈学飞先生主编的《中国高等教育研究50年（1949—1999）》（1999）、由李文长等合著的《高等教育科学发展研究》（2000）是这类研究成果的重要代表，它们对中华人民共和国成立以来我国高等教育研究的成果进行了理性回顾和总结，阐明了我国高等教育研究的历史演进。李均的《中国高等教育研究史》（2004）厘清了我国清末以降的高等教育学发展脉络。别敦荣、杨德广主编的《中国高等教育改革与发展30年》（2009）回顾了改革开放30年中我国高等教育的两大主题——改革和发展，以时间为纵轴，以重大事件为横轴，透视了30年高等教育的各大主题。王建华的《高等教育学的建构》（2009）和刘小强的《学科建设：元视角的考察——关于高等教育学学科建设的反思》（2011）从学科建构和反思的视角分析了高等教育学学科的发展要素及发展动力。张应强等著的《中国教育改革40年——高等教育》（2018）对我国高等教育的改革发展做出准确概述和客观评价，对"双一流"建设和高等教育全面深化改革等提供了重要参考。

此外，胡建华在高等教育学科发展及反思方面著述颇多，探究颇深。他的《学科发展的危机与希望——"高等教育学科研究的展望"学术研讨会侧记》（1991）、《我国高等教育学学科发展的特殊性分析》（2003）、《高等教育学科发展的昨天、今天与明天》（2008）、《学科"研究制度化"的重要一环——写在〈高等教育研究〉创刊三十周年之际》（2010）、《潘懋元先生之于我国高等教育学科发展的意义》（2010）、《高等教育学科建设与发展的中国道路——研习潘懋元先生的高等教育思想》（2015）等成果比较具有代表性。1990年，在学科成立后不久他分析了高等教育学科发展的历史、现状并做出展望；在学科成立20年之际他将高等教育学科发展的特殊性归为三个方面,即构建学科体系的"目标指向"、学科研究的"热点趋向"和学科研究的"泛化现象"①;在厦门大学教育研究院建院30周年之时他总结了30年高等教育学成长的轨迹,并指出30年来我国高等教育学科的发展基本上是以"问题"为导向的②;在《高等教育研究》创刊30周年纪念笔会上,他提出了《高等教育研究》与我国高等教育学科发展的关系验证了华勒斯坦关于研究制度化的观点,并指出学术期刊对于学科发展的重要性③;在2010年,也即我国高等教育学科发展了30余年时,他总结了潘懋元先生在学科创立的30余年中的标志性作用和对我国高等教育学科发展的"训练制度化"与"研究制度化"的促进作用④;在潘懋元先生从教80周年时,他对潘先生的《高等教育学》、其对多学科的高等教育研究的领导以及其对高等教育改革问题的重视进行了深入分析⑤。这些文章,或从高等教育发展历史的角度,或从学科创始人潘懋元先生对学科发展的推动作用上分析了高等教育学科发展的全景,为整体的高等教育学科的发展提供了宏观参考。

另外,还有一些研究对我国系统的高等教育学科发展有一定的理论和实践意义。如卢晓中的《对高等教育学研究中若干问题的认识》(2000)辨析了高等教育学研究相关概念的关系并明晰了其间的关系,另有蔡克勇的《我国高等教育研究的回顾与展望》(2002)、高宝立的《中国高等教育研究——进展、问题与前景》(2003)、林金辉的《高等教育学学科建设的基本轨迹及其走向》(2003)、刘小强的《关于高等教育研究"学科模式"的反思》(2011)、陈廷柱的《提升高等教育研究水平 开创学科建设新局面》(2011)、全国教育科学规划领导小组办公室的《"中国高等教育学科的发展与反思"成果报告》(2011)、卢晓中和陈先哲的《论高等教育变革背景下的高等教育发展研究》(2013)、方泽强的《高

---

① 胡建华. 我国高等教育学学科发展的特殊性分析 [J]. 教育研究, 2003 (12): 15 - 18, 86.
② 胡建华. 高等教育学科发展的昨天、今天与明天 [J]. 高等教育研究, 2008 (4): 24 - 25.
③ 胡建华. 学科"研究制度化"的重要一环——写在《高等教育研究》创刊三十周年之际 [J]. 高等教育研究, 2010 (11): 28 - 30.
④ 胡建华. 潘懋元先生之于我国高等教育学科发展的意义 [J]. 高等教育研究, 2010 (8): 26 - 29.
⑤ 胡建华. 高等教育学科建设与发展的中国道路——研习潘懋元先生的高等教育思想 [J]. 山东高等教育, 2015 (6): 78 - 84.

等教育学——一门"特殊"的教育学科及其发展》(2014)、谢彦红的《高等教育研究的学科性、跨学科性及非学科性》(2015),以及《山东高等教育》刊发的张应强和车如山等人(2015)撰写的系列当代教育家思想研究中有关高等教育科学研究的论文等。

此外,一些学者对高等教育学研究本身做出了较为深入的分析,其中以宣勇的研究比较突出。其《论大学学科组织》(2002)、《"学科"考辨》(2006)、《知识增长与学科发展的关系探析》(2007)、《大学学科组织化建设——价值与路径》(2009)分别对学科概念、学科的知识形态与组织形态、知识与学科发展的关系、学科建设旨在提升学科组织的知识生产能力等进行了思辨分析。这些分析对于明晰学科与知识生产之间的关系以及如何促进学科发展提供了思路。

(二) 关于高等教育学 "研究范式" 的研究

在讨论高等教育如何成为一个独立的学科时,美国科学史家托马斯·库恩(Thomas S. Kuhn)的"范式"概念屡被提及。在其《科学革命的结构》一书中,"范式"一词有两种不同的使用方式:一个是它代表特定共同体成员所共有的信念、价值、技术等构成的整体,另一个是该整体的一种作为"谜底解答"范例的元素[①]。范式作为范例,对于认识事件来说,从两个方面刺激知识的增长:一是范式作为学术共同体所看得见的一种方式、一种模型、一种观点,二是范式作为解决问题的方法或刺激知识增长的特殊类型的工具[②]。后来,库恩将范式的含义修正为:"'范式'的一种意义是综合的,包括一个科学群体所共有的全部承诺;另一种意义则是把其中特别重要的承诺抽出来,成为前者的一个子集。"[③] 在19世纪70年代,在"范式"一词已经广为人知时,库恩经过反思后提出希望用"专业基体"(disciplinary matrix)一词来代替"范式",其根本成分是"符号概括、模型、范例"。龚放借用库恩的"专业基体"的概念,对整体的高等教育学研究提出建议:第一,选择、确定研究的真命题;第二,凝聚共识,

---

① 托马斯·库恩. 科学革命的结构 [M]. 4版. 金吾伦,胡新和,译. 北京:北京大学出版社,2012:147.
② 克兰. 无形学院——知识在科学共同体的扩散 [M]. 刘珺珺,顾昕,王德禄,译. 北京:华夏出版社,1988:27.
③ 托马斯·库恩. 必要的张力 [M]. 范岱年,等译. 北京:北京大学出版社,2004:288.

规范国内高等教育研究群体的"符号概括",界定尽可能与国际学术界接轨的相关概念的内涵与外延;第三,积累、汇集高等教育研究共同体的"范例",使其成为高等教育研究的智囊和高等教育研究人员共同遵守的"规范"①。不管用"范式"来表述,还是用"专业基体"来表述,其都为高等教育学科的发展提供了方向维度的指引。

此外,我国学者还对高等教育研究范式的概念、分类及实践等进行了讨论。王洪才从我国高等教育研究历程中的三次大的范式转化,总结出四种范式:确立学科地位的"体系"研究范式、强调实践功效的"时效"研究范式、寻找教育活动终极目的的"文化"研究范式以及为应对网络化生存和构建有效行动主体而出现的"个性"范式等②。除此之外,他还总结归纳出了(高等)教育研究的多元方法论范式:思辨、批判、行动及实证四种基本方法范式③。刘献君在分析院校研究的两种研究路向(定性、定量)中将研究范式分为四类:经验主义、实证主义、结构主义和人本主义④。冯向东从哲学层面对范式提出解释,即"'范式'在形式(外延)上表现为一个科学共同体所使用的符号概括、模型、范例等,其内涵则是这套研究方法、评价标准所秉承的'形而上学的承诺'",并认为高等教育研究中范式之争将会延续⑤。范式的概念是在理论及实践环境中不断生长的,不管是具体概念的争论还是有关其分类的讨论都在持续中。而陈洪捷的《北大高等教育研究——学科发展与范式变迁》(2010)从学术史的视角,分析了组织因素与知识因素对北京大学高等教育研究范式的影响,为高等教育学科研究范式的分析视角提供了重要参考⑥。

---

① 龚放. 追问研究本意 纾解"学科情结"[J]. 北京大学教育评论, 2011 (4): 41-48.
② 王洪才. 论高等教育研究的四种范式[J]. 北京师范大学学报(人文社会科学版), 2002 (3): 74-82.
③ 王洪才. 教育研究的基本方法论[J]. 北京师范大学学报(人文社会科学版), 2006 (6): 21-27.
④ 刘献君. 院校研究的基本范式——定性模式与定量模式[J]. 现代大学教育, 2003 (3): 7-11.
⑤ 冯向东. 高等教育研究中的"范式"与"视角"的辨析[J]. 北京大学教育评论, 2006 (3): 12-15.
⑥ 陈洪捷. 北大高等教育研究:学科发展与范式变迁[J]. 北京大学教育评论, 2010, 8 (4): 2-11, 187.

（三）关于高等教育学研究方法的研究

研究方法的选择和恰切使用，从来都是学术研究成果的重要评判标准，也是学科建设的重要内容之一。有关高等教育研究方法的研究是学科发展的一个重要分支，特别是关于高等教育的多学科研究方法问题在学科建设研究中占有重要的地位。在这方面，王承绪先生翻译出版的《高等教育新论》（2001）作为多学科的高等教育研究的第一本专著，在学界产生了广泛的影响。而潘懋元先生主编的《多学科观点的高等教育研究》（2001）则将多学科研究方法的探究推向了高潮。该书提出的"高等教育学独特的研究方法可能就是多学科研究"的观点受到理论界的高度重视。此后，围绕多学科研究方法的含义、必要性、意义、弊端和如何操作等问题产生了大量的研究成果，至今仍兴盛不衰。应该说，多学科研究方法改变了学人以前一直坚持的对唯一独特方法的追求，学界逐渐接受了研究方法由"一"而"多"的转变。因此，这次研究热潮对于深入认识高等教育及其研究方法的特点具有重要的理论突破意义。2006年，潘懋元先生撰文指出："这场研究还有待深入，特别是关于多学科研究方法的机制和弊端的解决等问题尚没有突破性的进展。"[①] 遗憾的是，随后的几年中，集中、系统地对高等教育研究方法进行探索的研究不多。厦门大学吴玫在博士学位论文《中国高等教育研究中的若干方法论问题》（2005）中对高等教育多学科研究的方法论问题、中国高等教育研究的国际化与本土化问题以及思辨、定量、质性方法与高等教育科学研究三大问题进行了探讨。华中科技大学田虎伟在博士学位论文《我国高等教育研究方法的现状、问题及出路》（2007）中通过对现状的调查和对国外的考察，提出了高等教育研究的理想方法是混合方法，具有一定的创新性。由潘懋元先生担任主编，陆根书、王洪才教授担任副主编的《高等教育研究方法》（2008）在吸收当代科学研究方法的基本成果和总结高等教育研究经验的基础上，特别是在对自我从事高等教育研究进行经验反思的基础上，构建了一个较新的高等教育研究方法的论述体系，为高等教育学的科学地位提供认识论工具和逻辑证明，可以说是关于高等教育研究方法研究的一部重要代表作。刘小强的著作《学科建设：元视角的考察——关于高等教育学学科建设的反思》（2011）及论文《关于高等教育研

---

① 潘懋元，刘小强. 21世纪初我国高等教育研究的进展与问题 [J]. 国家教育行政学院学报，2006（8）：30-39.

究"学科模式"的反思》（2011）为高等教育的研究提供了新的方法论，为后续的高等教育学元研究提供了重要参考。汤晓蒙、刘晖的论文《从"多学科"研究走向"跨学科"研究——高等教育学科的方法论转向》（2014）是对多学科研究方法的认识创新，认为跨学科研究作为当今其他学科广泛运用的研究范式，成为现代学科发展的基本路径。欧颖的《我国高等教育研究的演进与转向——范式的视角》（2016）认为经历经验总结－定性研究－定量研究等范式的交替，未来高等教育研究应转向混合研究范式[①]。近两年关于高等教育研究方法的研究成果不多，但有一个现象比较突出——《中国高教研究》《黑龙江高教研究》《现代教育管理》等期刊刊发了为数不少的基于计量学及社会网络分析的高等教育学科研究分支的论文，为本学科的量化研究乃至混合研究提供了参考和指引。

（四）简要述评

综而言之，前人的研究成果不仅为本书提供了理论支撑和实践参考，也诱发了高等教育学研究新的论题和方向。

首先，以系统的高等教育学科或高等教育研究本身为对象的反思和展望研究，基本关切到了高等教育学科发展各个维度的问题，但思辨居多，量化研究屈指可数，关于高等教育学的元研究更是凤毛麟角。同时，这类研究呈现出阶段性特征，系统性和持续性有待加强；学者们各自为政，认为学科理论体系不完善的去构建学科理论体系，认为学科价值及功能有偏离的去纠偏，认为研究对象界限不清晰的去探讨研究对象，研究方向过于分散。这就难免导致高等教育学研究陷入这样一种困境——研究效率低下，低水平重复较多，系统问题难以解决。此外，自1997年和1998年全国高等教育学研究会学术年会之后，我国高等教育学界将大部分注意力转向了高等教育具体问题的研究。这里不得不思考的是，这种转向究竟是高等教育改革实践的需要，还是我们面对高等教育学理论难题所做的权宜之选？这种转向对高等教育学科发展已经产生了哪些以及将继续产生什么影响？

其次，前人关于高等教育学"研究范式"的研究明确了其对于高等教育学研究的重要性，并廓清了高等教育学研究范式的概念和分类，倡导学术共同体尽

---

① 欧颖. 我国高等教育研究的演进与转向——范式的视角［J］. 黑龙江高教研究，2016（12）：6－9.

早建立"范式"并使这种"范式"与国际接轨，引发了众多与高等教育学研究相关的思考和研究。此外，以某个高校的高等教育研究范式为案例的研究分析了组织因素与知识因素对高等教育研究范式的影响，为高等教育学研究范式的分析视角提供了重要参考。但总体上此类研究偏少，尤其是对于高等教育学研究范式的形成以及转换的内外部因素缺乏分析，对于学术期刊在范式形成及转换中的作用几近忽视，对于高等教育学研究范式与高等教育学研究之间的关系缺乏探究。

最后，有关高等教育学研究方法的研究针对学科研究方法的含义、必要性、意义、发展历程、弊端、如何操作等问题展开了一系列的研讨，不断丰富高等教育学研究的方法论和方法论应用案例。具体而言，这些研究成果偏重思辨，但由于高等教育学研究方法的应用研究较少，集中、系统地对高等教育学的研究方法进行的研究不多，高等教育学科的元研究更是少之又少，对于如何运用跨学科方法、混合研究方法搭建高等教育学的研究框架等问题有待挖掘。

对高等教育学研究进行研究，已经超出一门具体学科的水平，属于元学科层次的问题。所以，需要深入使用多学科、跨学科及元研究，提高其对高等教育学科的贡献率。而这需要对学科结构、学科交流及其范式等内在观念建制进行重构，对学科给养、学者合作、学术期刊等外在社会建制进行厘清，以促进高等教育学科可持续健康发展。

科学计量学的方法与技术在客观探测科学发展规律上起到了重要作用，其常用软件包括 Citespace、Hist Cite、Bibexcel、Netdraw、Word Smith Tools、Wordstat、Pajek 等[①]。这些方法通过知识图谱的形式显示知识单元或知识群之间网络、结构、互动、交叉、演化或衍生等诸多隐含的复杂关系。这些方法之所以有如此功能，是因为知识图谱借鉴和吸收了库恩的科学发展模式理论和普赖斯的科学前沿理论等。库恩的科学发展模式理论主要从范式的积累与变革方面更深刻地阐释引文聚类的形成、积累和转换进程，为知识图谱展示一个学科或知识领域的动态演化提供了宏观历程。普赖斯的科学论文网络及科学前沿理论进一步为知识图谱展现了一个学科及知识领域或研究前沿及其知识演化的微观进程。故而，知识图谱可用于对教育学科的独立性与成熟度的判断、构建教育学科或相关研究领域的理

---

① 蔡建东，汪基德，马婧. 教育理论研究的量化与技术化路径——科学计量学方法与技术在教育理论研究中的应用[J]. 教育研究，2013（6）：17-23.

论体系或知识结构、把握教育学科或相关研究领域的主干理论演进的路线,以及教育学科相关学科的确认及其之间的互动关系、探寻教育学科范式等①,适用于基于知识基础的学科体系的建构和创变研究,以及基于组织结构的学科支持体系研究。

目前,国内部分学者已经将知识图谱应用于教育学和高等教育学研究,主要如下:第一,对某个期刊载文进行分析。如易高峰和刘盛博在《〈高等教育研究〉研究热点及其知识基础图谱分析》(2009)中以单个期刊为研究对象,主要运用共词分析,得出研究热点主要集中在"教育改革""教学改革""高等学校"三大方面;通过引文分析,得知布鲁贝克的《高等教育哲学》、伯顿·克拉克的《高等教育系统——学术组织的跨国研究》、雅斯贝尔斯的《什么是教育》是十分重要的经典文献②。此类研究还有褚照锋和李明忠对《学位与研究生教育》期刊30年(1984—2014年)载文的文献计量和知识图谱分析(2016)等。第二,主要用共词分析和引文分析方法对研究热点及前沿进行分析,如余新丽和赵文华的《基于知识图谱的大学核心竞争力的理论基础与热点研究》(2011),肖国芳、彭术连和倪邦辉的《基于 WOS 的国际大学生就业能力研究热点、趋势与知识图谱分析》(2015)。第三,对于高等教育合作网络的研究,如田依林、闫广芬和董伟的《基于知识图谱的高等教育管理领域合作网络研究》(2015)。第四,运用社会网络分析方法为建立学科的专家库提供参考,如孙新宇、孙照辉和姜华的《高等教育研究专家遴选分析——基于知识图谱研究的视角》(2013)。第五,运用共词分析和时间线视图对高等教育的杰出专家的研究理路进行分析,如于小艳和卢晓中的《潘懋元教育研究发展脉络管窥——基于学术论文的知识图谱分析》。第六,将知识图谱运用于某个学科整体发展的研究。如湖南大学蒋菲的博士学位论文《21世纪中国课程与教学论的知识图谱研究》(2014)对中国课程与教学论的研究热点及前沿、学科范式、学者合作网络进行研究,梳理、提炼该学科发展中的重大问题,探索、发现该学科发展的轨迹与走向。陕西师范大学祁占勇的《中国教育法学的知识图谱研究》(2019)和《中国教育政策学的知识图谱

---

① 蔡建东,汪基德,马婧. 教育理论研究的量化与技术化路径——科学计量学方法与技术在教育理论研究中的应用 [J]. 教育研究,2013(6):17-23.

② 易高峰,刘盛博.《高等教育研究》研究热点及其知识基础图谱分析 [J]. 高等教育研究,2009(10):74-80.

研究》(2019) 也通过上述四个维度探究学科的发展和演进。

此外，其他学科的知识图谱研究在搭建合理的学科研究分析框架上提供了有益参考。大连理工大学陈悦博士的《管理学学科演进的科学计量研究》(2006) 借助于文献计量学和知识图谱的理论和方法明确了常义管理学的概念界定、学科结构、相关学科以及学科地位。湖南大学何超的博士学位论文《我国管理科学学科演进的知识图谱研究》(2012) 基于物质世界的普遍发展规律——事物的发展离不开其内外条件的影响，采用科学计量学与文献计量学、统计学、系统科学、计算机科学相结合的知识图谱绘制方法，从学科内外部联系和学者的合作与交流等四个层面展开研究[①]，搭建了认同度较高的学科知识图谱研究框架。此外，《中国科技哲学发展态势大数据分析》(2017)、《基于文献计量分析的子痫前期/子痫研究及应用》(2017)、《社会网络视角下户外运动共同体的结构与发展机制研究》(2018)、《区域旅游创新研究：要素解构、能力评价与效率测度》(2018) 等也为其他学科的知识图谱构建和分析框架搭建提供了参考。上述研究成果为本书提供了基础框架和方法参考，也为本书弥补前人对框架搭建的理论基础的忽视提供了可能。

综上所述，我国学者在将知识图谱运用于高等教育学研究方面做出了初步探索，丰富了高等教育学多学科研究的视角，研究成果对高等教育学学科发展有一定的促进作用。然而，这种研究的对象多是高等教育学科或高等教育研究中的某个小部分，大多采用知识图谱的某一种或两种具体方法，故而对高等教育学科的促进多是局部性的。而有些研究因数据的不易得性（如数据库提供数据的参数有限），仅对研究对象做了某个角度的分析。有些研究虽然数据全面、完整，然而只停留在就数据分析数据上，工具色彩较浓，整体分析的逻辑体系不够明显。研究某个学科的发展，需要借鉴学科学理论，把握本学科的内外建制和发展规律，在学科发展动力体系等的逻辑框架下研究知识图谱，以获得更有说服力、更适切学科发展的研究结论。

---

① 何超. 我国管理科学学科演进的知识图谱研究 [D]. 长沙：湖南大学，2012.

第二章
知识图谱理论、方法与数据来源

研究工具的选用是研究对象特征的集中体现。本书的研究对象主要是高等教育学研究论文,而高等教育学研究论文是以论文的形式表征高等教育学研究主体将一定的研究方法运用于一定的研究对象所得出的研究结论。因此,在选用研究工具时,要特别关注其与高等教育学研究对象及研究方法之间的契合度。高等教育学的研究对象,不仅仅包含具体的个人、组织、事件,还包括抽象化和数字化的各类信息流媒介;其检验标准,须能科学解释客观现象并解决实际问题。高等教育学的实践取向的学科价值观决定了其研究方法的多元性和综合性。高等教育的发展研究必须借鉴多学科的研究方法[1]。在学科发展初始阶段,由于问题、事件、数据的单一性和非饱和性,研究对象可以被直接观测、分析和归纳,平面化、线性化的理论分析法和历史演绎法等质性研究方法成为高等教育学研究的基本范式。这种方法主要基于研究者自身的认知和体悟,对高等教育学的对象和成果作纵横向的切片研究、比较

---

[1] 卢晓中,陈伟. 试论高等教育发展研究 [J]. 高等教育研究,2007 (8): 54 – 58.

研究或全局研究。显然,这一研究方法极大受限于研究者的专业化水平、价值标准、历史视野等个体特征。尽管质性研究对资料的来源、规模、有用性等要素要求严格,但在研究资料的甄选、清洗、分析上,对研究者个人主观认知和经验判断的依赖性很强,这就难以避免其研究结论的信度危机。在高等教育学科蓬勃发展40余年的今天,这种个体独白式的研究范式在面对浩如烟海的资料和瞬息万变的信息时,更是捉襟见肘,以至于出现"不知魏晋"和"盲人摸象"的结论,其价值的普适性和实践性大打折扣,甚至会出现误用资料、错判趋势等极端现象。究其根本原因,是由研究者静态、单一的研究范式和动态以及复杂的研究对象的矛盾关系导致的。因之,要想全面而深刻地利用和挖掘资料,有效规避和弥补研究者个体主观倾向和能力盲点,准确把握高等教育学40年来的历史轨迹和演进逻辑,科学预判高等教育学科的未来发展趋势,激发新的知识生产点,就需要转变研究范式,将定性研究与定量研究相结合,借助科学高效的研究工具和技术手段,客观描述、深度挖掘、准确判断高等教育学科的内外部演化规律,增强其说服力和引领性。

改革开放以来,随着高等教育学学术期刊的增加和载文规范性不断提高,我国高等教育学学者发表的高水平研究成果数以万计,不断推动高等教育学高深知识的传承和创新。这些研究成果,为新的研究方法的使用提供了可能。当前,科学计量学在高等教育学中的应用愈加广泛和成熟,尤其是知识图谱理论和方法,由于其数据库支持度高、资料获取便捷、分析手段多元、可视化效果显著等优点,被国际学术界作为研究学科、学派、知识演化的主流方法。有研究者认为,研究产出评价可以在某种程度上作为学科评估的替代性方法[1]。本书即采用知识图谱理论对我国高等教育学科的研究产出进行定量与定性分析,从历史演进、逻辑生成、未来趋势等方面进行深度研究。本章将着重介绍知识图谱的基本理论及其方法与研究数据来源以及取样标准。

一、知识图谱基本理论概述

(一)知识图谱的概念

随着人类社会文明进程的不断深化,彰显文明样式的各类载体和内容也步入

---

[1] 沈勇. 论文指标与一级学科评估结果之比较[J]. 高教发展与评估, 2016(2): 49–57.

了数字化、信息化的时代，信息呈量级激增态势；信息的爆炸性衍生又进一步促进了社会各领域知识迭代的加剧，瞬息万变的海量知识信息已远远超过人类大脑和精力所能掌握的能力范畴。尽管由于搜索引擎的普及，相关领域的知识信息能够轻易被查找、获取，但对这些无序分布的知识信息进行深度比对、挖掘、分析，却令人一筹莫展。人类在徜徉于唾手可得的知识信息海洋的同时，也面临着被知识信息淹没，从而失去方向和判断的危险。

这种束手无策催生了科学计量学。科学计量学的根本任务就是将对象进行数量化，通过数理统计分析，构建相关模型，提示数字信息背后的规律和本质，并通过可视化的图形、图像等准确、生动、形象地呈现在人们面前。这种对某个科学知识领域里的作者人口地理学特征、发文机构、发文数量以及被引情况、作者合作情况等的科学解释和直观展示，随着近10多年来计算机检索技术、存储容量、处理速度和功率的极大提升而成为可能，知识生产、传播、交互、迭代的过程从而被轻松地描摹得一目了然，这就是科学知识图谱的魅力所在。

科学知识图谱（mapping knowledge domains）[①]（我国大部分研究人员将其称为"知识图谱"并认可两种表述，本书也不例外），是将传统的文献计量方法和现代的知识计量、数据挖掘、信息处理、复杂网络以及可视化技术等有机地结合在一起而形成的一种综合分析科学发展的方法。它以图形、图像的形式从宏观和微观的层面展示了一个学科的全貌、细节以及发展主题，帮助人们全面地审视一个学科的体系结构、学科发展的重点、学科研究的热点以及学科未来的发展趋势等信息，为学科建设和学科战略制订提供切实有益的参考[②]。

知识图谱旨在通过对量化的科学知识进行统计、挖掘，以可视化的直观形式展现科学知识的逻辑结构和演进历程，提示隐藏在数据背后的规律和本质，但它并不能简单等同于知识地图，尽管在某个发展阶段它们可作为同义语看待，但它们仍有本质性的区别。知识图谱与知识地图也不尽相同。"地图"是一个地理学概念，而"图谱"则是一个系统学概念，是指一定空间形式在一定时间范围内存在与变化的趋势和联系。可见，前者强调静态的稳定结构，后者不仅能展示动态的

[①] 陈悦，刘则渊. 悄然兴起的科学知识图谱［J］. 科学学研究，2005（2）：149-154.
[②] 殷辉. 基于科学知识图谱的我国物流学合作网络分析［J］. 现代管理科学，2011（6）：56-58.

非稳定结构，更能提示学科内、学科间知识的联系、衍生和进化规律①。因之，可将知识地图视作知识图谱的一种形式，但知识图谱的应用范围更加广泛和精深。

（二） 知识图谱的基本原理

学术期刊论文本身提供了大量的信息。学术论文中的引文体现了研究人员对现有文献的选择。学术论文中的阐述论证会让我们受益颇多，而学术同仁对学术论文优劣的分析能让我们产生思维的交流和碰撞。然而，现实中我们要汲取养分的学术论文数量巨大，而让我们能够在脑海中留下印记的体现精彩逻辑推理和演绎过程的论文却无法一眼识辨。这就导致了我们视野的迷失和视线的模糊——我们应如何获取海量学术期刊论文的重要信息和知识？

知识图谱应运而生。托马斯·库恩的《科学革命的结构》为知识图谱提供了哲学基础。库恩认为，科学的推进是一个建立在科学革命之上的往复无穷的过程。这个过程中人们时常在某些时刻接纳新的观点，因为新观点对研究对象做出了更另人信服的解释——这包括逻辑推理过程更让人信服、论证结果更让人信服等。这种接纳促成了一次次科学革命，表征着新旧科学范式的交替和兴衰。而新旧范式的转换都会在学术文献里留下印记，因此，我们能够在学术文献中找出范式兴衰的足迹。

知识图谱的另一个设计灵感来源于伯特（Burt）的结构洞理论。"结构洞"指社会网络中的空隙，即社会网络中某个（些）个体和有些个体发生直接联系，但与其他个体不发生直接联系（无直接关系或关系间断），从网络整体来看，好像网络结构中出现了洞穴。伯特的结构洞理论作为网络分析学派的一个分支，是在网络分析的框架内展开的，故而可将其运用到引文网络之中。

结构洞和库恩的范式转换在知识图谱中得到了具体体现：库恩的范式体现为不同时间段研究对象所出现的聚类，揭示了他们的学术兴盛的年代；伯特的结构洞理论则将不同聚类链接起来，形成完整时段的全景图②。通过全景图，我们可以看到哪个具体文献在范式转换中起到了关键作用。此外，借助结构洞理论在知识图谱中找到的具有高度中介中心性的节点，可以帮助我们把关键文献置于整个时段中，进而可以探究其在研究领域整体发展中的作用。

---

① 梁秀娟. 科学知识图谱研究综述 [J]. 图书馆杂志，2009（6）：58-62.
② 陈超美，李杰. 科学知识前沿图谱理论与实践 [M] //陈超美. CiteSpace 的分析原理. 北京：高等教育出版社，2018：1-4.

（三） 知识图谱的研究对象、功能及应用

知识图谱作为科学计量学的新方法、新领域，是以知识域（knowledge domain）为研究对象的[①]。具体包括三个层次：①从事科学研究活动和知识载体的主体；②显性或编码化的知识，如论文、专利、数据库等；③科学研究过程或方法，包括研究问题和解决问题的过程或方法、组织的业务流程，以及相关的知识投入等[②]。这三个层次涵盖了知识生产、传播、迭代的全链条生态——形式与内容、过程与方法、结构与逻辑，并在此基础上预判知识的再生产，形成闭环。

依据知识图谱对知识的计量化立体分析，可实现以下几种功能：揭示学科结构、追踪科研前沿、探测研究热点、剖析科学发展历程、分析科研合作网络、评估科研人员的学术地位、构建科学发现的理论体系、协助决策者制订科学发展方案等[③]。可见，知识图谱的功能涵盖了学科发展、问题变迁、知识演化、学者网络、科学预测等知识生产、加工、应用、创新、再生产的全过程，功能非常强大。

如上所述，知识图谱不仅成为知识生产者进行科学研究的利器，同时作为知识传播者、消费者、管理者的重要参谋，应用领域十分广泛。无论是高校、科研院所、智库机构、政府部门，还是经济、政治、文化、教育领域，皆可用此作为科学决策工具。

在教育领域中，有一大批研究人员应用知识图谱进行研究，并取得了一系列的成果。以 CiteSpace 为例，目前出版了相关专著 5 部，发表期刊论文 200 多篇。通过对这 200 多篇应用 CiteSpace 的教育类论文进行文献计量学分析，可知主要是用于对教育学的"研究热点""前沿主题""前沿问题"等进行热点研究，研究主题呈现出由"经典主题"向"新兴主题"的迭代，如从"知识基础""道德教育"等向"创客教育""双师型教师"等迁移。

综上所述，知识图谱方法把一个知识域作为一个整体的、综合的、动态的，甚至可能是转瞬即逝的复杂系统加以认识和追踪。知识图谱作为一种研究方法，对各学科研究具有一定的普适性。通过对第一手文献资料的收集，对文献作者、

[①] 陈悦, 陈超美. CiteSpace：知识图谱的方法论功能 [J]. 科学学研究, 2015 (2)：242－253.

[②] 陈悦, 刘则渊. 悄然兴起的科学知识图谱 [J]. 科学学研究, 2005 (2)：149－154.

[③] 陈悦. 管理学知识图谱 [M]. 大连：大连理工大学出版社, 2008：22.

关键词、基金项目、参考文献、发刊单位、发表时间、刊物类别等一系列信息进行归纳、整理，通过软件进行分析，可以从大量数据中揭示学科结构和发展的特点、规律，呈现知识关联、挖掘知识生产规律、提高知识生产效率。本书即以知识图谱为立论依据，借助其手段，将改革开放以来我国的高等教育学研究[①]以图形化的形式进行呈现，从而揭示高等教育学的学科结构、学科范式、发展概貌、学科给养情况以及科研合作的现状和未来学科发展的可能趋势。

（四）学科研究的知识图谱构建

学科的发展需要总结性反思。不少学者利用知识图谱对学科发展或演进进行全景式分析，在方法上大规模且熟练地运用知识图谱的方法。然而，大部分研究成果未对自身采用的学科研究分析框架进行解释，而是直接从学科知识前沿、学科知识前沿演进、学科结构分支等维度进行分析。读者对为什么用这几个维度而不是其他维度进行分析、为什么用三个维度而不是六个维度进行分析等问题心存疑虑。湖南大学何超在其博士论文《我国管理科学学科演进的知识图谱研究》中，基于物质世界的普遍发展规律，即事物的发展离不开其内外条件的影响，搭建了认同度较高的学科知识图谱研究框架。不过，何超对物质世界的普遍发展规律的具体内涵以及其如何适用于学科知识图谱框架搭建的分析仅有只言片语，留下了很多待解释的空间。

搭建学科（演进/发展）研究的知识图谱框架，需先明确学科（演进）研究背后的支撑理论。这其中至少可以包含方法论层面的元研究理论、具体方法层面的学科学理论及发展理论，以及相关视域下对学科的认知等内容。

元研究与某一具体学科相连，是对学科研究的研究，可对学科研究中出现的观点和理论的科学性进行反思性审视。具体学科要想逐步解决自身历史遗留的顽固难题和发展进程中的新问题，寻求新的发展与突破的途径，则有必要以科学、公正的态度认真总结学科发展的得失。

学科学是一个以学科为研究对象的新兴领域。其从学科之林出发，以求进一步认识和驾驭学科发展的规律，为具体学科的合法性和学科自信提供理论支持。需要说明的是，学科学从命名上来看是一门学科，但其本身并未具备学科的相关

---

① 我国的改革开放始于1978年12月18日。本书中改革开放以来的相关数据以1979年为起始年份，终止年份为2018年，时间跨度为40年。

建制，通常被学界当作一种分析学科的方法。因此，本书主要从方法意义上对其进行借鉴，而非采纳其理论分析框架。

探究学科发展，绕不开学科发展与社会发展之间的关系问题（这与发展理论运用于探讨社会发展问题的研究对象和内容基本上是一致的），以及在这一关系框架下学科自身的发展问题。高等教育学学术论文一定程度上展现了高等教育学科自身的发展及其与社会之间的互动发展，故而这一理论对本选题具有适切性。

此外，从相关学科来"关照"学科这一概念：首先，学科是一门由专业人员依托专业组织在一定范式下生产的高深知识；其次，学科是按照一定结构组成的一套系统有序的知识体系；再次，学科通过知识交流进行知识繁衍及自组织成长；最后，学科是一群人在历史性学习方法的基础上通过群内与群外的教育性质的相互交流进行的社会活动。

上述理论和学科概念方面的规定性为本书的学科研究知识图谱搭建了分析框架，即通过知识图谱开展基于知识基础的学科体系建构和创变研究，和基于组织结构的学科支持体系研究。具体而言，也就是从组织和知识两个维度对高等教育学研究进行全景扫描，从时间和空间上探析中国高等教育学发展的内部生成演化逻辑和外部显性特征。其中，组织维度从人员、机构、基金三个方面考察学科赖以生存的现实基础——"学科给养"；知识维度则解构成按照由外到内、由宏观到微观、由生存到发展的三个向度——学科结构、学科交流和学者合作，分别考察学科的宏观结构、知识交流和科研合作机制。

二、知识图谱的基本方法

知识图谱的基本方法包括引文分析、共被引分析、多元统计分析、词频分析和社会网络分析。以下将详细介绍这几种方法的理论基础和基本特点。

（一）引文分析方法

科学家究竟怎样决定在他们的著作中引用论文，对此我们知之甚少。在更好的尺度出现前，我们将继续假定这种近似的量度——引文分析可以提供一个研究领域中科学家之间的真实相互关系的某些指标[①]，并在后面的章节中结合文献分

[①] 克兰. 无形学院——知识在科学共同体的扩散 [M]. 刘珺珺, 顾昕, 王德禄, 译. 北京：华夏出版社，1988：18.

析开展研究。

引文分析（citation analysis）是采用各种数学、统计学、比较归纳及抽象概括等逻辑方法，通过对分析对象的引用与被引用现象进行分析，揭示其数量特征和内在规律的一种文献计量分析方法①。引文计量指标因对象而异。在对期刊进行分析评价时，主要采用了引文率、影响因子、自引证率、自被引率和当年指标这五种计量指标；在对学科结构和演化进行分析时，除引文率指标外，还需采用引文耦合和共被引等指标。无论采用哪一种指标，都是基于论文之间的引用关系而建立起来的，或者说是由引文率演化而来的。因此，引文率是引用分析中的基本方法。

科学文献作为科研活动中的"硬通货"，反映了知识的累积性和继承性。任何新的理论和方法，都不是无中生有的，都是在原有理论和方法的基础上脱胎而成的，这是知识生产的连续性的必然反映。只有这样，知识才能不断推陈出新，通过不同形式的分化、组合，进而衍生出新的形式、理论和方法。与此同时，科学知识也具有统一性原则，学科之间的鸿沟并不是不可逾越的，彼此之间是相互关联、相互交叉的。因此，科学文献的引用和被引反映的是科学知识生产和传播的内在属性及要求。

在现实语境中，引文更是体现论文作者对某个特定主题的知识广度和深度、文献甄别能力、学术交流意愿等隐性潜质的一项指征。学者们常借他人之口，尤其是名家之口来佐证自己的观点、表达自己的思想，并与他人的观点和思想进行对照、争鸣。引用他人文献进行观点演示、推导或者辨析、验证、争鸣，既是论文撰写的普遍主义原则，或是学术规范要求，也是学术思想交流碰撞的良好机制，极大促进了知识的传播和流动。因此，引文不仅成为科学规范的基本要求，也已成为科研道德的首要载体。科学文献的相互引用，不仅是出于知识交流的必要，也是科学发展规律的表现。

加菲尔德（E. Garfield）早在20世纪70年代，就通过引文分析获悉生物医学领域内科研课题之间的关系和新课题的产生演进图，提示了该学科的内部结构。此外，通过文献聚类分析，他还发现每门学科的文献都包含了其他学科的核

---

① 邱均平. 文献信息词频分布规律——齐普夫定律［J］. 情报理论与实践, 2000（5）: 396－400.

心文献，说明了学科之间的相互引用情况。

中国科学计量学家邱均平认为，引文分析理论和方法可以用于测定学科的影响力和重要性，研究学科知识交流和传递的规律以及文献老化和利用的规律，等等。除此之外，引文分析还可用于测定某一学科的影响和某一国某些学科的重要性。通过引文聚类分析，特别是从引文间的网状关系，可以探明有关学科内外部的关系和结构，探索学科间的交叉、分化、渗透和衍生趋势，区划学科研究群体，也能对学科的起源、发展、创变等进行归因分析和流变分析，从宏观和微观上把握学科间和学科内部的共生关系和演进逻辑，探求学科发展的本质和规律。

（二）共被引分析方法

当2篇及以上的参考文献同时被第3篇及其他论文所引用时，这2篇或多篇文献就构成"共被引"关系。假如某些文献或作者经常同时被引用，则表明他们在相关主题中的概念、理论和方法上密切相关。因之，共被引分析（co-citation analysis）认为，文献或作者共被引次数频率越高，关系就愈密切，距离就愈接近。同传统的归纳法、访谈调查等主观分类方法相比，共被引分析能最大限度地展现分析的客观性、分类原则的科学性和数据的有效性[①]。

依据共被引研究对象的差异，共被引分析可分为文献共被引分析、期刊共被引分析、作者共被引分析、学科共被引分析，等等。

（1）文献共被引分析。文献共被引是最基本、最常见的共被引分析类型。它主要研究一篇论文中所有引用的参考文献之间的纵横向关系，从而探析学科之间的显性和隐性联系。根据共被引关系的规模、数量和程度变化，通过绘制共被引相关群的网络聚类图，可以清晰探明学科热点的分布和演进以及学科间的交叉、渗透和共存关系等。

（2）期刊共被引分析。期刊共被引分析以期刊为观察单元，分析它们之间的共被引关系及其强度或频率，其观测结果可以用来评测期刊的专业化程度和学科特色，并以此作为是否符合核心期刊标准的依据。

（3）作者共被引分析。作者共被引分析指两个及以上作者发表的论文同时被别的作者或文献引用，则称这两个或多个作者具有共被引关系。作者共被引反

---

① 刘林青. 作品共被引分析与科学地图的绘制 [J]. 科学学研究, 2005 (2): 155 – 159.

映了作者是否为同行专家所认可和接受，其被引数量和结构上的变化一定程度上反映了学科的发展、分化和个体的能力值、成长轨迹以及研究领域的结构迁移，并可以此作为基点，跟踪和观测个体及学科的专业发展趋势。

（4）学科共被引分析。学科共被引关系是指如果两个及以上学科的文献被其他学科文献同时引用，则称这两个或多个学科具有共被引关系，某种程度上反映了两个学科间的关联及交流情况，对于跨学科研究有参考意义。学科共被引分析是一种综合性、开放性的共被引关系，它是建立在文献、期刊、作者共被引分析维度之上的。

（三）多元统计分析方法

埃格赫（L. Eghe）在《信息计量学导论》一书中，曾详细介绍了多元统计分析的概念及其在引文分析中的应用。多元统计分析（multivariate statistical analysis）是指对若干个相关联的随机变量观测值进行分析，主要通过"降维"技术，将高维多重变量投影到二维关系矩阵中，进而分析它们的统计规律。多元统计分析主要包括相关分析、因子分析、多维尺度分析和聚类分析。

相关分析（correlation analysis）是研究现象之间是否存在某种依存关系，并针对具体有依存关系的现象探讨其相关方向及相关程度，是研究随机变量之间密切程度的一种统计方法[1]。具体分析方法包括双变量相关分析、偏相关分析和距离相关分析。

因子分析（factor analysis）是一种从变量群中提取共性因子的统计技术。该方法可在多个变量中找出隐藏的具有代表性的因子。将相同本质的变量归入一个因子，从而减少变量的数目，以较少的因子来表征分析对象的庞杂信息[2]。其中的主成分分析法（principle component analysis）是最古老、最著名的方法，它将给定的一组相关变量通过线性变换转成另一组不相关的变量，并在变换中保持变量的总方差不变，使第一变量具有最大的方差[3]。埃格赫认为，将科学计量学分析与主成分分析结合使用，就可以确定研究群体或一定地域范围内不同学科领域的分布情况。

多维尺度分析（multidimensional scaling analysis）又称为相似度结构分

---

[1] 李志辉，罗平. SPSS for Windows 分析教程［M］. 北京：电子工业出版社，2004.
[2] 刘江涛. SPSS 数据统计与分析应用教程［M］. 北京：清华大学出版社，2017：163.
[3] 文传浩. 经济学研究方法论：理论与务实［M］. 重庆：重庆大学出版社，2015：77.

(similarity structure analysis),属于多重变量分析的方法之一。它通过降维技术呈现作者（文献）之间的关联，并利用平面距离来表征其相似度。在知识图谱中，具有高度相似性的作者（文献）必然聚集成类，形成学者（知识）共同体，并表征思想流派或学科前沿。与此同时，作者（文献）与其他作者（文献）的联系越多，其在学科中的核心地位就越明显，呈现在图谱中的位置越靠近中心点。故而可以认为，通过多维尺度分析，可判别相关研究领域、思想流派或其他学术组织在学科中的地位和影响力。但需要明确的是，在确定各个学术群体的边界和数目时，多维尺度分析仍"力不从心"，不如因子分析那般泾渭分明。故而在实际运用中，通常将二者整合使用，进行交叉分析。

聚类分析（cluster analysis）是通过数值分析对事物进行分类的多元分析方法，其分析结果可作为对事物进行分类的一个重要参考。聚类分析不同于因子分析，它是在没有先验知识的情况下，按某种相似性标准将被研究的对象（总体）聚集为若干个类型，本质上属于降维技术。在文献聚类分析中，主要采用共词聚类和共引聚类两种分析技术，其原理是将共词或共引频率等设为观测指标，对预设的关键词、作者、期刊、学科等进行相似性或相同性分类处理，绘制树状图和聚类网络图，探索其结构关系和变化趋势。

（四）词频分析方法

词频分析（word frequency analysis）是利用能反映文献核心内容的关键词在研究领域中出现频次的高低来揭示事物发展的数量关系和内在规律的一种计量学方法，常用于对主题领域的现状和发展的研究[①]。它的基本程序包括文献的获取、关键词的确定、词频统计和数据分析等步骤。随着文献计量学的不断发展，词频分析的统计单元逐渐由文献的外部特征向内部特征延伸，从而在很大程度上将科学计量学、信息计量学、网络计量学和内容分析法相融合，成为应用最为广泛的一种计量学方法。

[①] 李杰，陈超美. CiteSpace：科技文本挖掘及可视化［M］. 北京：首都经济贸易大学出版社，2016.

词是文献中承载学术概念的最小单位，齐普夫定律①是词频分析的理论基础。词频的波动与社会现象、情报现象之间存在内在的联系。因此，通过统计标题、作者、摘要、关键词、主题词等词汇在某一学科领域文献中出现的频次，可以识别该领域的研究热点和发展趋势②。

共词分析法（co-word analysis）是词频分析法中常用的方法之一，最早由法国文献计量学家 M. Callon 在 1986 年提出。该方法的原理是统计一组文献的主题词两两之间在同一篇文献中出现的频率，进而形成一个由这些词对关联所组成的共词网络，网络内节点之间的远近便可以反映主题内容的亲疏关系。距离越近、关系越密切的两个词所代表的研究主题被该领域学者们所广泛关注，同时这一研究主题也是该学科领域的研究热点主题③。

（五）社会网络分析方法

科学知识的指数增长可以解释为一个"传染"过程。在这个过程中，得"道"先者影响后者，这就依次产生了出版物数量和研究人员数量的指数增长。而其扩展的速度将因与每个科学家及与之有个人接触的人们的数量的不同而不同④。因之，可以认为知识增长是社会过程和认识过程的交织过程。社会互动加速了思想的扩散，使研究领域中的知识累积增长成为可能⑤。这种扩散与社会网络不断互动，共同推进科学知识的增长。

社会网络分析方法（social network analysis，SNA）是研究社会行动者（social actor），如人、组织、群体、国家等以及他们之间的关系所组成的集合的研究方法，最早由社会学家提出，是一种基于数学、图论的定量研究方法。社会网络以人或行动者为节点、以他们之间的关系或流动为线来描述结构网络，强调

---

① 齐普夫定律是美国学者 G. K. 齐普夫于 20 世纪 40 年代提出的词频分布定律。其可以表述为：如果把一篇较长文章中每个词出现的频次统计起来，按照高频词在前、低频词在后的递减顺序排列，并用自然数给这些词编上等级序号，即频次最高的词等级为 1，频次次之的词等级为 2，……，频次最小的词等级为 D。若 f 表示频次，r 表示等级序号，则有 $fr = C$（C 为常数）。人们称该式为齐普夫定律。

② 陈振标. 文献信息检索——分析与应用［M］. 海洋出版社，2016：270.

③ 陈振标. 文献信息检索——分析与应用［M］. 海洋出版社，2016：271.

④ 克兰. 无形学院——知识在科学共同体的扩散［M］. 刘珺珺，顾昕，王德禄，译. 北京：华夏出版社，1988：21.

⑤ 克兰. 无形学院——知识在科学共同体的扩散［M］. 刘珺珺，顾昕，王德禄，译. 北京：华夏出版社，1988：23.

了行动者之间存在的关系①。目前,社会网络分析方法主要用于学科主题、国家间关系、研究机构、作者合作的聚类和可视化分析等领域。

中介中心度(betweenness centrality)是社会网络分析方法的主要指标之一,指的是网络中的行动者作为中介者对资源的控制程度。如果网络中的一个点处于其他两点连接的最短途径上,这个点就具有相对较高的中心度。通俗的理解是,行动者需要通过这个点才能发生联系,它控制行动者之间信息的传递和交往,在社会网络中居于重要位置,成为关键节点②。

在文献合作网络分析中,如果两个科学家共同发表了一篇文献,那么就被界定为存在联系。文献合作网络可用以分析共作者模式(co-authorship patterns)、合作者规模、合作论文篇数以及聚类的度,等等③。而可视化技术可通过中心性、中介性、簇、桥、团、丛等指标呈现居重要地位的作者、作品、学科力量以及群体分布等信息④。

三、数据来源、采集及处理

(一)数据源及期刊遴选

知识得到科学共同体的评价和确认之后,正式的或公开的交流系统使之得到传播和进一步确认。知识的评价有三个由粗浅到深入的层级:第一个层级通常发生在一项研究的初步结果提交给专业学会的会议之时;第二层更深入细致的评论通常由期刊的编辑们承担,他们在同行推荐的基础上决定发表哪篇论文;第三层级的评论文章代表着更完全的鉴别过程——某一领域的论文在同行专家的比较之中得到权衡和评价⑤,后两个层级的评价最终以公开发表的学术论文为呈现方式。在我国,评价类文章并不多,对于知识的衡量和传播主要由学术期刊完成。

---

① 秦长江,侯汉清.信息图谱——知识管理和信息管理的新领域[J].大学图书馆学报,2009(11):30-37.
② 陈振标.文献信息检索——分析与应用[M].北京:海洋出版社,2016:271-272.
③ 张秀梅,吴巍.科研合作网络的可视化及其在文献检索服务中的应用[J].情报学报,2006(1):9-15.
④ 吴斌.基于科技文献的科研组织网络分析方法研究[J].情报学报,2008(4):591-595.
⑤ 克兰.无形学院——知识在科学共同体的扩散[M].刘珺珺,顾昕,王德禄,译.北京:华夏出版社,1988:127.

可以认为，自现代科学共同体形成以来，在期刊上发表论文就是科学家报告科研成果的主要甚至是唯一的形式①。此外，学术期刊属于库恩所提到的一种范式，它体现了一定时间范围内科学实践活动中被公认的范例，并以此为基础形成学术共同体。基于上述理由，本书选取学术期刊论文作为数据源。

目前，国内学术刊物评价系统中，公信度最广泛的当属南京大学中国社会科学研究评价中心发布的中国社会科学引文索引（China Social Science Citation Index，CSSCI）。CSSCI 从全国 2700 余种中文人文社会科学学术性期刊中精选出学术性强、编辑规范的期刊作为来源期刊。目前收录包括教育学、管理学、历史学、经济学、政治学等在内的 25 大类、500 多种学术期刊，来源文献 150 余万篇，引文文献 1000 余万篇②。CSSCI 共收录高等教育类核心期刊 26 种，包括《高等教育研究》《中国高等教育》《中国高教研究》《高教探索》等专业类和《教育发展研究》《北京大学教育评论》等综合类高等教育学期刊。目前，CSSCI 已成为与 SSCI 和 SCI 具有相当水平的科学引文索引，具有较高的国际认可度。因此，本书将 CSSCI 作为文献数据主要来源库。

由于 CSSCI 数据库收录时间下限为 1998 年，为补充 1979—1997 年的文献，同时从全时间序列考察高等教育学研究的知识图谱，本书也将中国知网数据库（CNKI）作为补充数据库。由清华大学、清华同方发起，始建于 1999 年 6 月的 CNKI 全称为"中国国家知识基础设施"（China National Knowledge Infrastructure，CNKI），实现全社会知识资源传播共享与增值利用是其设立宗旨。经过近 20 年的大力建设，CNKI 已成为国内知识信息资源最丰富、知识传播与数字化学习最大的承载平台，收录国内学术期刊 9000 多种，文献格式规范，可与 CiteSpace、Endnote、NoteExpress、NoteFirst 等多个国际和国内文献管理软件兼容，数据通用性高，信息处理便捷，具有较高的可靠性。

体量庞大、格式规范、结构清晰的文献数据，是科学计量学进行定量分析的基础与前提。定量分析的深度与广度，与文献资料的完整性、系统性和典型性正相关。因之，对数据来源文献资料的甄别、撷取意义重大。鉴于学界部分研究人

---

① 刘小强，蒋喜锋. 知识转型、"双一流"建设与高校科研评价改革——从近年来高校网络科研成果认定说起 [J]. 中国高教研究，2019（6）：59-64.

② CSSCI 数据库简介 [EB/OL]. (2016-02-26) [2021-08-01]. http://cssrac.nju.edu.cn/a/cpzx/zwshkxwsy/sjkjj/20160226/1141.html.

员将"高等教育学研究"等同于"高等教育研究"的现状,本书在数据采集时进行合并处理,在检索表达上用"高等教育"进行主题检索。此外,需要说明的是,数据采集需兼顾完整性、系统性和典型性特征。采集高等教育学研究论文,用主题检索的数据完整性高,涵盖了题目、摘要、关键词等,但典型性低(随机统计的连续 1000 篇文献中非目标文献超过三分之一),故本文对主题检索的结果进行二次检索,采用篇名加限定性条件的方法采集最终数据,确保数据的准确性。

同时,为了保证数据的完整性,在数据采集方面鉴于 CSSCI 和 CNKI 数据格式上的差异性,以及为了满足不同的文献分析任务,本书对两类来源期刊库的数据采集采用两种互补标准。一方面,鉴于 CSSCI 数据库收录期刊范围小、数量少、质量高的特征,采用开放性检索方式,以指向相对宽泛的"高等教育"为主题进行检索,保证主来源库数据的全面性和大体量。另一方面,鉴于 CNKI 数据库收录期刊范围大、数量多、质量参差的特征,为保证数据精度,采用限定性检索方式。其中,CNKI 中国高等教育期刊文献总库采用时间和主题双向限定检索方式,以时间范围更精确、与研究主题相关度更高且篇名中含"高等教育学"或"高等教育学科"的方式进行检索,旨在补充 1979—1997 年的类 CSSCI 数据;CNKI 全文数据库采用时间和期刊双向限定检索方式,以期刊来源指向性更精确、主题相关度相对宽泛的"高等教育"或篇名进行检索,旨在考察 1979 年以来与 CSSCI 相关的主流教育类期刊上的全时间序列数据。因此,本书依据 CSSCI 来源期刊名单收录的教育类期刊,以及 CNKI 中收录的重要高等教育类期刊的不同特点,建立了综合、系统的期刊来源名册,包括高等教育类专业期刊、教育类综合性期刊、高校综合学报以及部分核心期刊,如有关高等职业教育的期刊《教育与职业》。这些期刊发文基本上涵盖了普通高等教育、职业高等教育和教学研究、学科研究、高校管理研究、思想政治研究、经济与评估等高等教育研究主题,基本能完整反映出高等教育学科研究的趋势和特点。具体期刊名册见表 2-1。

表 2-1 高等教育研究数据采集主要期刊名册

序号	期刊名称	期刊类型
1	高等教育研究	专业类
2	清华大学教育研究	专业类

续上表

序号	期刊名称	期刊类型
3	中国高教研究	专业类
4	高等工程教育研究	专业类
5	中国高等教育	专业类
6	现代大学教育	专业类
7	学位与研究生教育	专业类
8	高校教育管理	专业类
9	高教探索	专业类
10	研究生教育研究	专业类
11	江苏高教	专业类
12	高教发展与评估	专业类
13	教育与职业	专业类
14	中国电化教育	综合类
15	电化教育研究	综合类
16	现代教育技术	综合类
17	开放教育研究	综合类
18	远程教育杂志	综合类
19	中国特殊教育	综合类
20	教育与经济	综合类
21	思想教育研究	综合类
22	课程·教材·教法	综合类
23	教育研究	综合类
24	教育发展研究	综合类
25	华东师范大学学报（教育科学版）	综合类
26	教师教育研究	综合类
27	教育学报	综合类
28	比较教育研究	综合类
29	湖南师范大学教育科学学报	综合类
30	外国教育研究	综合类

续上表

序号	期刊名称	期刊类型
31	教育科学	综合类
32	北京大学教育评论	综合类
33	复旦教育论坛	综合类
34	华中师范大学学报（人文社会科学版）	高校综合学报
35	北京师范大学学报（社会科学版）	高校综合学报
36	上海师范大学学报（哲学社会科学版）	高校综合学报
37	云南师范大学学报（哲学社会科学版）	高校综合学报
38	西北师大学报（社会科学版）	高校综合学报
39	苏州大学学报（哲学社会科学版）	高校综合学报
40	南京师大学报（社会科学版）	高校综合学报
41	华南师范大学学报（社会科学版）	高校综合学报
42	四川师范大学学报（社会科学版）	高校综合学报
43	首都师范大学学报（社会科学版）	高校综合学报
44	北京联合大学学报（人文社会科学版）	高校综合学报
45	安徽师范大学学报（人文社会科学版）	高校综合学报
46	福建师范大学学报（哲学社会科学版）	高校综合学报
47	江西师范大学学报（哲学社会科学版）	高校综合学报
48	河南师范大学学报（哲学社会科学版）	高校综合学报
49	陕西师范大学学报（哲学社会科学版）	高校综合学报
50	天津师范大学学报（社会科学版）	高校综合学报
51	东北师大学报（哲学社会科学版）	高校综合学报
52	西南大学学报（社会科学版）	高校综合学报
53	广西师范大学学报（哲学社会科学版）	高校综合学报
54	杭州师范大学学报（社会科学版）	高校综合学报
55	浙江师范大学学报（社会科学版）	高校综合学报
56	河北师范大学学报（教育科学版）	高校综合学报

最终，本书确定了比较完备的数据及期刊文献来源，即开放性的 CSSCI 中

1998—2018年所有期刊收录的篇名中含"高等教育"的期刊文献，限定性的CNKI中国高等教育期刊文献总库中所有1979—1997年篇名中含"高等教育学"或"高等教育学科"的期刊文献，以及半开放性和限定性的CNKI全文数据中1979年以来、以表2-1中的期刊为文献来源条件检索到的篇名中含"高等教育"的所有期刊文献。以上文献检索最终截止日期为2018年10月29日。前两类文献经过编排合并后，以CSSCI文献格式为规范标准，对CNKI中的文献进行人工整理，以匹配CSSCI文献格式，主要侧重于共被引分析、聚类分析等；后一类文献主要用于学者、机构和基金分析。本书数据来源多样化和规范化的有机统一，极大提高了文献计量分析的精度和信度。

（二）数据采集与处理

根据上述数据来源甄选标准，本书数据采集与处理的主要流程如下：

1. CSSCI数据采集及处理

当前，由于CSSCI数据获取方式和规模的限制，通过网络爬虫技术一次性获取全部数据的难度加大，当下载量达到一定限额后，不仅需要不断输入验证码，且出现关键字符段空白的现象。为确保数据来源的完整性、准确性和格式编码的统一性，本书通过人工探索和下载的方式收集文献。首先，在CSSCI数据库中以篇名含"高等教育"的方式进行文献检索，时间范围为1998—2018年，共检索到文献8956篇；其次，对文献进行数据清洗，删除会议通讯、报道、征稿词等非学术性文章，得到7476篇高相关有效文献；接着，将文献下载至本地电脑，保存格式为".txt"文本格式，编码为"UTF-8"，文件名为"Download_2018CSSCI"；最后，将数据导入CiteSpace进行文件格式转换，以便进行数据整理和分析。

2. CNKI中国高等教育期刊文献总库数据采集及处理

首先，在CNKI中国高等教育期刊文献库（http://kns.cnki.net/kns/brief/result.aspx?dbprefix=CJFR）中，以篇名含"高等教育学"或"高等教育学科"的方式进行文献检索，时间范围为1979—1997年，共获得文献91篇；其次，对这91篇文献进行清洗，剔除发言、会议通讯、机构介绍等，共获得有效文献69篇；接着，将数据下载至本地电脑，保存格式为".txt"文本格式，编码为"UTF-8"，文件名"Download_2018CNKIGJK"；最后，将数据导入CiteSpace进行文件格式转换，以便将其与CSSCI数据进行合并。

3. CSSCI 和 CNKI 高教库文献的合并和整理

首先，将转换后的 1979—1997 年的 CNKI 中国高等教育期刊文献总库数据按照转换后的 CSSCI 数据格式规范，对这部分数据进行整理、编码和重置，尤其是对参考文献作手动录入和编排，保证文献格式规范和要素齐全；接着，将编排好的 1979—1997 年的 CNKI 数据与 CSSCI 数据合并、去重，共得到 7545 篇文献；最后，再对完整的 1979—2018 年的 CSSCI 数据进行检查，补充参考文献论文页码、著作出版地、第一作者、机构等信息，以防止数据处理时出现无法识别的情况。与此同时，对相关核心文献进行文本阅读和分析，建立质性研究资料库，以期与知识图谱分析进行比对和验证。

4. CNKI 全时间序列数据采集及处理

首先，在 CNKI 专业检索功能下，利用检索表达式进行文献检索。此部分由于检索字符限制，需分两步进行。

第一步：输入"JN = ('教育研究' + '教育发展研究' + '华东师范大学学报（教育科学版）' + '教师教育研究' + '教育学报' + '比较教育研究' + '湖南师范大学教育科学学报' + '外国教育研究' + '教育科学' + '北京大学教育评论' + '高等教育研究' + '清华大学教育研究' + '中国高教研究' + '复旦教育论坛' + '高等工程教育研究' + '中国高等教育' + '现代大学教育' + '学位与研究生教育' + '高校教育管理' + '高教探索' + '研究生教育研究' + '江苏高教' + '中国电化教育' + '电化教育研究' + '现代教育技术' + '开放教育研究' + '远程教育杂志' + '中国特殊教育' + '华中师范大学学报（人文社会科学版）' + '北京师范大学学报（社会科学版）' + '上海师范大学学报（哲学社会科学版）') AND TI = '高等教育'"，获得文献 8237 篇。

第二步：输入"JN = ('云南师范大学学报（哲学社会科学版）' + '西北师大学报（社会科学版）' + '苏州大学学报（哲学社会科学版）' + '南京师大学报（社会科学版）' + '华南师范大学学报（社会科学版）' + '四川师范大学学报（社会科学版）' + '首都师范大学学报（社会科学版）' + '北京联合大学学报（人文社会科学版）' + '安徽师范大学学报（人文社会科学版）' + '福建师范大学学报（哲学社会科学版）' + '江西师范大学学报（哲学社会科学版）' + '河南师范大学学报（哲学社会科学版）' + '课程·教材·教法' + '陕西师范大学学报（哲学社会科学版）' + '天津师范大学学报（社会科学版）' + '东北师大学报（哲学社会科学版）' + '西南大学学报（社会科学版）' + '广西师范大学学报（哲学社会科学版）' + '杭州师范大

学学报（社会科学版）'+'浙江师范大学学报（社会科学版）'+'河北师范大学学报（教育科学版）'+'教育与经济'+'高教发展与评估'+'思想教育研究'+'教育与职业'）AND TI＝（'高等教育'）"，获得文献 1438 篇。

两个步骤共计获得论文 9675 篇，经过筛选，剔除征稿启事、会议报告等后，共计得到 7433 篇有效学术性文献。接着，对有效论文进行文献记录导出，文件输出格式为".refwork"，字符段全选，编码为"UTF-8"，文件名为"Download_2018CNKI"。最后，将数据导入 CiteSpace，进行数据格式转换，以便进行数据分析。

（三）分析软件和工具

本书的分析软件及工具主要有两大类，第一类是可视化软件工具，以 CiteSpace 为主，以 Ucinet 和 Pajek 为辅；第二类是计量分析工具，以 SPSS 为主，以 Bibexcel 为辅。下面对以上软件工具的功能及在本书中的应用进行简要介绍。

1. 知识图谱分析软件：CiteSpace

CiteSpace 是 Citation Space 的简称，可译为"引文空间"。CiteSpace 是一款着眼于分析科学研究中蕴含的潜在知识，并在科学计量学（scientometric）、信息可视化（data and information visualization）和数据背景下发展起来的可视化分析软件。由于 CiteSpace 是通过可视化的手段来呈现科学知识的结构、规律和分布情况的，故而将其分析得到的有图和谱的可视化图形称为"科学知识图谱"（mapping knowledge domains，MKD）。根据软件开发者美国德雷克塞尔大学陈超美博士 2017 年的研究，世界范围内应用 CiteSpace 的人群已达到 500 多万人，而中国的活跃用户最多①。实际上，这个数字还在不断扩大，从近两年中国刊发的运用此方法的学术论文数量的增加便可略见一斑。

CiteSpace 的基本功能可以概括为以下五个方面：①通过对关键词、主题进行共现分析，探索学科前沿热点；②通过对作者、机构、国家的合作网络进行分析，结合地理地图，探索科研人员的人口统计学特征、活跃程度以及学派的痕迹；③通过文献、作者以及期刊的共被引分析，精准识别学科经典和权威文献；④通过基金项目分析，发现国家支持的方向、力度，透视国家、政策等宏观层面

---

① PING Q, HE J G, CHEN C M. How many ways to use CiteSpace? A study of user interactive events over 14 months [J]. Journal of the Associationg for Information Science and Technology, 2017, 68 (5): 1234-1256.

对科学研究的影响；⑤在上述基础上，探索学科知识结构、演化逻辑、动力机制、谱系流变，预测学科发展趋势。

CiteSpace 与其他同类软件相比具有明显的优势。首先，它能匹配多个权威数据库的文献格式，内嵌了众多格式转换程序，可以将 WOS、CSSCI、CNKI、Google Scholar、PubMed 等国际主流科学文献数据数据库直接进行转换，无须复杂的矩阵处理，极大节约了研究投入，增强了数据的规范性和准确性。其次，CiteSpace 构建了基于距离、时间、关系、叠加的不同表达方式，利用不同颜色和大小的点、线、圆展现不同时间范围内、不同频次的数据特征，清晰美观，易于解读。

2. 社会网络分析软件：Ucinet

Ucinet（University of California at Irvine Network）是一种功能强大的社会网络分析软件，它最初由社会网络研究的开创者、加州大学欧文分校（University of California at Irvine）的林顿·弗里曼（Linton Freeman）教授编写，后来主要由新一代学者、目前分别供职于美国肯塔基大学（University of Kentucky）的斯蒂芬·博加提（Steve Borgatti）和英国曼彻斯特大学（University of Manchester）的马丁·埃弗里特（Martin Everett）维护更新。Ucinet 能够读取文本文件，同时兼容 Citespace、Pajek 等软件的文件。Ucinet 软件包含大量网络分析指标，如中心度、派系分析、位置分析算法、随机二方关系模型（Stochastic Dyad Models）等，还包括常见的多元统计分析工具，如多维尺度分析、聚类分析、因子分析、针对矩阵数据的多元回归等。除此之外，它还提供数据管理和转换的工具，可以从图论程序转换为矩阵[1]。本书通过 Ucinet 读取 CiteSpace 生成的".net"文件，利用 NetDraw 绘制网络图和分析相关参数。

3. 社会网络分析软件：Pajek

Pajek 是一款用于将大型网络可视化、基于 Windows 的社会网络分析软件，由斯洛文尼亚卢布尔雅那大学的 Vladimir Batagelj 和 Andrej Mrvar 合作编写。Pajek 基于图论、网络分析、信息可视化等基础发展而来，其主要特点是可视化[2]。Pajek 突破了多数网络分析软件只能处理小规模数据的瓶颈，可以处理拥有

---

① 刘军. 整体网分析 Ucinet 软件实用指南[M]. 2版. 上海：上海人民出版社，2014：42.

② 肖明. 知识图谱工具使用指南[M]. 北京：中国铁道出版社，2014：20.

多达几百万节点的大型网络，也可以从大规模网络中提取出若干小网络用于经典算法以实现更加深入、细致的研究，并通过强大的可视化功能将网络及分析结果展示出来。Pajek 拥有灵活的输入方式，可以直接定义一个小网络，也可以通过外源性数据导入生成网络，数据兼容性好①。本书主要利用该软件进行社会网络分析，绘制高等教育学研究合作网络图谱。

4. 科学计量学研究软件：Bibexcel

Bibexcel 是瑞典于默奥大学（Umeå universitet）信息研究小组（The Information Research Group, Inforsk）欧莱·皮尔逊教授设计开发的一款软件。其主要功能包括文献计量分析、引文分析、书目耦合、聚类分析等，最终产生的数据可导出至 excel 或其他采用［Tab］键隔开数据的程序中，并可为 Pajek、NetDraw 软件提供绘图所用数据②。在本书中，Bibexcel 主要被用来进行共被引分析、高等教育学科研合作共现分析及聚类分析。

5. 多元统计分析工具：SPSS

SPSS（statistical product and service solutions）目前已被国内学者广泛应用，由微软公司开发，全称是"统计产品和服务解决"。SPSS 具有强大的统计分析功能，可完成从简单的描述性分析到复杂的多元统计分析，主要的常用统计方法包括探索性分析、统计描述、t 检验、各种方差分析、协方差分析、非参数检验、二维相关、秩相关、偏相关、多元线性回归、非线性回归、Logistic 回归、因子分析、聚类分析、对数线性模型、时间序列分析和多重响应等。SPSS 具有方便的数据接口，它采用类似 excel 表格的方式输入与管理数据，能够方便地读取和输出多种其他数据库文件（如 excel、Lotus、SAS 和 dBase 等）③。本书主要利用 SPSS 的因子分析（主成分分析）、聚类分析、相关分析和多维尺度分析等功能，辅助 CiteSpace、Ucinet、Pajek 等进行知识图谱绘制。

四、小结

面对错综复杂、结构多变的信息世界，传统的逐篇读取、完全依赖研究者记

---

① 杨良斌. 信息分析方法与实践［M］. 长春：东北师范大学出版社，2017：206.
② 肖明. 知识图谱工具使用指南［M］. 北京：中国铁道出版社，2014：90.
③ 陈国元，刘烈刚. 预防医学实验教程［M］. 武汉：湖北科学技术出版社，2016：246.

忆和逻辑训练水平的文献分析方法早已不堪重负、捉襟见肘，难以觅见隐匿在庞大且支离的信息碎片后的稳固联系和生成逻辑。随着文献计量学和可视化技术的发展，科学化、智能化、图形化的研究变得触手可及，人们可以借助知识图谱理论及方法，生动描述、形象展示知识生产、传播、演变的全链条。由此，信息和知识仿佛具备了自我性和生物意识，尤其是 AI 技术的发展，让科学研究更加人性化和智能化。可以说，知识图谱理论及方法是一座通往知识拟人化的桥梁，就像一支神奇的画笔，通过它知识变得可观测、可描摹、可掌握。这正是知识图谱理论及方法的妙处和魅力所在。

本章着重对知识图谱的理论体系、分析方法、应用情况等基本命题进行了简明扼要的概述，对知识图谱应用于高等教育学学科发展研究的适切性、优越性进行了比较分析，认为知识图谱可以从宏观和微观层次探析高等教育学科发展的全貌、主题、节点等关键阈值，可以帮助我们客观科学地审视改革开放以来高等教育学学科体系结构的生成和演变逻辑以及学科发展的重点、热点、趋势及取向，为高等教育学学科建设和发展战略的制订提供理论依据及实践支持。

在具体研究方法应用上，本书主要采用引文分析、共被引分析、聚类分析、词频分析和社会网络分析等。针对不同的对象、目标和方法，应用不同的研究工具，形成了主次分明、功能互补的方法聚类和工具聚类，从方法和工具的适用性和科学性上保证研究过程和结果的信度和效度，力求对数据的分析全面而深刻。

在数据采集上，本书遵循典型性、完整性、权威性三个基本原则，以主题为文献主要检索途径，以 CSSCI 全文数据库为主要期刊来源库，同时将 CNKI 作为比对、补充数据库，并同时建立了核心期刊来源名册，以保证数据来源的多样性、全面性。通过智能化的数据清洗、转换，并结合耗时长久的人工检验和更新，使得数据信息得到进一步的规范，增强了软件识别和处理效率，进一步保证了分析结果的可靠性。

工欲成其事，必先利其器。科学的研究方法和工具，是开展科学研究工作的前提，也是产出科学结论的有力保障。知识图谱理论和方法及数据来源的选用，为本书后续研究做好了理论及方法铺垫。

第三章

高等教育学"学科给养"知识图谱分析

任何学科的发展,都离不开科学研究的支持。纵观国内外学科评估与测量的要素与指标,科学研究都是其决定性因素。学科从分立、发展再到成熟,都离不开诸多热衷科研、矢志创新的专业人才以及雄厚的研究资金和先进的研究设施的支持。从要素驱动的观点来看,人力、物力、财力直接构成了学科发展的核心驱动力,其投入力度很大程度上决定了学科发展的进度和高度。改革开放以来,在科教兴国、建设教育强国的宏观国家战略指导下,高等教育的投入逐年增长,尤其是近十年来增长了将近两倍,投入结构也呈现出多元化、国家主导作用日益突出的特点,与OECD国家的差距日渐缩小,中国高等教育也从精英化逐渐过渡到大众化再到普及化,中国正由高等教育大国向高等教育强国迈进。与此同时,高等教育学科也得到了长足的发展,研究队伍日益庞大,研究机构和专业期刊层出林立,研究成果颇为丰硕,在中国教育发展和社会转型变革中扮演了重要角色。本章以人才队伍、平台机构、资金项目为观测维度,对中国高等教育学在国家不同历史时期的发展机遇、策略、规模、质量、效益、影响和问题等进行宏观描绘,以期探寻高等教育学发展要素的侧重、转换和聚变,促进学科创变。

本书借用国外源自生态心理学、国内用于军事领域中的"给养"一词,分析学科发展的资源要素。为避免重复和交叉,本书的"学科给养"是学科研究硬件(研究机构、基金项目)和软件(人力资本)供给情况的总称,包括有生命的具有能动性和创造性的研究者、无生命的具有象征性和实体性的组织机构以及外部供养系统的依托项目,而有关学科的知识供给则安排在学科交流的章节中进行集中分析。尽管在本书研究数据的样本中,"题目、作者、所属单位、关键词、发表期刊、发表时间、基金来源"等文献信息十分齐全,但并非所有信息都能反映出学科研究的原貌。如"基金来源"一项,在中国当前的论文发展规范下,并不能全部反映出学科发展的外部给养情况,企业资助的研究成果或校企合作的研究成果,无法直观体现在文献信息中。但由于该类信息多数属于"灰色文献",难以获取,因此本书作了简化处理,仅以文献中标注的各类基金项目信息作为标准统计口径来分析外部学科给养情况。

综而言之,探究高等教育学的"学科给养",是借用经济改革的视角,反思和发现制约高等教育学发展的关键问题和主要矛盾。这也是研究高等教育学供给侧的前提,同时也是研究初心。本章着重从研究人员、研究机构、基金项目三个方面展开分析。首先,对我国高等教育学的研究人员进行人口地理学统计分析,重点研究高产学者的聚类分布,归纳改革开放以来我国高等教育研究人员的变化趋势。其次,对我国高等教育学的科研机构进行组织分析,重点关注机构类型与地域分布及其变化情况。最后,绘制我国高等教育学基金项目的知识图谱,并分析重点基金项目及其演化过程,对不同研究机构重点基金项目的支撑情况进行聚类研究。

一、高等教育学研究人员分析

文明进步和社会发展永远离不开具有能动性和创造性的人力资源,人才在某种意义上决定了文明的发展高度和社会的发达程度,甚至决定了国家和民族的命运。同理,学科建设的首要任务就是培养和造就各类人才,涵育一支专业精深、结构合理的研究队伍,特别是科研队伍中的领军人物在学科发展中起到了举足轻重的作用,是"学科给养"分析中的重中之重。对研究人员的构成进行分类分析，是科学界常用的研究学科或研究领域历史与发展情况的一种路径①。我国高等教育研究人员在规模、层次、分布、质量等时间和空间上的演变特征，表征了中国高等教育学发展的内部规律和逻辑。

（一）高产作者界定

美国学者洛特卡（Lotka Alfred James）在1926年的研究中发现，科学论文作者写作的频率和论文数量存在一定的对应关系，被称为描述科学生产率频率分布规律的洛特卡定律。洛特卡定律表明，写一篇论文的作者数量约占所有作者数量的3/5，写两篇论文的作者数量约为写一篇论文的作者数量的1/4，写三篇论文的作者数量约为写一篇论文的作者数量的1/9，以此类推，写 N 篇论文的作者数量约为写一篇论文作者数量的 $1/n^2$。该定律的计算公式为：

$$f(x) = C/x^a$$

其中，$f(x)$ 为发表 x 篇论文的作者的比例；x 为单个作者的发文数；C 和 a 均为常数。根据洛特卡的计算，$a = 2$，因此该公式又可写成：

$$f(x) = C/x^2$$

此即科学生产率的"平方反比律"计算公式。通过推导和级数求和，可求出 C 的数值等于 $f(1)$，因此该公式又可写成：

$$f(x) = f(1)/x^2$$

两边同时乘以作者总数，则可变为：

$$y(x) = y(1)/x^2$$

$y(x)$ 表示写了 x 篇论文的作者总数，$y(1)$ 表示写了一篇论文的作者总数。通过该变形公式，很容易可观察出论文作者数之间的比例。

科学计量学中的第二大定律是普赖斯定律。普赖斯（Price）在洛特卡定律的基础上，进一步研究不同能力层次的科学家之间的定量关系——在同一主题中，半数的论文为一群高生产能力的作者所撰，这一类作者集合的数量约等于全部作者总数的平方根。这即是著名的普赖斯定律（Price Law）。如果设最高产的那位科学家所发表的论文数为 n_{max}，将科学家们发表论文的总数记为 $x(1, n_{max})$，则普赖斯定律可用下式表示：

---

① 胡建华. 近20余年来我国高等教育研究发展的实证分析——基于"六五"至"十五"的全国教育科学规划课题[J]. 现代大学教育，2005（2）：10–15.

$$(1/2)x(1, n_{\max}) = x(m, n_{\max}) = x(1, m)$$

其中，m 为假定常数，即个人的论文数大于 m 的科学家们所发表的论文总数恰好等于全部论文总数的一半，其取值推导公式为：

$$m \approx 0.749 \ (n_{\max}^{\frac{1}{2}})$$

也就是说，发表了 0.749（$n_{\max}^{\frac{1}{2}}$）篇以上论文的科学家们所发表的论文总数等于全部论文总数的一半；或者说，杰出科学家中最低产的那位科学家所发表的论文数，等于最高产科学家发表论文数的平方根乘以 0.749 的系数。普赖斯还曾试图找出全体科学家总数中杰出科学家的比例关系。经过进一步推导和计算，得出：

$$R \approx 0.812 / \ (n_{\max}^{\frac{1}{2}})$$

式中，R 是杰出科学家人数与全体科学家总数之比。这是普赖斯基于洛特卡定律的又一个重要推论。

根据洛特卡和普赖斯相关定律，通过对文献数据的详细统计，1979—2018 年，共有 5934 位作者在高等教育学主要期刊上发表了 7400 多篇文章，具体作者数量和发文数量详见表 3-1。

表 3-1　1979—2018 年高等教育学发文作者数量和发文数量统计结果

发文数/篇	人数/人	发文数/篇	人数/人	发文数/篇	人数/人
1	4319	11	12	21	2
2	808	12	10	23	2
3	315	13	9	25	1
4	160	14	1	29	1
5	91	15	5	30	1
6	58	16	3	32	1
7	40	17	3	34	1
8	22	18	3	38	1
9	30	19	2	44	1
10	17	20	2	57	1

根据统计结果可以看出，发表 1 篇论文的作者共有 4319 人，占总人数的 72.7%，略高于洛特卡定律的 60%。也就是说，中国高等教育学科学者的三分之二停留在较低的发表水平，仍有极大的学术提升空间。相比于其他社会科学产出效率，如此大的低产出基数也影响了高等教育学科的总体产出水平。此外，发表

2篇论文的作者共808人，与发表1篇论文的人数差距较大，也可从侧面反映出一旦这些发表1篇论文的作者通过自我提升，发表2篇论文时，其发表3篇及以上论文的可能性将大大增加，进而将扩增高产作者队伍。由此可见，2篇论文是低产出作者和高产出作者的分水岭，一旦跨过这个"拐点"，作者论文产出将发生质的突破。

那么，在高等教育学科领域，发表多少篇论文方可称为高产作者呢？根据普赖斯定律的推导公式可以计算出，高等教育学科高产学者的最低论文发表数为 $0.749（57^{\frac{1}{2}}）=5.654$，也就是说，只有发表论文达到6篇以上的作者方可称为高等教育学科的高产作者。根据此标准，在5934位作者中，有230位高产作者，高产作者占总人数的3.9%。而根据普赖斯定律高产作者与全体作者的比值 $R \approx 0.812/（n_{\max}^{\frac{1}{2}}）$ 计算，高等教育学科高产作者的比例应达到10.8%；现实与理论的差距仍然巨大，目前尚不足一半。可见，高等教育学科的研究队伍、研究质量的培育，尤其是领军人才的培养，仍然任重道远。

（二）高等教育学高产作者分布

在CiteSpace中，通过设置节点数量，以及多维尺度分析和聚类分析，可以观测到1979—2018年高产作者的知识图谱，如图3-1所示。

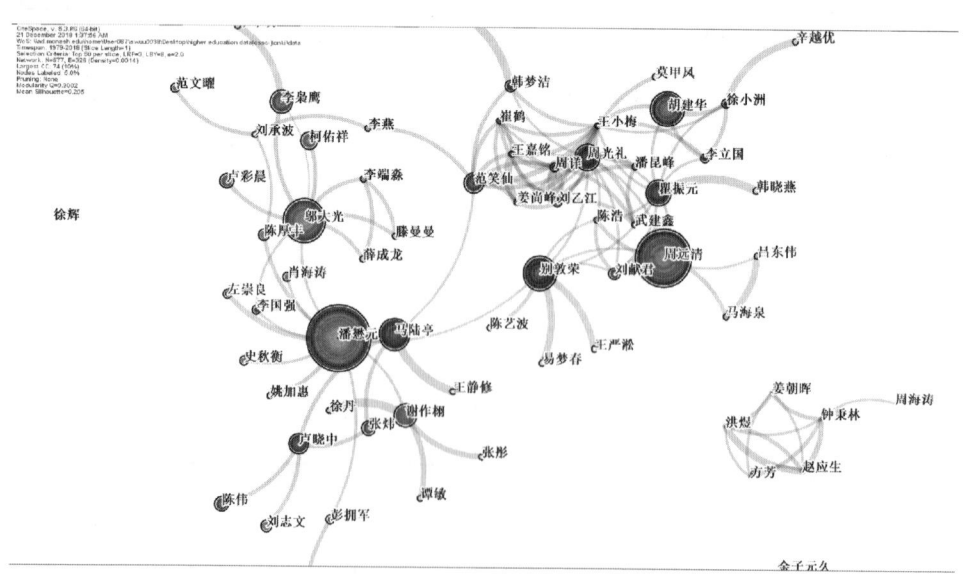

图3-1 1979—2018年高等教育学论文高产作者知识图谱

通过对这些高产作者的区域分布进行分析，可以观测到高产作者的地缘结构、年龄结构等属性特征。为此，本书撷取发表论文数 12 篇以上的高产作者，通过网络引擎搜索，以 2018 年为时间界点，收集他们所属的机构和省份、年龄以及职称等信息①，以进行科学论文发表的中心分布分析，具体如表 3-2 所示。

表 3-2 高等教育学论文高产作者基本情况统计

序号	作者	论文数/篇	第一作者论文数/篇	所属机构	机构所在省份	年龄/岁
1	潘懋元	57	50	厦门大学	福建	98
2	周远清	44	41	中国高等教育学会	北京市	79
3	邬大光	38	28	厦门大学	福建	61
4	王建华	34	30	南京师范大学	江苏	41
5	别敦荣	32	25	厦门大学/华中科技大学	福建	55
6	董泽芳	30	18	华中师范大学	湖北	73
7	胡建华	29	24	南京师范大学	江苏	63
8	马陆亭	25	20	中国教育部教育发展研究中心	北京	55
9	钟秉林	23	13	北京师范大学	北京	67
10	周光礼	23	17	中国人民大学	北京	48
11	谢作栩	21	10	厦门大学	福建	68
12	瞿振元	21	19	中国高等教育学会	北京	72
13	谢安邦	20	8	华东师范大学	上海	70
14	武毅英	20	14	厦门大学	福建	59
15	王洪才	19	17	厦门大学	福建	52
16	李枭鹰	19	15	广西民族大学/大连理工大学	广西	45
17	范笑仙	18	11	华东师范大学	上海	48
18	张应强	18	13	华中科技大学	湖北	54
19	卢晓中	18	15	华南师范大学	广东	56

---

① 高产作者所属的机构以及年龄和职称等信息，计算时间以 2018 年 11 月 30 日为限。

续上表

序号	作者	论文数/篇	第一作者论文数/篇	所属机构	机构所在省份	年龄/岁
20	杨德广	17	15	上海师范大学	上海	78
21	徐辉	17	7	国家发展和改革委员会	北京	60
22	刘献君	17	14	华中科技大学	湖北	73
23	阚阅	16	11	浙江大学	浙江	39
24	陈伟	16	11	华南师范大学	广东	45
25	张炜	16	14	中国高等教育学会	北京	61
26	闵维方	15	8	北京大学	北京	68
27	蒋凯	15	10	北京大学	北京	45
28	刘俊学	15	13	湖南工学院	湖南	54
29	丁小浩	15	9	北京大学	北京	59
30	刘小强	15	14	江西师范大学	江西	41
31	陈学飞	14	7	北京大学	北京	69
32	许明	13	0	福建师范大学	福建	61
33	钟宇平	13	6	香港中文大学	香港	69
34	沈红	13	3	华中科技大学	湖北	62
35	熊耕	13	13	南开大学	天津	48
36	柯佑祥	13	10	华中科技大学	湖北	54
37	康宁	13	13	中国教育出版传媒集团	北京	61
38	张耀荣	13	12	广东高等教育出版社/广东省高教学会	广东	61
39	张德祥	13	8	大连理工大学	辽宁	68
40	刘志民	13	3	南京农业大学	江苏	58
41	龚放	12	9	南京大学	江苏	69
42	王战军	12	8	教育部高等教育教学评估中心	北京	62
43	毛亚庆	12	5	北京师范大学	北京	52
44	焦磊	12	9	华南理工大学	广州	34

续上表

序号	作者	论文数/篇	第一作者论文数/篇	所属机构	机构所在省份	年龄/岁
45	洪成文	12	4	北京师范大学	北京	58
46	杜瑞军	12	6	北京师范大学	北京	43
47	徐国兴	12	11	华东师范大学	上海	52
48	卢彩晨	12	9	中国教育科学研究院	北京	51
49	刘淑华	12	12	浙江大学	浙江	43
50	丁晓昌	12	11	江苏省高等教育学会	江苏	62

以上50位高产作者共发表论文934篇，人均发表论文18.68篇。这些高产作者的职称均为高级职称，担任研究生导师，大部分为教授、博士生导师，其中有教育部长江学者特聘教授2人，获中国高等教育研究突出贡献奖2人。以这些高产作者为学术领头人的高等教育学研究学者群体，其研究策略、研究方法、重点领域、兴趣节点、研究结论等，代表着我国高等教育学研究的发展趋势和发展方向，构成了中国高等教育学科发展的源动力和核心产出力，并衍生出了不同的研究范式和谱系特征，是我国高等教育学中的节点式人物。关于此点，将另章重点分析。

通过表3-2可以发现，发文量最多的是厦门大学的潘懋元先生，在高等教育学重要期刊上发表了57篇论文。潘懋元先生是我国高等教育学的奠基人和引路人，对高等教育学科的发展做出了卓越的贡献。在高等教育学学科形成阶段，潘懋元先生满怀憧憬投身于高等教育学科的创建，筚路蓝缕、艰苦奋斗，形成并贡献了"高等教育学学科建设""高等教育研究""高教改革""高等教育内外部关系规律""教育体制改革""教育实践方法"等重要思想。高等教育学科建立后，潘懋元先生与时俱进地提出并分析了我国高等教育可持续发展面临的一系列重大问题：一是高等教育发展的规模和速度问题，二是高等教育的分类定位与发展方向问题，三是高等教育质量问题，四是高校毕业生就业问题，五是民办教育体制创新问题，六是高等教育现代化建设问题，等等。这些问题引发了高等教育相关研究的研究热潮，其中不少研究成果为政府的决策提供了重要参考。潘懋元先生在高等教育学研究方面的认识论和方法论对高等教育学及相关学人有重要的指导意义。他的治学精神、研究风格持续不断地影响了一批又一批的高等教育研究人员。他为我国的高等教育学科建设培养了邬大光、别敦荣、谢作栩、史秋衡、卢晓中、胡建华等15位杰出的第二代中国高等教育学研究人才。这些杰出人才又培养出了李枭鹰、李国强等8位青年科研人员（参见图3-1和表3-2）。可以毫不夸张地说，潘懋元先生是我国高等教育学研究领域科研人才开枝散叶的"母体"。

在作者机构分布方面，排名前50的作者主要集中在高等院校，其中厦门大学6人，北京师范大学、华中科技大学和北京大学各4人，华东师范大学和中国高等教育学会各3人，浙江大学、华南师范大学、南京师范大学各2人。由此可见，大学是中国高等教育学研究的主要阵地，而作为行业协会和政府决策咨询机构的学会和研究中心等智库组织也发挥了重要的参谋作用。此外，教育出版机构也对我国高等教育学科发展做出了应有贡献，从一个侧面体现了学术出版与学科知识传播之间的正向关系。

省域分布方面，我国高等教育学研究高产作者的分布呈现出了明显的"胡焕庸线"特征，中东部、北方和南方等地区的发达省份盛产高产作者，西北、西南地区的高产作者寥寥无几。高产作者中，北京17人，福建7人，湖北和江苏各5人，上海和广东各4人，浙江1人，江西、辽宁、广西、香港、天津和湖南各1人。我国高等教育学研究高产作者的省域分布天南海北，高等教育发达省份与高产作者之间存在正相关关系。

年龄分布方面，最年长的是98岁高龄的厦门大学潘懋元先生，年龄最小的为34岁的华南理工大学副研究员焦磊。从年龄结构上看（图3-2），60岁以上的研究人员人数最多，有24人，占总人数的48%。近二分之一的高产作者是已经或即将退休的教授，这说明高等教育学研究需要长期积累方有所作为。令人欣慰的是，45～59岁的中年高产作者有20人，占总人数的40%，这些朝气蓬勃的中青年学者正成长为中国高等教育学研究的中流砥柱。而44岁以下的青年学者有6人，占总人数的12%，这些新生力量正是未来中国高等教育学研究的星星之火。与此同时，我们也应清醒看到，中国高等教育学研究高产作者的年龄分布头部过大、底部过细，呈现出倒三角形的不稳定结构，亟须发挥老一辈高产作者的引领作用，加强青年人才的培育力度，夯实基础，大力储备思想活跃、锐意创新的中青年人才，方可应对高等教育未来发展的趋势。

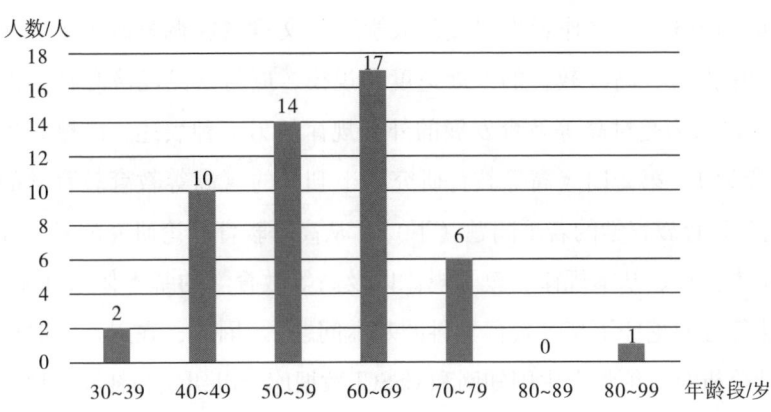

图 3-2　高等教育学论文高产作者年龄分布图

（三）高等教育学高产作者演变

在对高产作者进行人口地理学的统计分析后，接下来将以时间为轴，对高产作者的迭代作横切面分析，探求高产作者群体之间的演变特征。根据我国社会发展和转型特征，以改革开放和五年规划为参照点，本书将1979—2018年分成六个阶段：1979—1991年为第一阶段，1992—2000年为第二阶段，2001—2005年为第三阶段，2006—2010年为第四阶段，2011—2015年为第五阶段，2016—2018年为第六阶段。下面将对各个时间区间的高产作者进行切片分析。

1. 第一阶段：1979—1991年

根据数据分析，1979—1991年共有49位作者发表论文，占作者总数的0.8%，且以1983年高等教育学学科正式建制为分界线，前学科时期鲜有作者发表有关高等教育学主题的论文。这主要是因为学科尚未形成之际，高等教育学学科命名未定，此类研究只能以其他相关标题和主题呈现，导致数据搜索时出现偏差。如朱九思提出"抓好师资培养工作是办好学校（高校）的一个关键"① （1981），实际上是高等教育学的一个重要论题。蔡克勇提出"应把高等学校管理作为一门学科来研究"② （1982），已经有了建立高等教育学的分支学科——高等教育管理学的思想雏形，他的《苏联的高等教育》也为我国高等教育学科的建设提供了

---

① 朱九思. 看得重，抓得狠，锲而不舍，力争上游——在师资培养工作会议上的讲话 [J]. 高等教育研究，1981 (4)：1-6.

② 蔡克勇. 应把高等学校管理作为一门学科来研究 [J]. 高等教育研究，1982 (4)：40-45.

重要参考。1983年署名作者为"厦门大学"的文章《在调整改革中加速发展高等教育》中提出"高等教育的发展速度和规模,应与国民经济和社会发展相适应"[①],可以认为是对高等教育发展的外部规律的另一种表述。潘懋元先生分别在1983年第1、第2期《高等教育研究》上刊发的《高等教育教育学的若干问题》《高等教育教育学的若干问题(下)》,从高等教育理论研究的必要性和高等教育的基本特点、基本规律、教学规律以及高等教育学的基本体系和基本内容、研究方法等方面论证了高等教育学科的基本问题[②]。因此,在对这一时期的作者进行统计分析时,须整合中国知网和CSSCI数据库予以纠偏和补漏,增加了5位作者的论文数据。"准学科"发展至1992年全面改革开放前夕,更多学者对高等教育学科相关问题进行了探索性讨论。这一阶段发表论文数最多的依然是厦门大学的潘懋元先生。潘懋元先生除在CSSCI期刊发表了3篇论文外,还在《高等教育学报》(《中国高教研究》曾用名)发表了《十年来高等教育科学研究的进展》(1988(Z1))、《正确对待商品经济对高等教育的冲击》(1989(4)),在《教育评论》上发表了《高等教育主动适应经济与社会发展的理论思考——在第二次全国大学教育研讨会上的发言》(1989(1))等文章。综上,1979—1991年学者发表论文的数量情况如表3-3所示。

表3-3 1979—1991年高等教育学研究领域学者发表论文数量情况

作者	论文数/篇	作者	论文数/篇	作者	论文数/篇	作者	论文数/篇	作者	论文数/篇
潘懋元	6	于清涟	1	金陶炳	1	唐莹	1	郭志斌	1
郑福明	2	陈霞	1	侯琪山	1	潘后杰	1	张力钢	1
沈剑平	2	卡杰叶瓦	1	波亚尔科瓦	1	宋梓铭	1	马赫塔尔	1
朱九思	1	李效宁	1	凡作	1	白锦会	1	张国祥	1
朱勃	1	丁证霖	1	李德韩	1	康健	1	黎海峰	1
蔡克勇	1	D.·契托兰	1	叶迪群	1	袁锐锷	1	徐莹	1
G.L.威廉斯	1	于清涟	1	李锐	1	张人杰	1	忻福良	1

---

① 厦门大学. 在调整改革中加速发展高等教育 [J]. 高等教育研究, 1983 (3): 7-10.
② 潘懋元. 高等教育学的若干问题 [J]. 高等教育研究, 1983 (1): 4-26, 27-45, 97.

续上表

作者	论文数/篇	作者	论文数/篇	作者	论文数/篇	作者	论文数/篇	作者	论文数/篇
S. 斯波尔丁	1	王文肃	1	叶齐炼	1	许洪彦	1	厦门大学	1
杨德广	1	何国华	1	林嘉声	1	邓国天	1		
S. 路里埃	1	覃楷章	1	周德昌	1	郭向东	1		
范先佐	1	余嘉元	1	游心超	1	张力纲	1		

2. 第二阶段：1992—2000 年

1992—2000 年，共有 283 位作者发表了高等教育学研究论文，占作者总数的 4.8%，发表 2 篇以上论文的作者情况如表 3-4 所示。排名第一的仍然是厦门大学的潘懋元先生，数量超 10 篇。这一时期产生了 3 位高产作者，除潘懋元先生外，还有学者闵维元和陈晓宇。1992 年邓小平南方谈话和实施全面改革开放后，高等教育学研究的学者群体规模和论文发文数量都有了大幅提升，相较于全面改革开放前的第一阶段，这一阶段的高等教育学研究活力被真正激发出来，学科建设也进入了快车道。

表 3-4　1992—2000 年高等教育学研究领域发表 2 篇以上论文的作者情况

作者	论文数/篇	作者	论文数/篇	作者	论文数/篇	作者	论文数/篇
潘懋元	12	周远清	3	陆根书	2	施晓光	2
闵维方	7	吴超林	3	刘勤勇	2	张国祥	2
陈晓宇	6	张应强	3	刘德兴	2	纪宝成	2
丁小浩	4	陈学飞	3	薛天祥	2	武毅英	2
邬大光	4	史朝	2	康宁	2	陈良焜	2
朱国仁	4	刘绍怀	2	谈松华	2	魏新	2
王英杰	3	蒋凯	2	王孙禺	2	王冀生	2
徐义	3	李同明	2	贺国庆	2	柯佑祥	2
袁锐锷	3	谷贤林	2	王留栓	2		

3. 第三阶段：2001—2005 年

2001—2005 年，国家迈入 21 世纪的第一个五年规划，高等教育学研究呈现出爆发式增长,共有1415位作者发表论文,占作者总数的23.8%。发表4篇以上论文的作者情况如表3-5所示。排名第一的仍然是潘懋元先生,其学生邬大光教授并列第一。相较于上一阶段,这一时期的高产作者明显增多,达到15位,其中有14位是新增高产学者。这一现象与高等教育专业人才的成长速度高度相关。1985年8月19日,我国第一届高等教育学硕士研究生进行了论文答辩①。1986年开始招收第一批高等教育学博士生。21世纪初,这些早期高等教育学研究生毕业的学生如邬大光(1990年博士毕业)、胡建华(1985年硕士毕业)等已经成长为成熟的科研人才,发文数量较多。此外,高等教育学经过十多年的发展,加之在高等教育大众化的驱动下,高等教育面临新问题,激发了高等教育学研究新的生长点。

表3-5 2001—2005年高等教育学研究领域发表4篇以上论文的作者情况

作者	论文数/篇	作者	论文数/篇	作者	论文数/篇	作者	论文数/篇	作者	论文数/篇
潘懋元	12	武毅英	6	李均	5	陈啸	4	张旺	4
邬大光	12	洪成文	6	张宝蓉	5	熊耕	4	李晓波	4
王建华	10	康宁	6	张建新	5	蔡克勇	4	杨雅文	4
周远清	10	闵维方	5	张珏	5	王冀生	4	张乐天	4
陈学飞	9	钟宇平	5	别敦荣	5	田恩舜	4	张应强	4
胡建华	9	贾莉莉	5	贺祖斌	4	蒋凯	4	姚云	4
刘俊学	9	陆根书	5	陈伟	4	祝怀新	4	吴开俊	4
许明	8	赵炬明	5	顾明远	4	耿涓涓	4	吴启迪	4
谢作栩	8	董泽芳	5	马万华	4	王小兵	4	丁小浩	4
杨明	8	薛天祥	5	黎琳	4	杨德广	4	天野郁夫	4
侯威	8	李兵	5	龙献忠	4	李强	4	刘尧	4
赵世超	6	李文利	5	郝瑜	4	张兴	4	刘志文	4

4. 第四阶段:2006—2010年

2006—2010年,伴随高等教育大众化进程的推进,我国高等教育学研究也

---

① 韩延明. 潘懋元先生记事年表[M]. 厦门:厦门大学出版社,2015:93.

迎来历史峰值，共有 2514 位作者发表论文，占作者总数的 42.3%。发表论文数量排名第一的是中国高等教育学会会长周远清教授。他任教育部高等教育司司长期间，发表了诸多有关高等教育管理与政策的论文。这一时期，我国高等教育学研究群体呈现出多样化的特征。除高等院校外，教育主管部门、学术性组织、研究院所等机构的研究人员均对高等教育进行了深入研究，且呈现出跨学科研究的趋势，高产作者达到 50 位。这一阶段发表 6 篇以上论文的作者情况如表 3-6 所示。

表 3-6 2006—2010 年高等教育学研究领域发表 6 篇以上论文的作者情况

作者	论文数/篇	作者	论文数/篇	作者	论文数/篇	作者	论文数/篇	作者	论文数/篇
周远清	22	王洪才	9	闫广芬	7	卢彩晨	7	王莉华	6
潘懋元	19	卢晓中	9	金子元久	7	冯用军	7	肖海涛	6
邬大光	14	张炜	9	鲍威	7	陈厚丰	6	林金辉	6
王建华	14	阚阅	8	柯佑祥	7	高晓杰	6	武学超	6
谢安邦	13	杨德广	8	范笑仙	7	许杰	6	涂端午	6
胡建华	13	徐辉	8	沈红	7	赵应生	6	董云川	6
李枭鹰	13	徐国兴	8	熊耕	7	陈伟	6	张耀荣	6
钟秉林	11	别敦荣	8	浩歌	7	薄云	6	丁小浩	6
谢作栩	10	韩映雄	8	张伟江	7	毛亚庆	6	史秋衡	6
刘小强	10	陈武元	7	刘献君	7	田虎伟	6	喻恺	6

5. 第五阶段：2011—2015 年

2011—2015 年，是建设高等教育强国的关键时期，高等教育学研究开始注重内涵与质量，进行反思与重构，这一时期的发文量有所回落。这一时期共有 2130 位作者发表论文，占作者总数的 35.8%。发表 5 篇以上论文的作者情况如表 3-7 所示。这一时期，涌现出了许多高产中青年学者，如蔡宗模、焦磊、熊华军等，说明这一时期第三代高等教育学研究群体开始走上历史舞台，研究队伍基本形成了老、中、青三代结合的格局。

表 3-7　2011—2015 年高等教育学研究领域发表 5 篇以上论文的作者情况

作者	论文数/篇	作者	论文数/篇	作者	论文数/篇	作者	论文数/篇
董泽芳	17	王洪才	7	丁晓昌	6	徐辉	5
钟秉林	12	王战军	7	陈先哲	5	李硕豪	5
马陆亭	11	熊华军	7	阚阅	5	张继平	5
周光礼	10	武毅英	7	杨天平	5	杜玉波	5
瞿振元	9	王建华	6	胡子祥	5	周远清	5
潘懋元	8	张德祥	6	眭依凡	5	韩梦洁	5
范笑仙	8	方芳	6	王伟宜	5	迟景明	5
蔡宗模	8	史静寰	6	彭拥军	5	蒋凯	5
别敦荣	8	刘振天	6	崔玉平	5	姜华	5
焦磊	8	孙进	6	杜瑞军	5		

6. 第六阶段：2016—2018 年

2016—2018 年，共有 1061 位作者发表论文，占作者总数的 17.9%，发表 4 篇以上论文的作者情况如表 3-8 所示。发表论文数量排名第一的是厦门大学的别敦荣教授，其主要从事高等教育原理、高等教育管理、大学战略与规划、高校教学与评估方面的研究。这一时期由于时间轴较短，未能全面反映出高产作者的科学产出，但就三年间的平均值来看，每年应发 1.2 篇以上论文方可在五年内达到 6 篇高产作者的产出标准。因此，从表 3-8 所列的发表 4 篇以上论文的作者情况中，可推测出其在随后的两年内可能达到高产作者标准，即有较大可能产出 26 位高产作者。

表 3-8　2016—2018 年高等教育学研究领域发表 4 篇以上论文的作者情况

作者	论文数/篇	作者	论文数/篇	作者	论文数/篇
别敦荣	10	邬大光	4	周远清	4
瞿振元	7	范笑仙	4	刘志民	4
周光礼	7	王小梅	4	姚荣	4
周详	6	滕祥东	4	刘乙江	4
马陆亭	5	胡建华	4	孙伦轩	4

续上表

作者	论文数/篇	作者	论文数/篇	作者	论文数/篇
潘懋元	5	熊进	4	刘献君	4
张炜	5	王建华	4	周远清	4
刘淑华	5	易梦春	4	刘志民	4
韩晓萌	4	李立国	4	姚荣	4
陈·巴特尔	4	李国强	4		

对以上高产作者和潜在高产作者进行分段统计后，选取每一阶段的前15名高产作者进行对比分析，通过绘制趋势图（图3-3）窥探其演变特征。其中，同一底纹填充部分为同一作者，其位置高低反映出了排位变化的情况。从图3-3中可以看出，排名前15位的作者排名位置起落变化较大，大多数作者只在1~2个时期表现出强劲的科研生产力，有些作者只在特殊时期表现抢眼，随后即因改变研究方向等而在高等教育学研究方面淡出该研究领域。这期间只有潘懋元先

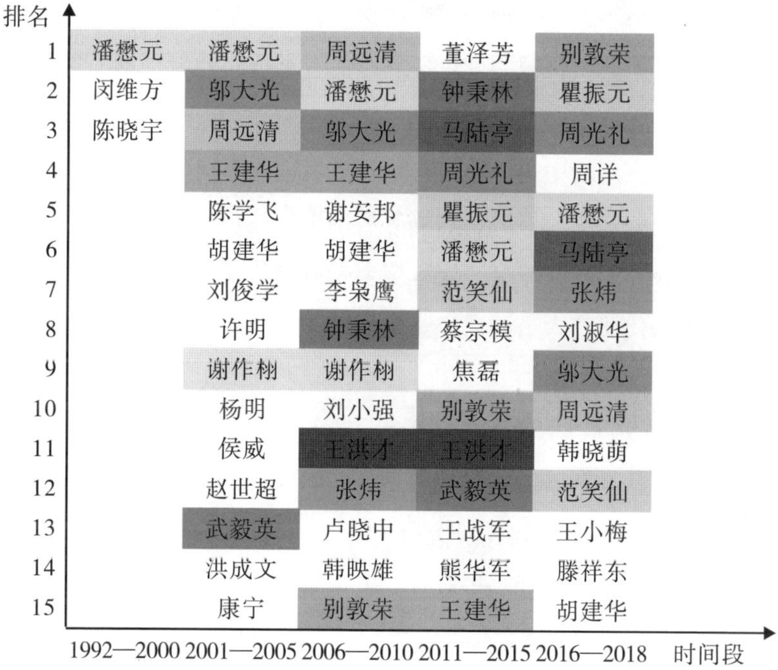

排名	1992—2000	2001—2005	2006—2010	2011—2015	2016—2018
1	潘懋元	潘懋元	周远清	董泽芳	别敦荣
2	闵维方	邬大光	潘懋元	钟秉林	瞿振元
3	陈晓宇	周远清	邬大光	马陆亭	周光礼
4		王建华	王建华	周光礼	周详
5		陈学飞	谢安邦	瞿振元	潘懋元
6		胡建华	胡建华	潘懋元	马陆亭
7		刘俊学	李枭鹰	范笑仙	张炜
8		许明	钟秉林	蔡宗模	刘淑华
9		谢作栩	谢作栩	焦磊	邬大光
10		杨明	刘小强	别敦荣	周远清
11		侯威	王洪才	王洪才	韩晓萌
12		赵世超	张炜	武毅英	范笑仙
13		武毅英	卢晓中	王战军	王小梅
14		洪成文	韩映雄	熊华军	滕祥东
15		康宁	别敦荣	王建华	胡建华

图3-3 1979—2018年各时期高等教育学论文产出数量
排名前15位的高产作者排序变化情况

生一直处于高产作者之列,且排位一直较高,这也是为什么潘懋元先生是我国改革开放以来高等教育学研究产出最多的作者的原因,即其对高等教育学研究持续跟进,保持了旺盛的学术生命力和产出率。此外,邬大光、胡建华、周远清、王建华等人也保持了稳定的学术生产力;而21世纪头十年以来,马陆亭、周光礼、瞿振元、范笑仙等人也表现出了强劲的学术产出能力。其中尤其值得一提的是范笑仙,其产出以会议综述居多。会议综述是情报研究的重要组成部分,创新性不及学术论文,但高水平的会议综述承载的知识体量大,知识传播价值高。

改革开放以来,不少研究人员在高等教育学这片土地上耕耘,有的至今仍在坚持深耕,有的则离开了这片土地。有个问题值得思考:是什么导致高等教育学研究人员的转向或流失?具体分析图3-3中诸位学者的排位变化轨迹,可以分析总结出如下原因:第一,高等教育学是个应用型学科,每个发展时段有不同的现实问题,上述大部分研究人员之所以没有继续高等教育学研究,是因为其研究转向了高等教育学科中比较中观和微观的问题,如闵维方、陈晓宇、陈学飞、刘俊学、杨明、洪成文、康宁、谢安邦、韩映雄、董泽芳、蔡宗模、王战军、熊华军等。第二,随着高等教育学理论研究的深入,一些学者找到自己擅长的研究切入点,更加注重某个分支领域的理论研究,或者结合时代特征对此时的高等教育学重要议题进行研究,大部分论文标题中不再包含"高等教育",这些学者主要有李枭鹰、刘小强、卢晓中等。第三,一些学者因为系所归属等原因,主要研究领域发生了转移,如许明、侯威、焦磊等后期更加注重比较教育研究。综合上述分析可知,学科人才的研究流变一定程度上带有学科及其发展特色;反之,学科的发展也影响了一代研究人员的研究策略。

二、高等教育学研究机构分析

研究机构是学科发展的实体阵地,是学科给养中的物质基础。高等教育学研究机构包括大学内设的高等教育研究院所等,也包括那些"飘移"出大学校园的研究机构。研究机构是体现高等教育研究成果的重要学科指标,反映了高等教育研究重要的学术力量来源[①]。高等教育学"研究机构"作为学科人才培养的摇

---

① 李明忠.高等教育多学科研究的现实审视与发展思路——基于《高等教育研究》2001—2010年的载文分析[J].高等教育研究,2013,34(3)40-51.

篮和学科研究活动的依托场域，其机构类型、机构中心度、整体样态分布和区域分布等指标，都与我国高等教育学科建设的时间演变和空间布局相关。研究机构的兴衰荣退，代表着某个学科的建构和解构。因此，机构的发展水平是学科发展和振兴的根基。

（一）高等教育学研究机构归类分析

高等教育学研究机构的类型分析仍采用共现分析方法。在 CiteSpace 中，以机构为节点，绘制知识图谱，如图 3-4 所示。通过聚类分析和共现分析，得出机构分析的合理思路和框架，将其分为高等院校、高校的高等教育研究院所和其他研究机构三类进行阐述。

图 3-4 高等教育学研究机构合作知识图谱

为进一步展示高等教育学研究机构内部的合作网络关系，将数据导入 Gephi 中，共得到 472 个节点、210 条边。通过节点合并，共得到 221 个节点、163 条边。再经过剪枝处理，去掉孤立节点后，共得到 99 个节点、153 条边，具体如图 3-5 所示。根据前文所述的洛特卡定律，计算得出高产研究机构为发表论文 15 篇（$0.749 \times 221^{\frac{1}{2}} \approx 15$）以上者，并据此绘制出高产研究机构的合作关系图谱，如图 3-6 所示。高产科研机构图谱共得到 33 个节点、67 条边，共产生 1 个主要聚类和 6 个分支聚类。节点之间连线的粗细和颜色深浅代表了节点之间合作关系的紧密度，节点的大小则反映出重要程度。

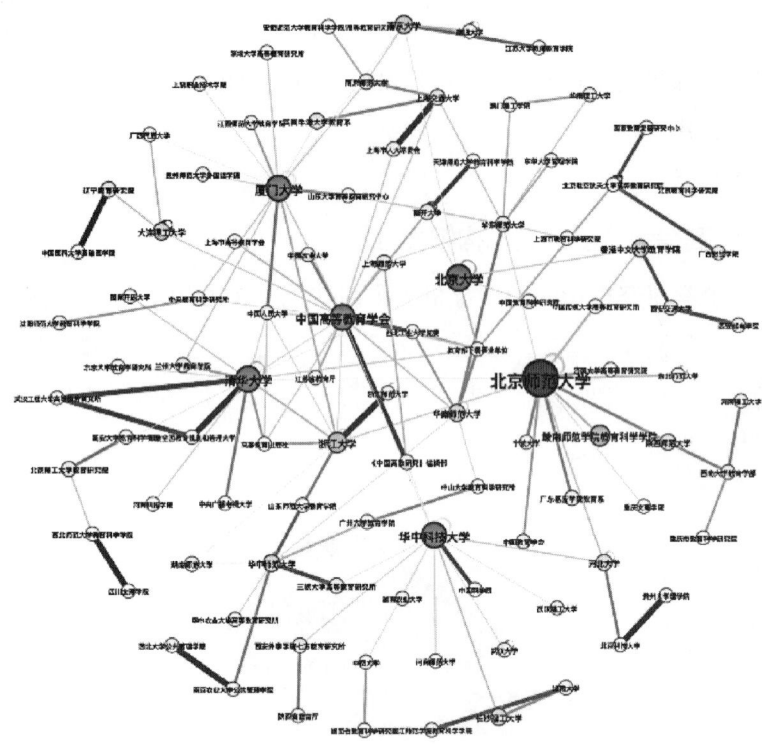

图 3-5　高等教育学研究机构关系知识图谱

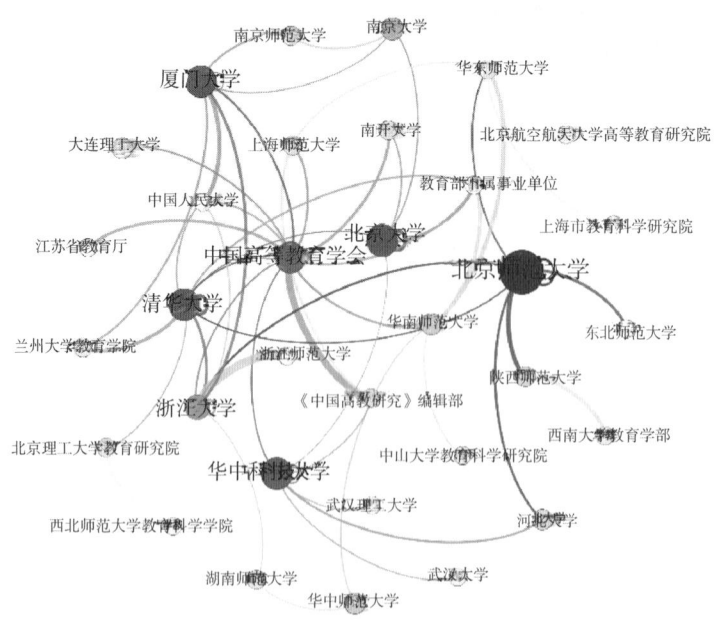

图 3-6　高产高等教育学研究机构关系知识图谱

从图3-6中可以看出，北京师范大学的中心度最高。作为中国师范类院校中的翘楚，北京师范大学教育学部在高等教育学研究中具有绝对的向心力，但其与其他高产研究机构的联系紧密度却不强。而中国高等教育学会作为行业性学术组织，充分发挥了其联结、沟通、协调的功能，成为高产研究机构的中心枢纽。在厦门大学方面，尽管其发文量第一，但其在中心度和紧密度上皆不如北京师范大学和中国高等教育学会。可见，科研机构的科学产出率和学术中心度并无直接的正相关关系，而一所科研机构要想成为真正的学术中心，除发文量外，更多地需要与其他机构加强联系、交流与合作，真正起到学术枢纽的作用。此外，地理空间较近的研究机构联系更紧密，如浙江大学与浙江师范大学，清华大学、北京大学、中国人民大学与中国高等教育学会等，均表现出了一定的地缘特征。

通过聚类分析不难发现，中国高等教育学研究并未如其他学科般形成完整清晰的研究闭环，其聚类相对离散、交错。这说明中国高等教育学科的发展形成了多点齐头并进的良好局面，但也反映出了高等教育学研究合作深度有待加强，特别是跨地缘、跨学缘的合作亟须提高的现象。这一局面不利于思想和知识的快速传播和交流，同时也拖延了知识迭代的过程，不利于学术创新。

通过以上聚类分析，采用合并节点的方法，得到了研究机构合作的网络图谱。下文将对这些研究机构进行回溯研究，据机构性质将它们分为高等院校、高校的高等教育研究院所和其他研究机构三种类型进行微观分析。

1. 高等院校

高校或大学作为社会的动力所和加油站，一直承担着人才培养和科学研究的重任，同时也承担着文化传承和服务社会的公共职能。在知识经济社会，伴随着信息科学技术的革新，高校更是成为创新驱动的核心和基本单元，是知识生产的绝对领导单位；而学科则是大学组织的具体体现，大学以学科为基本单元和载体进行科学研究和学术传播。高等教育学科自建制至今，在其他教育学二级学科和其他相关学科的协助下，走过了一条不平常的发展道路。随着科教兴国和建设高等教育强国战略的实施，高等教育学科的地位也日益受到重视。据中国研究生招生信息网的数据，目前开设高等教育学专业的高校已达91所（不包括2019年新增的开设高等教育学的高校）[①]。网站的数据可能滞后，潘懋元先生在2018年底

---

① 中国研究生招生信息网[EB/OL].[2022-03-01]. https://yz.chsi.com.cn/zyk/specialityDetail.do?zymc=%e9%ab%98%e7%ad%89%e6%95%99%e8%82%b2%e5%ad%a6&zydm=040106&ssdm=&method=distribution&ccdm=&cckey=10.

的一次访谈中提及,现在全国有二十几个博士点、一百多个硕士点①。近年来,有许多学者呼吁将高等教育学建设成一级学科。尽管这种提法智者见智、仁者见仁,但可以说明一点,高等教育学科的应用范围越来越广、学科内部分化越来越细,隐隐有自成一派的学科愿景。

经过对高校名称的考证和合并,统计出各个高校自1979年以来的发文总数。根据前文所述,发文量在15篇以上的为高产高校,具体名单如表3－9所示。

表3－9　1979—2018年高等教育学研究领域论文高产高校情况

排名	机构	发文量/篇	类型	排名	机构	发文量/篇	类型
1	厦门大学	383	一流大学	18	上海师范大学	36	非双一流
2	华中科技大学	305	一流大学	19	东北师范大学	35	一流学科
3	北京师范大学	274	一流大学	20	西南大学	35	一流学科
4	北京大学	179	一流大学	21	河北大学	32	非双一流
5	浙江大学	139	一流大学	22	复旦大学	27	一流大学
6	华东师范大学	132	一流大学	23	苏州大学	24	一流学科
7	南京师范大学	94	一流学科	24	湖南大学	22	一流大学
8	清华大学	93	一流大学	25	兰州大学	20	一流大学
9	华南师范大学	82	一流学科	26	陕西师范大学	19	一流学科
10	中国人民大学	78	一流大学	27	福建师范大学	19	非双一流
11	华中师范大学	71	一流学科	28	武汉大学	19	一流大学
12	南京大学	68	一流大学	29	广西师范大学	18	非双一流
13	浙江师范大学	56	非双一流	30	西北师范大学	18	非双一流
14	湖南师范大学	42	一流学科	31	北京理工大学	17	一流大学
15	南开大学	39	一流大学	32	中山大学	16	一流大学
16	大连理工大学	38	一流大学	33	武汉理工大学	16	一流学科
17	北京航空航天大学	38	一流大学	34	天津大学	16	一流大学

---

① 潘懋元. 中国高等教育改革发展70周年:回顾与前瞻——潘懋元先生专访[J]. 重庆高教研究,2019(1):5－9.

从发文量来看，高产高校的发文总量达到 2716 篇，占高等教育学研究领域发文总量的 36%。其中，发文量最大的是厦门大学。厦门大学教育研究院（厦门大学高等教育科学研究所）具有深厚的历史和学术底蕴。早在 1978 年，在我国高等教育学泰斗潘懋元先生的主持下，厦门大学就成立了高等学校教育研究室，1984 年经教育部批准改为厦门大学高等教育科学研究所，2004 年升级为教育研究院。厦门大学教育研究院是我国第一个以高等教育学为研究对象的专门研究机构，同时也是我国第一个高等教育学硕士学位、高等教育学博士学位授权单位，是全国第一个高等教育学国家重点学科所在单位和高等教育研究的国家"985 工程"创新基地。依托教育研究院成立的厦门大学高等教育发展研究中心是全国唯一的专门研究高等教育的教育部人文社科重点研究基地，是我国高等教育研究重镇[1]。在各类专业排名中，厦门大学的高等教育学一直居于第一位[2]。

紧随其后的是华中科技大学和北京师范大学。华中科技大学于 1980 年成立了高等教育研究室，1985 年扩建成高等教育研究所，2000 年成立教育科学研究院，并搭建了《高等教育研究》和《高等工程教育研究》两个期刊阵地，后深入开展院校研究，进而推动了高等教育学的学科建设[3]，验证了潘懋元先生 2006 年关于院校研究"将成为高教研究的重要领域"[4] 的研判，成为众多高校开展院校研究的参照对象。

北京师范大学是师范类院校的领头雁，教育学排名常年位居第一。北京师范大学教育学部是中国教育科学研究的重要基地，是国家重大教育政策的咨询中心，发挥了重要的高等教育智库功能，也是培养高级教育学术人才的顶尖学府。北京师范大学高等教育研究所在钟秉林、王英杰等老一辈学者的带领下，在国内高等教育界享有很高的声誉。

从这些高产大学的类型来看，可知我国"双一流"大学在高等教育学研究方面的优势非常明显，前 12 位皆是"双一流"大学，且综合性大学与师范类大

---

[1] 厦门大学教育研究院概况[EB/OL].（2017 - 07 - 13）[2018 - 12 - 01]. https://ihe.xmu.edu.cn/2017/0713/c16591a325286/page.htm.
[2] 根据中国教育在线研究生专业排行榜"高等教育学"相关数据统计得出。
[3] 刘献君. 华中科技大学教育科学研究院院校研究十年回顾[J]. 高等教育研究，2010（9）：41 - 48.
[4] 潘懋元，刘小强. 21 世纪初我国高等教育研究的进展与问题[J]. 国家教育行政学院学报，2006，(8)：30 - 39.

学占比分别为58.8%和41.2%。可见，在高等教育学研究方面，综合性大学要比师范类大学更具优势和潜力。对相关引文的研究发现，对高等教育学研究影响力最大的其他学科分别是经济学（7.3%）、管理学（4.6%）和社会学（3.8%）①，而综合性大学在经济学、管理学和社会学等其他人文社会学科方面的学科交叉优势相对于师范类大学而言更加明显。高等教育学是应用型学科，多学科研究色彩浓厚。潘懋元先生对于"多学科研究方法"的理解具有普遍意义，即把"多学科研究方法"作为一种"视野"来看待。这种"视野"的意义在于，任何一个关于高等教育的结论都应该适合于每个学科的需要②。而综合性大学在地缘上有先天的多学科理解和研究优势，综合性大学的高等教育学研究总体实力要略强于师范类大学。此外，这也与大学设立相关高等教育研究机构的时间有关，如厦门大学和华中科技大学，有关此点内容将另文叙述。

有研究表明，在"六五"计划至"十五"计划实施期间，全国教育科学规划课题负责人所在单位为高等学校的高等教育研究课题有569项，但课题负责人归属教育学科院系（所）的研究课题只占了不到30%，有70%以上的课题负责人所在单位为高等学校内的其他院系或管理部门③。这也从一个侧面印证了综合性大学的高等教育研究总体实力较强。另有研究表明，厦门大学、华中科技大学、中国人民大学、清华大学、北京大学、浙江大学的教育研究实力紧逼领先的三家传统师范院校，并且将许多知名师范院校甩在身后。对于传统师范大学和教育专业科研机构来说，学科竞争加剧，这有可能推动我国师范教育体制的根本转型。此种背景下，我们不得不思考一个问题：综合实力强劲的综合性大学"涉猎"教育领域会不会最终导致传统师范院校的"地盘流失"，甚至导致我国师范教育重复一些欧美国家所走过的道路——研究教育问题和培养高水平教师的专门师范院校被综合性大学中设立的教育学院所取代？

但是，不论高等教育的研究主体是谁，都没有影响其在教育学乃至我国学科

---

① 李均. 也论高等教育学与教育学的"因缘" [J]. 高等教育研究，2016（4）：50 - 57.

② 王洪才. 多学科研究方法：高等教育学的独特方法？ [J]. 江苏高教，2014（1）：5 - 7.

③ 胡建华. 近20余年来我国高等教育研究发展的实证分析——基于"六五"至"十五"的全国教育科学规划课题 [J]. 现代大学教育，2005（2）：10 - 15.

建设中的中心地位。虽然在教育学所有18个二级学科中的16个都有C100论文①发表，但从学科领域来看，涉及最多的是高等教育学和比较教育学，这两个学科的论文占了全部论文数量的一半以上（252篇，53.7%）②，足以看出高等教育学在一级教育学科中的受关注程度。在大量非师范院校中组建的新兴教育研究机构及其研究者与传统师范院校的研究机构及研究者不同，他们对教育科学的关注更多地聚焦于高等教育自身的实践和发展。随着近年来国家对高等教育体制机制改革的重视程度越来越高，以及"双一流"宏大目标的提出，有实力的综合性院校纷纷展开热烈的讨论与研究，所以一些人用"轰轰烈烈"来形容当下的高等教育学科发展状况并不出乎意料。除此之外，这还意味着中国教育的重心从办好满足国民基本生存发展需要的中等及中等前教育向培养创新人才、引领社会发展的中等后教育这一更高层次教育转型。这些变化必将引起社会对高等教育学的热切期盼，进而引发有关高等教育学研究的相关探讨和回应。

学科发展的环境经常是机遇与困境并存。从学科发展战略来说，一个在自身狭小的专业领域内"孤芳自赏"或"黯然神伤"，而忽略寻求更大范围的学者以及公众的了解和认可的学科是很难获得大发展的，显然当前的高等教育学在某种程度上与这种描述类似。事实上，高等教育已经走进了"社会的中心"，高等教育事关国计民生，因而备受政府和公众的关注。高等教育学应当更好地重视、珍视和倚借这种关注，将其转化为学科发展的动力和成长机会，使得作为一项公众事业的高等教育受到的关注度和作为一门学科的高等教育学的生产力及其影响力都得到提高③，进而回应社会的关注，并形成良性循环。

2. 高校的高等教育研究院所

从高校内从事高等教育研究的专门机构（不包括高校的教育学院、教育研究院等承担一级教育学科教学和科研职能的机构）来看，"贫富"差距严重。从图3-7中可知，排名第一的厦门大学高等教育研究所的发文数量是排名第二华东师范大学高等教育研究所发文量的近2倍，大部分高校的高等教育研究所发文数

---

① C100论文聚焦于对"学术生产力"的测评，以特定的时间段中最具影响力的100种左右的学科期刊群发表的论文为基础，从期刊、作者机构、学科、论文生产者等维度来反映学科的质量结构和发展态势。

②③ 张胤. 我国教育学科学术生产力研究——基于C100指数的分析[J]. 北京师范大学学报（社会科学版），2016（1）：42-49.

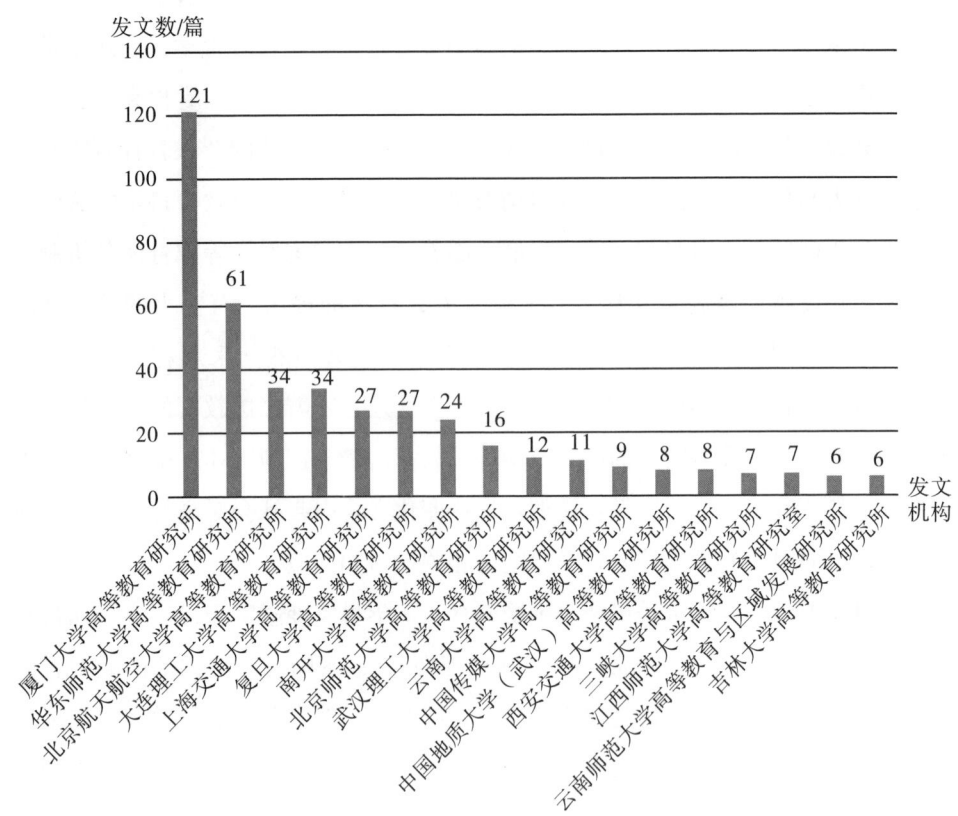

图 3-7 高产高等教育研究专门机构发文数量情况

量年均不足 1 篇。这一结果与我国学科重点建设的政策不无关系。从国家到地方推动的重点学科、重点基地等的建设以及各种人才计划在以点带面的作用上发挥的功效不甚明显，在某些时候反而使高等教育资源配置的"马太效应"愈演愈烈①，无形中导致非重点学科走向了平庸。尽管这其中也有论文发表时署名单位未详细列至研究院所以及具体承担的科学研究和政策咨询等任务不同的原因，但绝大多数高等教育学研究机构的产出效能仍有极大的挖掘空间。

高校的高等教育研究院所的科研实力与其科研人员的数量、质量以及院所资源、所在高校的平台等有密切关系。厦门大学高等教育研究所有教职员工 40 人，

---

① 贾永堂，罗华陶. 新中国高等教育发展道路的历史考察——基于后发展理论的分析[J]. 高等教育研究，2016（5）：1-12.

其中专任教师31人，包括教授13人、副教授10人和助理教授8人，研究队伍庞大，高端人才占比高。自1978年创办以来，该所因应学科发展和社会需求，致力于高等教育学体系及各分支领域的研究，在高等教育基本理论研究、高等教育体制与管理研究、考试制度研究与科举学研究等领域取得了奠基性的科研成果[①]。华东师范大学高等教育研究所，目前共有专兼职教师19人，均获得博士学位，其中博士导师7人、硕士导师8人、兼职教授3人。该所高等教育政策、高等教育评估、教师教育等领域的研究在全国享有盛誉，是全国有突出影响的高等教育研究与咨询中心[②]。北京航空航天大学高等教育研究所目前有教师19人，其中有高级职称教师16人（正高职称7人），高水平科研人员数量大、整体结构合理，长期关注高等教育政策和评估等重大议题，为政府决策提供了大量有价值的参考。大连理工大学高等教育研究所有专职教师16人，其中教授7人、副教授5人、讲师4人，聘有高水平兼职教师15人。研究所负责编辑出版的《大连理工大学学报（社会科学版）》（CSSCI来源期刊），是研究院的学术交流平台。即使高产大学科研院所中发文数量最少的吉林大学高等教育研究所，其当前的发展规模也是让一些师范类院校的高等教育研究所望其项背的。吉林大学高等教育研究所有教授4人、副教授3人、讲师5人，其主办的综合性教育学术刊物《高教研究与实践》（季刊）正在向CSSCI迈进[③]，主办的另一刊物《高教研究信息》（半月刊）出刊频率高，学术信息传播速度快，主要登载国内外最新的高等教育教学改革和学科研究的动态信息和文章、对各级各类教育机构发展的建议和调研成果及学术报告，扩大了高教所的学术影响力。除上述外，其他论文高产高等教育研究机构及科研人员的组成统计如表3－10所示。

---

① 厦门大学教育研究院（厦门大学高等教育科学研究所）简介[EB/OL].[2018－07－02]. https://ihe.xmu.edu.cn/main.htm.
② 华东师范大学高等教育研究所简介[EB/OL].[2019－07－20]. http://www.ihe.ecnu.edu.cn/bsjj/list.htm.
③ 《高教研究与实践》简介[EB/OL].[2019－06－04]. http://gjs.jlu.edu.cn/xsqk/_gjyjysj_/jj.htm.

表 3-10 其他论文高产高等教育研究专门机构及科研人员情况统计

序号	单位	专职正高级研究人员	专职副高级研究人员	专职中级职称研究人员	兼职研究人员	备注
1	上海交通大学高等教育研究所	4人	7人	5人		兼职正高研究员5人、副高研究员9人、助理研究员1人
2	复旦大学高等教育研究所	6人	6人	—	4人	兼职研究生导师9人
3	南开大学高等教育研究所	3人	4人	—	—	博士生导师2名
4	北京师范大学高等教育研究所	5人	4人	3人	—	—
5	云南大学高等教育研究院	4人	5人	2人	—	共12人
6	中国地质大学（武汉）高等教育研究所	19人	12人	1人	—	—
7	西安交通大学高等教育研究所	—	—	—	—	也称为中国西部高等教育评估中心（二者一体），有专业技术人员6人
8	三峡大学高等教育研究所	4人	4人	—	—	专职教师共11人；享受国务院政府特殊津贴专家1人
9	江西师范大学高等教育研究室	7人	—	2人	—	—
10	云南师范大学高等教育与区域发展研究院	8人	7人	11人	兼职教授5人、副教授2人	—

注：表中数据根据各研究机构官网整理。

综而观之，相比高等教育研究机构人员平均规模的8.9人（专职人员为4.5

人，兼职人员为4.4人①），高产高等教育研究专门机构人力资源雄厚，起点高、平台大，注重学术成果的传播和应用，且多数长期专注于某几个方向的研究。这些高产高等教育研究专门机构依然多数出自综合性大学，与前文的研究结论不谋而合。

对比高等院校和高校的高等教育研究院所的研究成果情况，可以看出这两类机构在高等教育学研究的产出方面并未完全同步。也就是说，高产的高等院校未必有高产的高等教育研究院所，反之亦然。这就表明，高等院校内有不少高等教育学研究成果出自非高等教育研究院所等专门机构，高等教育学研究群体具有广泛性、多学科性特征。

3. 其他研究机构

学术团体数量增加的情况是学术发展的重要衡量指标之一，学术团体活动的频繁是学术活跃的重要标志②。可以说，学会的成立与发展同学科的成长血肉相连。对于学会，学者任鸿隽指出："因各种科学之发达，科学家人数之增多而有各种学会之设立。故学会之多少，亦可为科学发达之量度计。"③ 除大学及其内设科研院所外，以中国高等教育学会、主要刊发本学科论文的期刊编辑部、国务院教育研究发展中心、各省教育研究院等为代表的其他科研机构也在高等教育学研究中起到了举足轻重的作用。这些机构类型主要有事业单位、企业和学术团体组织。他们往往在政策推动、热点引领、教育管理、学术交流等方面具有独到的优势和作用，更加注重高等教育学的实践价值，是我国高等教育学研究中一股不可忽视的力量。其他高等教育学论文高产科研机构的情况如图3-8所示。

中国高等教育学会的主要职能是围绕高等教育改革发展的重大理论与实践问题，集中全国优势开展重大攻关课题研究④，推进高等教育理论与实践的前瞻性、引领性、基础性重大项目的协作研究和协同创新，注重中国特色高等教育发

---

① 刘献君，刘怡. 在机构转型中深化院校研究——基于对我国本科院校高教研究机构的调查［J］. 高等教育研究，2015（11）：42-49.
② 左玉河. 学科、学会与学术：中国现代学术共同体之建构［J］. 安徽史学，2014（5）：37-48.
③ 任鸿隽. 中国科学之前瞻与回顾［J］//樊洪业，张久春. 科学救国之梦——任鸿隽文存. 上海：上海科技教育出版社，2002：565.
④ 中国高等教育学会. 中国高等教育学会简介［EB/OL］.［2018-01-14］. http://www.cahe.edu.cn/site/content/12767.html.

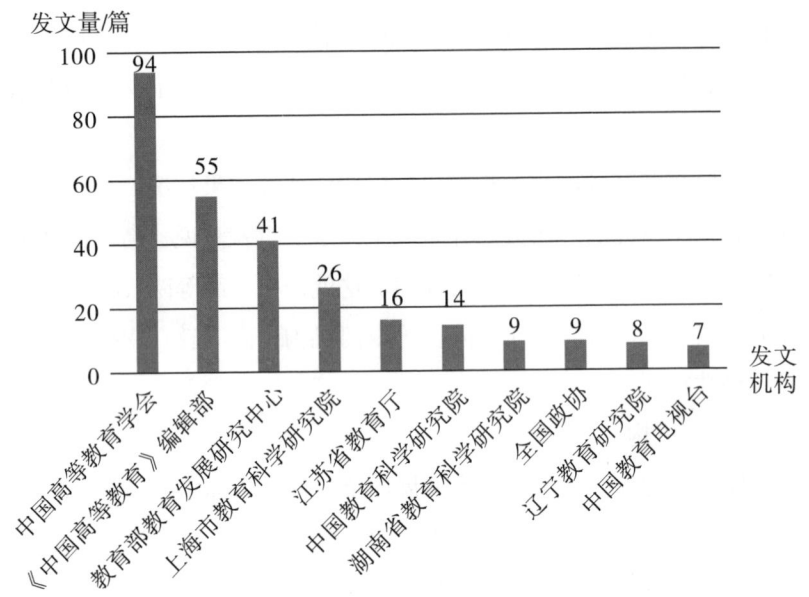

图 3-8 其他高产科研机构及发文数量情况

展道路、理论、制度的研究更是其首要任务[①]。此外，潘懋元先生曾撰文指出，在高等教育学学科建设中"全国高等教育学研究会"不容忽视[②]。故而，不难理解该学会在高等教育学研究方面的"宏图大展"，其在研究机构发文数量中位居榜首实属预料之中。《中国高等教育》编辑部由教育部主管，在高等教育政策制定、解释、实施，引领高等教育研究热点等方面有得天独厚的优势。其以主编为首的编辑部团队成员既是高等教育学学者，又是高等教育期刊编者，他们发表了55篇高质量研究论文及访谈文章，叠加了传播学和高等教育学两个学科的学术影响力，为繁荣我国高等教育研究、推进高等教育学理论创新、培育学术新人、促进高等教育决策的科学化起到了重要推动作用，为高等教育期刊的立德树人做出了榜样。此外，省级教育研究机构和信息传播机构的学术影响力也不容忽视，

---

① 中国高等教育学会. 中国高等教育学会事业发展规划（2014—2020 年）[EB/OL]. (2015-01-12)[2018-01-14]. http://www.hie.edu.cn/overview_12570/20150112/t20150112_993047.shtml.

② 潘懋元. 高等教育研究在中国发展的轨迹——为《高等教育研究在中国》（英文本）而作[J]. 高等教育研究，1998（1）：1-6, 7.

他们不仅在省部级教育学课题立项上占有应有席位，而且其高等教育学论文的研究视角相对独特。

（二）高等教育学研究机构区域分布分析

高等教育学是一门实践性很强的学科，它的发展不仅要适切国家经济社会的总体水平，而且要与地方经济社会发展水平保持同步，在此基础上适当发挥引领作用。研究证明，区域高等教育总体水平与当地经济社会发展水平成正相关，而区域高等教育研究水平又与高等教育整体水平相关。因此，探究区域高等教育学的研究水平，可以从侧面观测它们之间的演进关系。

1. 整体分布情况：省区之间高等教育学研究实力不均衡

为从宏观上更加合理地考察科学产出成果的作者权重和区域水平，本书以第一作者所在单位为判断依据，对全部文献进行严格筛选，绘制出了高等教育学研究的省域分布图。在全部 7431 条文献中，除去未标明地址的 637 条文献和 196 条地址为国外的文献，共得到 6598 个有效地址，分布在我国各个省份和地区，具体如表 3-11 所示。

表 3-11　高等教育学文献各省区分布情况统计

省份	文献量/篇	省份	文献量/篇	省份	文献量/篇
北京	1512	河北	135	新疆	22
江苏	601	四川	120	山西	19
湖北	599	吉林	111	澳门	12
上海	511	山东	107	台湾	12
福建	472	重庆	105	贵州	8
浙江	459	广西	91	内蒙古	7
广东	441	甘肃	82	海南	6
湖南	289	江西	81	西藏	4
河南	162	安徽	70	青海	2
陕西	145	云南	58	宁夏	2
辽宁	141	香港	38		
天津	140	黑龙江	34		

为便于观察，本书按照各省份发文量的级差特征，设定五个产出等级：1～100 篇为低产区、100～200 篇中低产区，200～500 篇为中产区，500～800 篇

为中高产区，800篇以上为高产区。通过数据分析可知，我国高等教育学研究水平省域分布极为不平衡，各省区之间的差异性非常大，历来高等教育发展水平较高的直辖市和东部及南部沿海地区的发文量较中西部欠发达地区有几倍之距。北京市为高产区，发文量为1512篇，占总数的20%，几乎接近低产区和中低产区的总和。位于中高产区的省市有：江苏、湖北和上海，三省市均为传统的经济和高等教育发达地区，累计发文量为1711篇，占总数的23%。位于中产区的省市有：福建、浙江、广东和湖南。除湖南为中部地区外，福建、浙江、广东均为沿海开放省份，广东的GDP更是多年位居全国榜首。四省累计发文量为1661篇，占总数的22.4%。位于中低产区的省市有：河南、陕西、辽宁、天津、河北、四川、吉林、山东和重庆。这些省市中，除河南、四川和山东外，其余在2018年前三个季度全国GDP排名中位于中下等水平；中低产区累计发文量1004篇，占总数的13.5%。位于低产区的省市有：广西、甘肃、江西、安徽、云南、黑龙江、新疆、山西、贵州、内蒙古、海南、西藏、青海、宁夏以及我国澳门、台湾、香港地区。除后三个地区外，前面14个省份主要集中于中西部经济欠发达地区。低产区的文献仅有548篇，占总数的7.3%，尚不足湖北一个省份的发文量。

中国省域高等教育发展呈现出显著的空间正相关性和空间依赖性①。本书的分析结果与曹叔亮对2005—2014年度教育部人文社会科学研究一般项目的分析结果相似：浙江、北京、江苏为第一梯队，湖北、广东、上海为第二梯队，河南、陕西、河北、辽宁、湖南、山东、天津、安徽、吉林、福建、江西为第三梯队；这三个梯队的高等教育研究也比较发达，而其他省/直辖市/自治区为第四梯队②。此种情况一方面说明了我国高等教育区域发展的不均衡性在时间轴上保持稳定，也说明了提升低产区的方式、策略有待改进。与高产作者的地域分布情况相似，如果从地图右上角画一条直线到左下角，会发现所有中低产区都集中在左上角位置。

导致我国高等教育学研究力量分布不均衡的主要原因不外乎外部刺激因素和内部生成因素。外部方面，高等教育的发展离不开人、财、物的高投入以及优渥的科研环境建设。受制于中部、西南、西北和东北地区经济总量和高校总体研究

---

① 李晶，何声升. 中国高等教育发展影响因素的空间计量分析［J］. 现代教育管理，2018（6）：6-11.

② 曹叔亮. 近十年来我国高等教育研究发展的实证分析——基于2005—2014年度教育部人文社会科学研究一般项目［J］. 高校教育管理，2016（4）：118-124.

水平，这些区域的高等教育学研究人才相对匮乏，教育科研投入不足，高校规模较小，科研水平相对较低，高等教育学研究产出严重不足；有的甚至还处于起步阶段，只有寥寥可数的几篇文章，甚至有的高校还对高等教育学研究的存立持模糊的态度，如兰州大学教育学院的撤销与两年后高等教育研究院的成立即是一个例证。内部方面，各高校高等教育学科的建设水平也制约着研究产出的效率。如是否具有硕士和博士学位授权点，是否设有专门的高等教育研究机构，是否经常性开展层次较高的学术交流与合作等。

因之，在资源分配方式和力度、学科建设重点和方向等方面，国家、地方教育主管部门和高校自身都需与时俱进、因地制宜——国家要基于公平角度从宏观上优化资源配置、制定倾斜性政策，加大对中、西北部地区高校学科建设的投入和支持力度；地方要基于本地特色从实践上进行本土化创新以提高竞争力，特别是民族地区要结合当地政治、经济和文化特色，实行差异化发展策略，提高高等教育服务地方发展的能力，形成梯队合理、特色鲜明的全国性与区域性相结合的高等教育学研究创新格局。

2. 时间演进情况：波动且同构，沿海地区更具优势

为进一步从微观上对高等教育学研究的高产地区在时间上的演进规律进行探索，下文选取发文量在200篇以上的8个代表性高产地区进行特征分析。8个代表性高产地区分别是：北京、江苏、湖北、上海、福建、浙江、广东和湖南，具体发文量如图3-9所示。

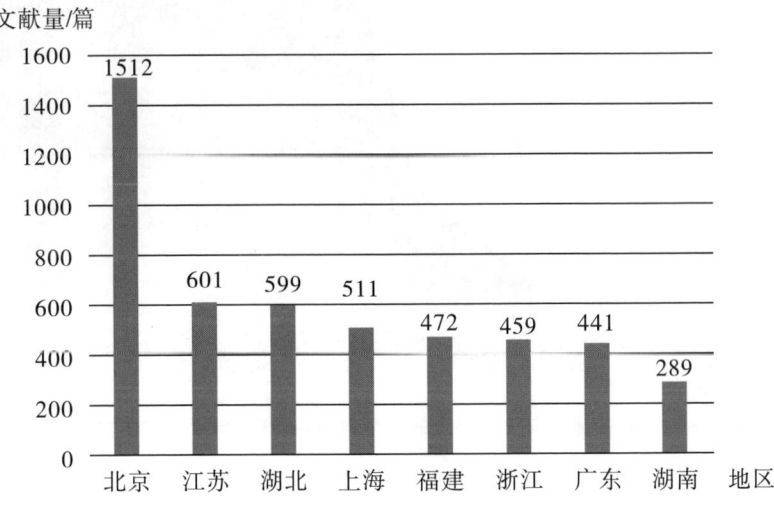

图3-9　发文量在200篇以上的8个省市

这8个省市中，除湖北、湖南为中部地区外，其余均为一线城市和沿海发达地区，其发文总量为4884篇，占全国发文总数的66%，约为2/3。其中，北京表现出了强劲的优势，可谓独开一枝；而江苏和湖北则并驾齐驱，位于第二梯队；上海、福建、浙江和广东差距不大，形成第三追赶梯队；而湖南则位于中产区的最末端。北京的成绩无出其右有其政治、经济、文化发展水平的必然性，湖北和福建的成绩引人注目则主要有赖于华中科技大学、华中师范大学和厦门大学三所高校的高等教育传统优势学科和机构的支撑。这些省市之所以能居于中国高等教育学研究的前列，与本省的经济发达程度和高等教育本身的发展水平是分不开的。

然而，如果以时间为节点进行切片观察，这8个省市的高等教育学论文产出并非一如既往地居于高位，它们的科研产出波动较大，且呈现出不同的发展趋势。从时间序列上进行流变分析，更能准确地判断各个省市高等教育学科建设的未来发展趋势，并窥探其中起到决定性因素的长效机制。各个省市在改革开放以来的发文情况如图3-10所示。

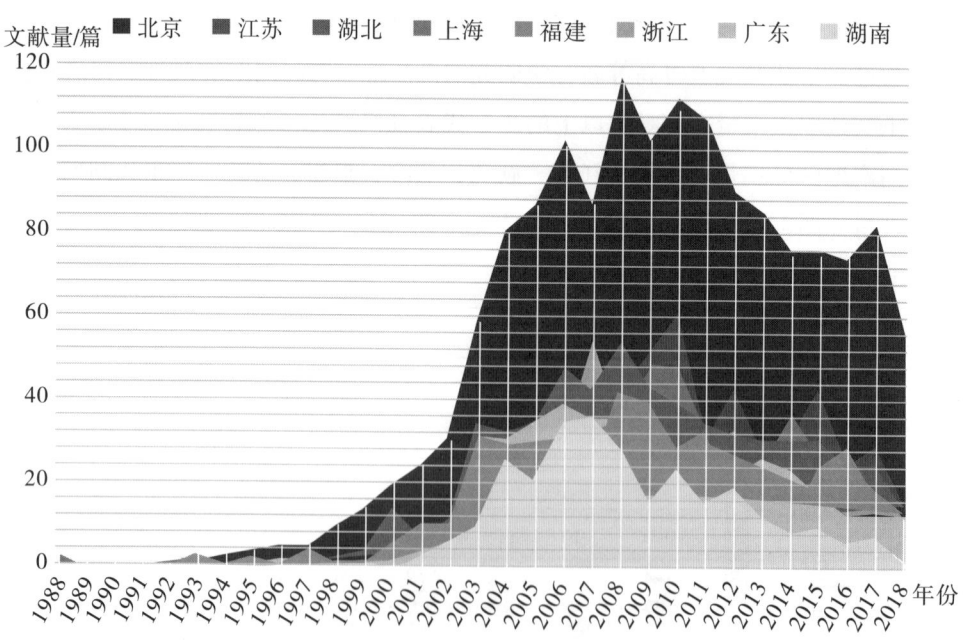

图3-10　发文量在200篇以上的8个省市自1979年以来的发文趋势图

从历年的学科研究变化可以看出，自2002年开始，高等教育学研究进入蓬勃发展期；至2010年前后达到顶峰，随后呈波动性下滑；至2017年，基本上跌回 2002 年、2003 年的水平。8 个省市的波动趋势基本保持一致，说明全国高等教育学研究在整体上处于同步同构状态。

具体而言，2002 年，我国高等教育毛入学率达到 15%，高等教育正式从精英化迈入大众化时期，高等教育学研究也随之呈现井喷式增长，这一高速增长期维持了约 10 年时间；至 2011 年，我国高等教育毛入学率达到 26.9%，高等教育总体规模跃居世界首位。随之而来的是我国高等教育在体制、结构、类型、质量等领域面临诸多问题，如何在保证规模的同时提升高等教育质量，从而促进高等教育内涵式发展，需要高等教育研究者做出深层次的反思与重构。在这一时间节点，全国教育科学规划领导小组办公室发布了《"中国高等教育学科的发展与反思"成果报告》，针对高等教育学科发展的问题提出了以下对策：创建"元高等教育学"，促进学科建设的学科化、规范化、系统化；变革高等教育理论体系建构思路，鼓励多种体系建构模式；合理利用多学科研究，提高其对高等教育学科的"贡献率"；加强中介研究，搭建理论与实践互通的桥梁等[①]。因之，2011 年后我国高等教育学研究的产出量开始下降，高等教育学研究进入平台期。但高等教育总体规模仍在波动中增长，至 2017 年高等教育毛入学率达到 45.7%，2018 年这一数字上升至 48.1%，并有望在未来实现高等教育普及化。为达成这一目标，高等教育学研究仍需加强奠基性的理论研究和开创性的实践研究，提升研究产出总量并维持在一个较高的水平，而这 8 个省市无疑应起到引领和示范的作用——须要调整本省市高等教育的发展策略，站在建设高等教育强国的国家战略高度，加大建设投入，培育研究队伍，激发学者的研究热情，掀起新一波高等教育学研究热潮。

如果再以年增长率为计量指标进行分析，则呈现出不同的趋势。以 1999 年进入高等教育大众化时期为起点，至 2017 年止，8 个省市的发文年平均增长率如表 3 - 12 所示。从中可以看出，浙江、广东、福建作为沿海开放地区，年平均增长率排在前三，而北京和上海则排名靠后。说明这三个省份尽管高等教育学研究规模体量不如北京、上海，但高等教育学研究活力和发展前景较之北京、上海更具优势。尤其是随着广东高水平大学建设的稳步推进，未来高等教育学研究的增

---

① 全国教育科学规划领导小组办公室. "中国高等教育学科的发展与反思"成果报告[J]. 大学（学术版），2011（11）：87 - 91.

长速度将更加令人惊喜。

表 3-12　发文量在 200 篇以上的 8 个省市 1999—2017 年发文量年平均增长率

地区	浙江	广东	福建	湖南	江苏	湖北	北京	上海
年均增长率/%	18.43	15.79	12.98	12.25	11.63	10.72	10.32	7.21

从长远来看，社会经济协调、全面、可持续发展，取决于教育的协调、全面发展①。区域高等教育学发展与区域高等教育发展共振。区域高等教育学发展的"差序格局"，一方面体现为区域高等教育机构的空间分布和数量分布差异，另一方面这种"差序格局"和政治、经济中心的层级和分布格局在整体上是一致的。我国区域高等教育的非均衡发展，有历史因素也有现实影响，其中最为主要的实践逻辑和内在机制是一种在中央政府统领下，经由有效的合法化和制度化机制，通过具体的计划和规制展开的国家行动。这种国家行动的高等教育发展范式是资源紧缺时代的权宜之选。改革开放四十年来，这种国家行动下的资源和政策倾斜造成了省域高等教育发展的差距。而随着中国经济和地方财力的进一步发展，传统的高等教育发展范式需要进行调整或补充。

40 年高等教育学研究的发展演进表明，全国高等教育学研究在整体上处于同步同构状态，中国高等教育研究机构的研究规模、水平差距较大，要素向中心组织流动的特征较为明显。结合党的十九大报告中所指出的我国社会的主要矛盾，高等教育发展的终极目标是解决高等教育发展的不均衡、不充分的问题。该问题的解决与伯顿·R.克拉克设想的多元的高等教育系统的建立之间要保持必要的张力，即在高等教育系统中保持一定的梯队结构，但必须明确的前提是这种梯队结构是在"平等、能力、自由原则"的基础上形成的②。也就是说，地方政府虽然无力改变传统的"国家行动"的高等教育发展范式，但也能够凭借自己的力量，通过资源投入、政策试点、学习借鉴同行以及内部自主创新等行动路径发展本辖区的高等教育③。

---

①　刘献君. 科学发展观与高等教育发展 [J]. 高等教育研究，2004 (5)：1-5.
②　徐永. 区域高等教育非均衡发展的形成机制及其检视——一个"国家行动"的解释框架 [J]. 教育发展研究，2013 (19)：18-25.
③　陈伟. 省域高等教育系统的崛起——动力分析和路径选择 [J]. 高等教育研究，2017 (11)：39-45.

三、 高等教育学基金资助分析

科研资源的配置和科研技术的创新离不开大量人力和财力的投入，基金支持的力度和频次间接反映了学科的产出效益和地位。通过对高等教育学科研论文中基金资助项目的分析，可以观测出高等教育学科在获得各类基金支持上的强度、关联度和渗透度，以及各类高等教育机构在获取基金类别上的强度和差异。

（一） 高等教育学基金整体分布

按照基金项目主管部门发布的项目管理办法，去除年度、规划期、项目编号、项目类别等信息，对所有文献的基金项目名称进行规范化处理，如将"国家社科基金 2018 年度青年项目"标注为"国家社会科学基金项目"，将"广州市哲学社会科学'十三五'规划 2018 年度青年项目"标注为"广州市社会科学基金项目"，等等。对同来源和同类别的项目进行合并后，在 Excel 中生成邻接矩阵，然后将其导入 Gephi，共得到 321 个基金节点、720 条边，绘制出高等教育学科基金资助图谱，如图 3 - 11 所示。

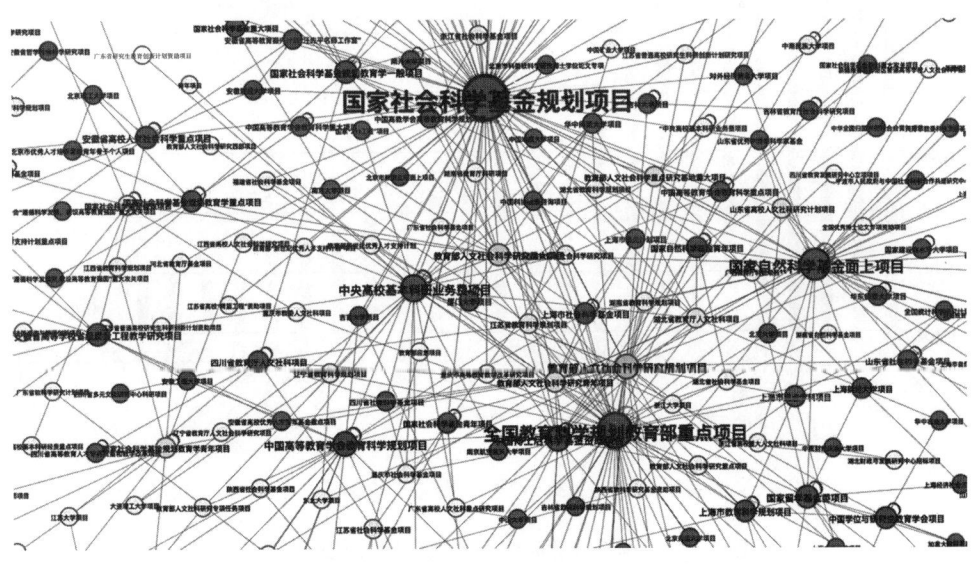

图 3 - 11　高等教育学主要基金来源图谱

从图 3 - 11 中不难看出，国家社会科学基金项目在所有基金项目中占据着绝对的主导地位，其次是全国教育科学规划教育部重点项目、国家自然科学基金项目、中央高校基本科研业务费项目等。这些基金都是"国字头"的，说明国家层面的基金项目在高等教育学科发展中起到了决定性作用。国家社科基金对于学术研究而言，不光起到了资助作用，其本身还具有评价功能，成为体现学术生产能力的一个重要标志①。其不仅可以衡量各地区、各部门、各单位的科研实力和水平，而且可以从宏观上反映本学科研究的轨迹、现状及发展趋势②。根据国家社科基金项目数据库显示，自1991年基金成立以来，共资助了73139个项目，各学科的受资助占比情况如图3-12所示。其中，教育学科共获得1797项资助，占总数的2.45%，在26个学科类别中排名第14，排位非常靠后，这与教育学学科体量极不相配。而高等教育学作为单列学科，根据历年全国教育科学规划项目的资助结果，其在国家级项目中大约只占21%，也就是说，高等教育学科获得国

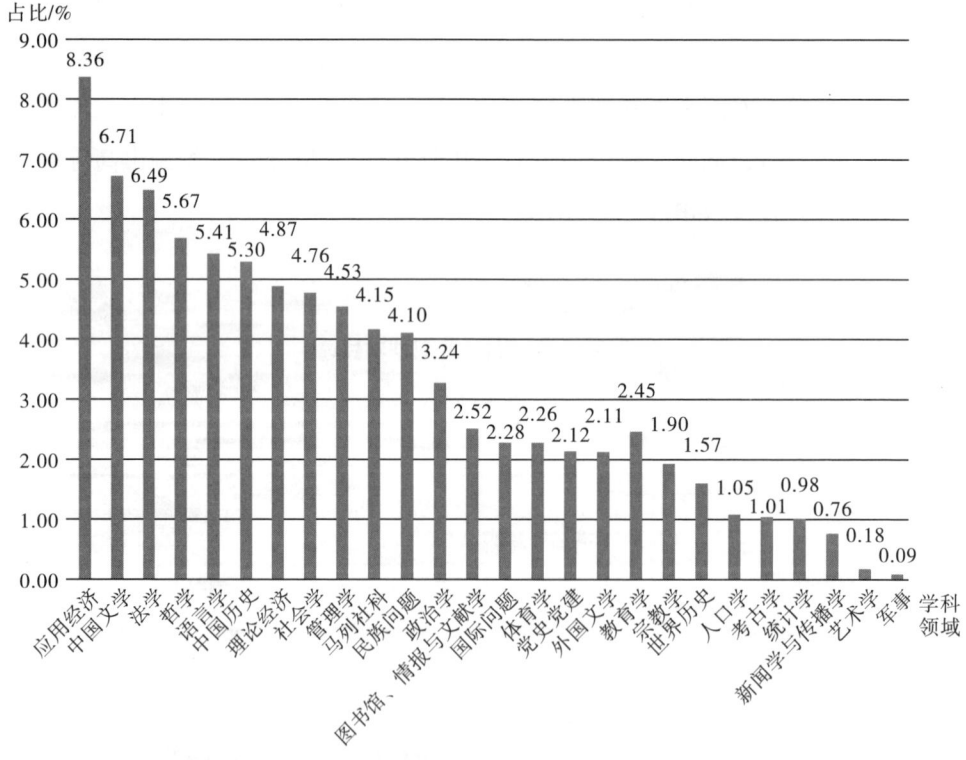

图3-12　国家社会科学基金项目学科资助强度图

---

① 常安. 从国家社科基金立项项目看法学研究状况——一种知识社会学的视角 [J]. 现代法学, 2006 (2)：174-185.

② 吕国光. 我国社会科学学术生产力布局研究——国家社科基金项目立项课题的视角 [J]. 武汉理工大学学报（社会科学版），2008 (4)：50-55.

家社科基金项目资助的占比仅约为0.51%,可见其在获取国家基金资助上的难度非常大。

尽管如此,国家社科基金仍然是高等教育学基金项目的主要来源。科研基金资助能够提高高水平国际论文的产出量。有研究表明,SCI 基金论文的数量是非基金论文的两倍多,被引频次也是非基金论文的两倍多,可见科研基金资助能够显著提高 SCI 论文产出的数量和质量①。此外,提高科学基金资助的覆盖面可能比提高资助强度更有助于提高科研产出②。因此,高等教育学科必须发挥其多学科研究的优势,从国家自然科学基金上寻找突破口,增强国家级基金的竞争力,进而提升高等教育学研究的国际影响力。与此同时,也要积极争取教育部及其他部委级基金、省级社会科学基金、中央高校基本科研业务费项目以及中国高等教育学会的项目等,拓展基金资助来源,扩大基金资助覆盖面。

(二) 高等教育学主要基金支持类型及其强度

教育学由于其学科特性,在基金支持上具有独立性质。在国家层面,人文社会科学基金主要是国家哲学社会科学基金项目。该基金将教育学、艺术学和军事学作为单列学科管理,分别由中国教育科学研究院、文化部民族民间文艺发展中心、军事科学研究院组织管理。在省域层面,各个省都由社会科学界联合会组织和管理本省哲学社会科学基金项目工作:有的省份参照国家基金做法,设立单独的教育科学规划项目,有的省份则统一管理。在市级层面,各个地级市也相继设立了哲学社会科学规划基金项目,主要做法是所有学科统一申报管理。此外,还有一些科研资助项目将教育学作为学科资助类别之一,如资助力度最大、影响最深的教育部人文社会科学研究规划项目,各个省教育厅管理的人文社科规划项目、教育科学规划项目,以及其他各个部门设立的研究资助项目等。此外,除财政经费来源的基金和科研项目外,还有来自非国家财政资金的项目,如由公司企业、社会组织、学术团队等提供的资助和境外资金等。

总体而言,在影响较大的哲学社会科学基金项目方面,教育学获得了独立资格,一方面意味着教育学学科地位的重要性和特殊性;另一方面也意味着由于研

---

① 陈秋怡,刘海波. 科研基金资助投入与高水平国际论文产出研究——基于六国 SCI 论文的实证分析[J]. 中国科技论坛,2018 (1):158 – 163.

② 郭艳新,宋志红. 科学基金资助强度变化对科研产出的影响[J]. 科技创新与生产力,2017 (9):1 – 5.

究队伍庞大,获得基金资助的难度更大、竞争更加激烈。如全国教育科学规划项目一直以来实行限额申报,且国家层面的社会科学基金、自然科学基金、教育部项目三者同一年度只能选择其一,这又给教育学科的基金资助增加了程序上的复杂性和唯一性。

通过对1979—2018年所有来源文献中的基金项目成果进行统计,累计有3319篇论文成果。其中,排名在前十位的高等教育学基金支持项目的总数占所有基金支持项目总数的48.7%(图3-13),它们为高等教育学科的发展提供了充分的经费保障。

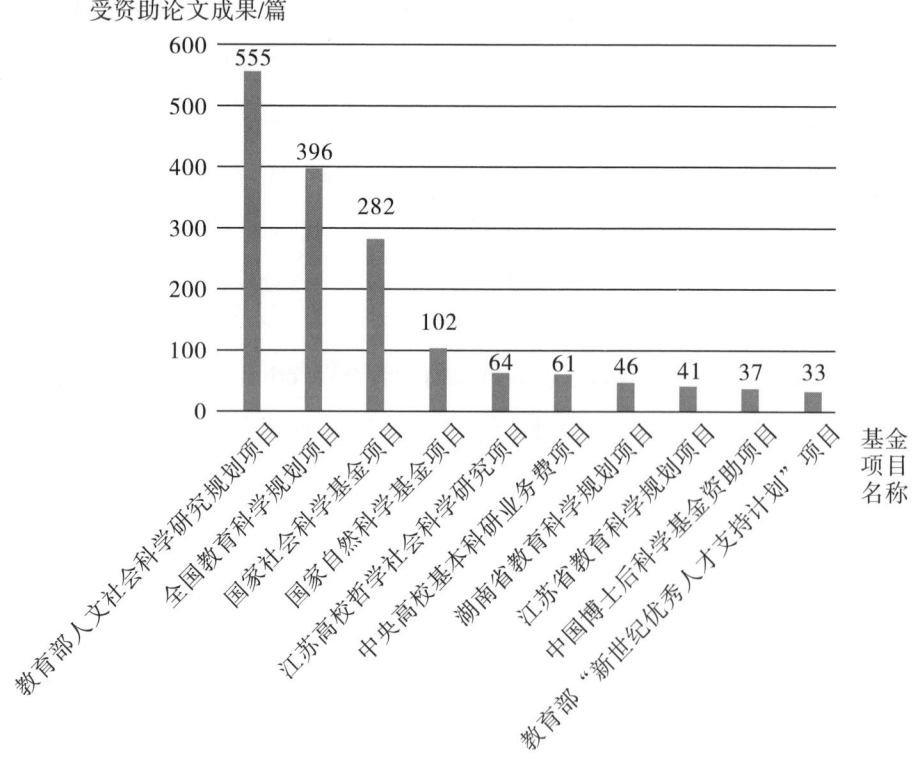

图3-13 高等教育学研究排名前十的基金项目来源

通过图3-13可以发现:受教育部人文社会科学研究规划项目资助的论文篇数占据绝对数量优势,达到555篇,占所有基金论文总量的16.7%;紧随其后的是将教育学作为单列学科管理的全国教育科学规划项目(含国家级和教育部级),共有相关论文396篇,占所有基金论文总量的11.9%;国家社会科学基金和国家自然科学基金项目的论文数量分列第三和第四位,累计达到390篇,二者约占所有基金论文总量的 11.8%。通过对比发现,高等教育学研究的前十个基金项目中,只有三个为教育科学规划基金项目。这一方面说明高等教育学研究具有多学科与跨学科性,可以在综合性基金中与其他学科展开竞争与合作;另一方面也说明对高等教育学或其一级学科教育学的基金支持力度较弱。尤其是在国家级基金项目上,真正支持高等教育学研究的全国教育科学规划国家级项目只有 118 项,只占所有基金论文总数的 3.5%。

因此,在国家基金层面,要进一步加大对教育学国家基金的支持力度,应解除申报限制,与其他学科基金一样实行自由申报,以起到良好的示范和引领作用。其他省级基金也应该参照国家基金管理的做法,将教育学基金单独管理,以提高支持力度。此外,由各级教育主管部门设立的基金项目也应统一管理标准,设立单独的教育科学规划基金项目,由此形成全国统一的教育学单列基金资助体系。其他综合类基金项目也应继续将教育学纳入资助学科范围,同时要加强资助力度。如此可形成立体的、多元的教育学科基金资助格局,有利于提高高等教育学科基金资助的强度,促进学科交叉和融合,提升学科影响力。

(三) 高等教育学研究机构基金获取状况演变

尽管基金只是一个很小的视角,却可以窥一斑而知全豹,40 多年来高等教育学学术生产单位的境遇变迁,乃至背后整个教育资源和社会资源的重新整合配置,尽在其中。基金项目对高等教育学科研论文的支持的差异性不仅体现在基金项目的层次、数量、类型上,也体现在支持机构的类型上。根据前文对文献来源机构的分类标准,该分析主要着重对发表高等教育学论文的高等院校(含内设科研院所)、科研院所、其他研究机构获取基金的类别、强度和频次做描述性概率统计,并试图探索这些机构获取基金的内部差异性。

1. 高等院校(含内设科研院所)

高等院校所承担基金项目的数量和质量一方面反映了该机构的基础研究水平和现状,另一方面也反映了机构的人才储备、团队建设和发展趋势[①]。以时间为切片,对基金项目作粗放归类,可以绘制出 1979—2018 年高等院校高等教育学论文发文总数和基金资助论文数的对比情况,如图 3-14 所示。

---

① 何晓丹,沈敏. 全国高等院校和科研院所法医学科竞争力分析和对策——基于国家自然科学基金委 2010—2016 年资助情况 [J]. 中国司法鉴定,2017 (1):80-84.

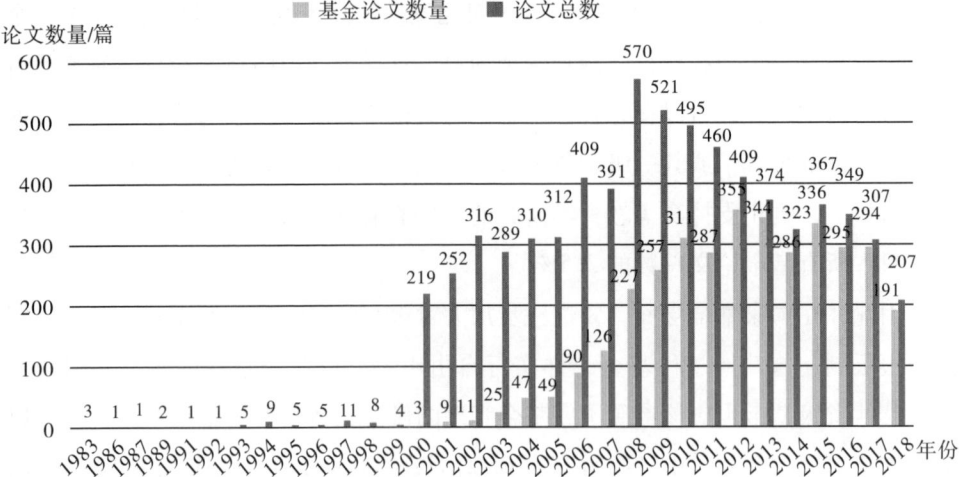

图 3-14　1979—2018 年高等院校高等教育学基金论文数量和论文总数对比情况

一流大学的首要特征就是拥有充足的经费①，高等院校争取充足的科研基金成为其发展道路上的不二之选。从图 3-14 中可以发现，高等院校作为高等教育学研究的主力，其获得基金资助的能力强劲。全国高等院校共发表高等教育学论文 6936 篇，其中，基金论文有 3543 篇，资助率达 51.1%。资金来源也是最广泛的，几乎实现了从国家级基金到校级基金项目、从财政资金到社会资金项目、从国内资金到国外资金项目的全覆盖。以 2000 年首次出现基金论文为起始节点、以 2017 年（因本书收集数据时，2018 年数据并未完全收录）为截止时间进行分析，基金资助的论文增加了 291 篇，年平均增长率为 31%；而论文总数仅仅从 2000 年的 219 篇增加至 2017 年的 307 篇，只增加了 88 篇，年平均增长率为 2%，论文的增长速度远远不及基金资助发展的速度。由此可见，基金资助在论文发表方面起到了越来越重要的作用。

如图 3-15 所示，在基金资助的院校差异中，发表基金论文最多的是厦门大学，达到 197 篇，占该校该领域论文总数的 45.4%。这说明厦门大学在高等教育学研究方面获得了基金资助组织的认可，具有较高的学术声誉和科学转化能力。在基金论文发表数量排名前十的高校中，师范类大学和综合性大学各占一半；除南京师范大学外，其余皆为部属高校，说明南京师范大学高等教育学科的发展已进入较高的层次。此外，基金论文排名前十的高校中，华中师范大学和南京师范

---

① SALMI J. The Challenge of Establishing World-class Universities [M]. Washington, D. C.: World Bank Publications, 2009.

大学的论文发表总数相对较少,可见这两所高校的基金论文占比更具优势,分别达到72.6%和57.5%,在高等教育学研究方面具有很好的未来预期。

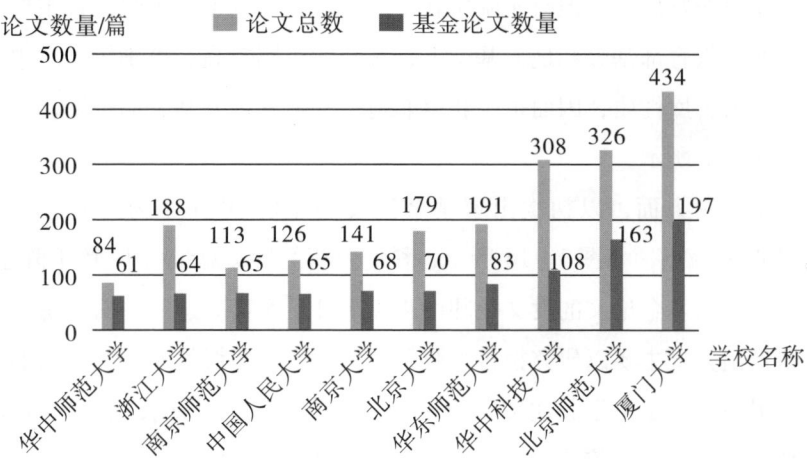

图3-15 高等教育学基金论文发表数量排名前十的高校

2. 科研院所

如前所述,科研院所在我国科学研究体系中扮演着不可忽略的角色,尤其是作为中国最高学术机关的中国科学院、中国工程院、中国社会科学院以及中国教育研究院等。采取与高等院校相同的归类标准,对基金项目不作来源和名称上的限定进行数据整理,科研院所1979—2018年高等教育学论文发表总数和基金论文数量的对比情况如图3-16所示。

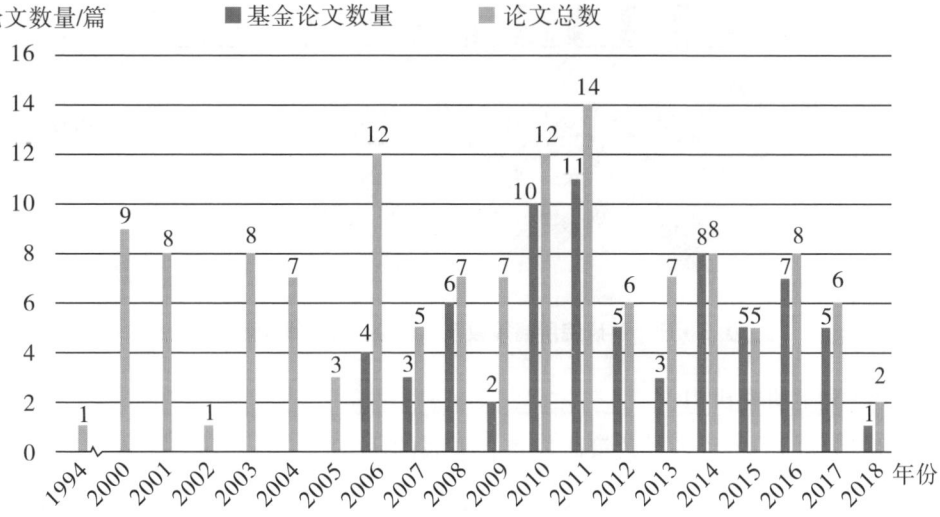

图3-16 1979—2018年科研院所高等教育学基金论文数量和论文总数对比图

相较于高等院校51.1%的资金项目支持率，科研院所基金项目的支持率微高，达到51.5%。尽管高校科研人员规模庞大，发文数量远大于科研院所，基金来源的类型也非常广泛，但科研院所获得基金资助的竞争力更强，且主要集中在国家级基金、教育部基金和地方基金上，基金的级别较高、类别较多。由于科研院所具有政府智库性质，因而很少获得非财政基金和境外基金的资助，具体基金来源如图3-17所示。

在发文频率方面，以初次出现基金论文的年份2006年为时间起点，仍以2017年为时间截点，如图3-16所示，科研院所的发文总量由12篇下降至6篇，出现负增长，而基金论文的发文量却由4篇上升至5篇。这一方面是由于科研院所的科研产出方式主要以研究报告、政策咨询、专家建议等非公开发表的科研成果为主，另一方面是由于其注重于应用研究、政策研究、社会推广的研究范式。因此，科研院所与高等院校须进一步发挥好各自的科研优势，找准定位，在提升基金资助比例的同时也要加强基础理论研究，提升论文发表率。

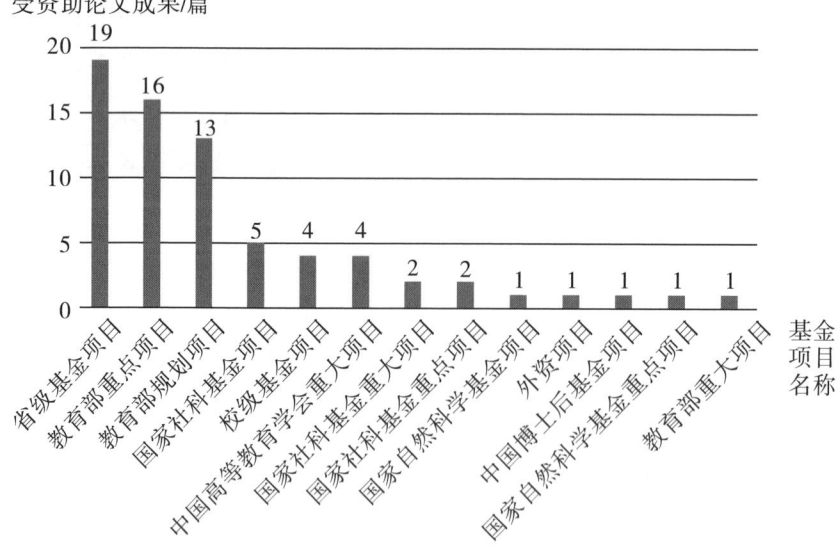

图3-17 科研院所高等教育学基金论文资助项目来源

3. 其他研究机构

政府部门的各级各类政策研究室、下属的研究性事业单位、学术团体组织、出版社和杂志社等，也在高等教育研究中扮演了重要角色。尤其是教育部教育发展研究中心和中国高等教育学会，它们分别代表了中国教育政策的"发源地"和教育行业的"联结带"。尽管这些研究机构的规模无法与高等院校、科研院所相提并论，但它们发挥了学术咨政、学术研究、学术宣传、学术普及的重要作用。1979—2018年这些研究机构的高等教育学论文发表总数和基金论文数量的情况如图3-18所示，基金论文发表数量排名前十的机构的情况如图3-19所示。

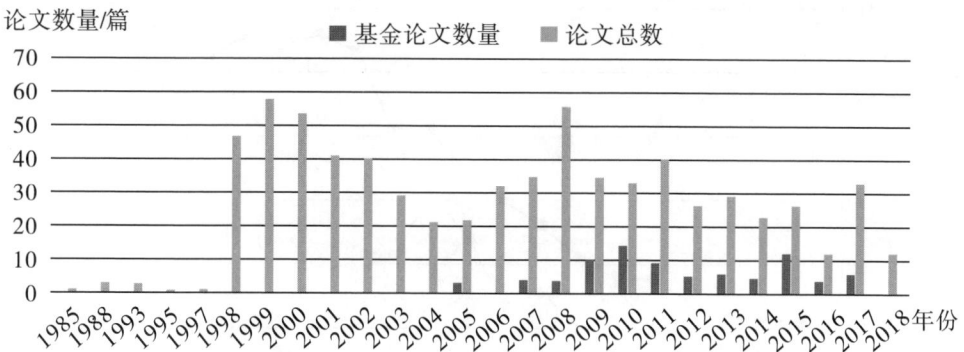

图3-18　1979—2018年其他研究机构高等教育学发表的基金论文数量和论文总数对比图

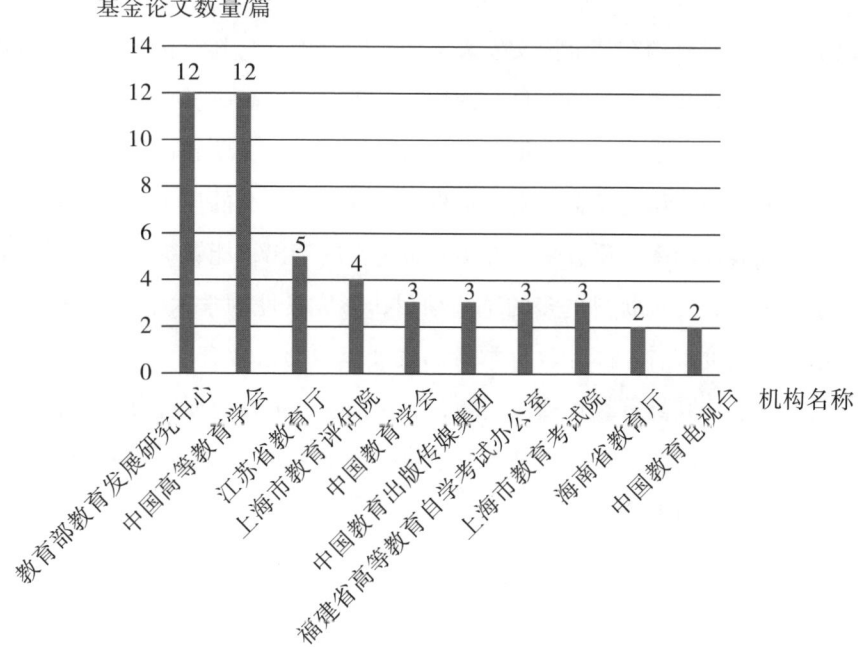

图3-19　1979—2018年其他研究机构高等教育学基金论文发表数排名前十的机构情况

通过对三种类型科研机构在获得基金项目方面的强度和频次进行分析不难发现，高等院校一直保持着较为强劲的基金支持增长率，至2017年达到约95.77%

的资助率；科研院所则波动较大，但整体呈上升趋势，且近年基金资助率也保持了较高的水平，甚至一度达到100%；而其他研究机构则处于较低的水平，未超过50%，具体如图3-20所示。

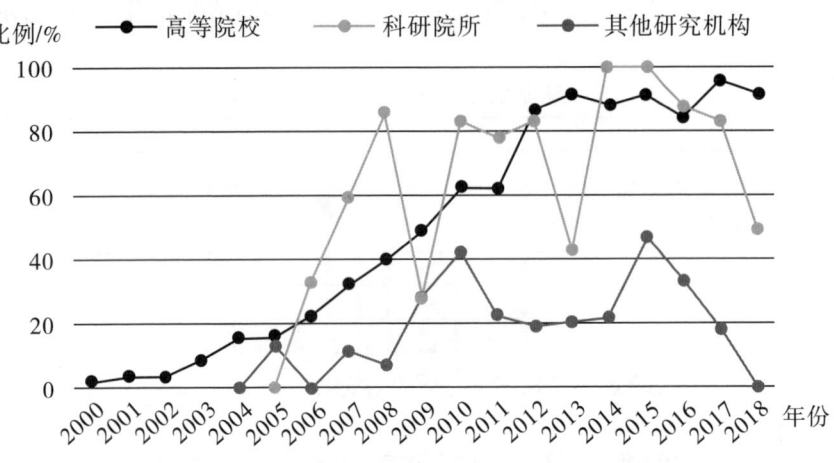

图3-20　三种类型科研机构高等教育学基金论文发表趋势图

以上三种科研机构在基金论文发表上的不同表现，与其机构类型、科研规模和水平、研究范式和职能导向等具有密切的关系。随着高等教育领域综合改革的不断推进，高等教育学研究的质量要求也与时俱进；加上期刊评价机构对基金论文指标权重的重视，认为基金论文一定程度上反映了论文的质量，因此基金论文具有更高的发表成功率。反过来，更多基金论文的产出，能够提升研究者和研究机构的学术声誉，使其获得更多的基金项目，形成良性的学术生产循环。因之，从基金给养的角度来看，高等教育学科的发展亟须突破教育学一级学科的规限，以多学科的方法研究高等教育理论问题，以交叉学科的视野研究高等教育实践中的经济问题、法律问题、管理问题等，争取得到更多的学术资源和基金支持，从而促进高等教育学科的创新性发展。

四、小结

本章主要从学科发展和学术生成的内外部保障方面对高等教育学科发展的人力、物力和财力支持情况进行了实证分析，并对三者在强度、相关性、差异性等生成逻辑方面的情况进行了适度探讨，分析呈现出了现行和潜在高产作者的科学产出率及趋势，高显示度科研机构在科研产出数量、质量、影响力和中心度上的相关性和差异性，以及各类基金项目对高等教育学科的支持策略、强度和建立科学、系统的基金资助体系的可能性，基本展现出了高等教育学科给养的要素特征及其演进趋势，为高等教育学科在人才培养、平台搭建、资源开拓等方面提供了实践依据。

（一）高等教育学研究人员发展状况及反思

高等教育学研究人员是高等教育学科给养的智力基础，是学科发展最具创造力的驱动要素。高等教育学在以往多年的发展过程中，形成了一支规模庞大、梯队合理的研究队伍，涌现出了诸多高产作者，如潘懋元先生、周远清教授、邬大光教授等，开拓并夯实了学科发展的理论和范式。这些高产作者主要分布在以厦门大学为中心的高等院校中，区域分布上呈现出典型的"胡焕庸线"特征。

从时间流变的角度看，改革开放以来的不同时期，我国高等教育学研究人员对高等教育学研究的关注度和贡献度各不相同。"前学科"时期鲜有作者发表有关高等教育学主题的论文，这主要是因为学科尚未正式建制，一些研究成果以"高等教育"或"高等教育学"以外的表述为主题。"准学科"至1992年全面改革开放前夕，陆续有学者对高等教育学科相关问题进行探索性讨论。1992年邓小平南方谈话和全面改革开放后，高等教育学研究的群体规模和发文量有了大幅提升，相较于改革开放的第一阶段，这一阶段的高等教育学研究活力被真正激发出来，学科建设也进入快车道。2001—2005年，我国迈入21世纪的第一个五年规划，这一时期的高产作者显著增多，高等教育学研究呈现出爆发式增长。这一方面与高等教育专业人才的成长速度高度相关；另一方面，高等教育学经过十多年的发展，加之在高等教育大众化的驱动下，高等教育面临诸多新问题，激发了高等教育学研究生发出新的生长点。2006—2010年，我国高等教育学研究群体多样化的特征明显，除高等院校外，教育主管部门、学术性组织、研究院所等的研究者均对高等教育进行了深入研究，且呈现出跨学科的趋势。2011—2015年是建设高等教育强国的关键时期，高等教育学研究开始注重内涵与质量、反思与重构，这一时期的发文量有所回落，涌现出了许多高产中青年学者，如蔡宗模、焦磊、熊华军等人。这一时期，第三代高等教育学研究群体开始走上历史舞台，研究队伍基本形成了老、中、青三代格局。

然而，如将改革开放四十年时间作为一个整体来看，中国高等教育学高产作者的延续性并不强。虽然在不同的历史发展时期总会有相应的高产研究人员出现，但突显性特征较强，大部分研究人员只在某个较短的时间内具有高产出效率，说明高等教育学研究者的研究投入、研究绩效需进一步加强，以形成可持续性的、发展性的研究动力和成果，尤其是中青年研究者，要在某一个领域深耕细作，形成系列研究成果。而这种持续投入和绩效的背后，应如何激励高等教育学研究人员常保对高等教育学科深耕的热情，既关乎高等教育学乃至整个学术界的研究风气，也关乎研究人员的科研业绩评价方式等。高等教育学如何吸引学科研究人才应成为高等教育学研究的一个重要议题。

（二）高等教育学研究机构发展状况及反思

高等教育学研究机构是高等教育学科发展的组织依赖，是学科实体化的象征和人才培养的基地。从高等教育学研究影响力的机构类型上看，大学的高等教育研究院所是中国高等教育研究的主要阵地，其融合度和向心度最高。其中，又以"双一流"大学最为显著。这一方面说明"双一流"大学在该重点建设项目启动前本身就具有"一流"基因，"双一流"强化了其"一流"特色。另一方面，在高等教育学研究方面，综合性大学要比师范类大学更具优势和潜力。同等发展基础和环境下，前者相比后者在跨学科研究、应用研究方面有更多"可获性"的人力和物质资源。而如何提升师范类院校的高等教育学研究效率，需要从高等教育学科的应用性和跨学科性入手，也可从高产高等教育研究专门机构的特色中获得启发，即人力资源雄厚，起点高、平台高，注重学术成果的传播和应用，且长期专注于某几个方向的研究等。

对比高等院校和高校的高等教育研究院所的研究成果情况，可以看出，两类机构在高等教育学研究的产出方面并未完全同步。高产的高等院校，未必有高产的高等教育研究院所，反之亦然。这就表明，高等院校内有不少高等教育学研究出自非高等教育研究院所等专门机构，高等教育学研究群体具有广泛性、多学科性特征。值得一提的是，这些高产高等教育研究专门机构，依然多数是出自综合性大学，与前文的研究结论不谋而合。此外，上述院校的高等教育学术影响力与其设立相关高等教育研究机构的时间有关，先发优势加上学术积淀更容易扩大学术影响力。

高校内从事高等教育研究的专门机构的学术影响力差异巨大，绝大多数高等教育学研究机构的产出效能仍有极大的挖掘空间。这一结果与我国的高校机构重点建设政策不无关系。高校机构重点建设政策影响了这些科研机构科研人员的数量和质量、院所资源以及所在高校的平台，进而直接对其学术影响力造成影响。此外，拥有智库型高等教育研究机构的高校影响力突出，学术影响力排名前十的高校与中国 6 个著名新型智库高等教育研究机构（北京大学教育学院、清华大学教育研究院、华中科技大学教育科学研究院、厦门大学教育研究院、中国人民大学教育学院、浙江大学发展战略学院）[①] 有高度相似性。这主要源于高等教育学是一门应用性学科，高等教育研究机构的发展应遵循应用性的高等教育学学科建设逻辑。从智库背景下探究高等教育研究机构学术发展之路，有助于引导其合理定位和拓宽学术空间，也有助于提升其回应社会需求的能力，推动高等教育学学科建设。故而，在未来一段时间内，争取学科建设资源、广泛开展跨学科研究，仍将是提升高等教育研究机构的学术影响力的主要途径。

高产的其他研究机构的学术影响力也呈现出层次性。中国高等教育学会、《中国高等教育》编辑部等"国字头"高等教育科研机构在高等教育学宏观研究、政策研究、重大及热点问题的研究方面存在先发优势，并通过这些研究不断提升自身的高等教育学学术影响力。省级教育研究机构作为教育厅的"智囊"，近年来纷纷致力于打造一流教育智库和国内一流教育研究机构，在提升省域教育综合实力及区域竞争力方面发挥越来越重要的作用。一些教育强省的省级教育研究机构更是在高等教育重大问题实践研究方面起到引领作用。传播是一种普遍的社会现象，是人类生存与发展的一种基本形式[②]。信息传播机构在高等教育学影响力发挥方面有特殊优势，加速了"知识生产—知识传播—知识再生产"的进程。上述研究机构职能不同，因而高等教育研究特色各异，这种错位发展的学术生态初步奠定了这些研究机构的影响力格局。

从整体上看，高等院校在高等教育学知识生产的量和影响力方面都是绝对的领导单位。部分高校和中国高等教育学会等机构形成了高等教育学研究多点齐头并进的局面。然而，一所科研机构要想成为真正的学术中心，除发文量外，更多的则需要与其他机构加强联系、交流与合作，真正起到学术枢纽的作用。当前的局面并不利于思想和知识的通畅传播，拖延了知识迭代的过程，对学术创新及学

---

① 周光礼，莫甲凤. 高等教育智库及其学术研究风格——中国著名高等教育研究机构的学术转型[J]. 高等工程教育研究，2014（6）：45 – 57.

② 刘晖. 中国社会变迁三十年的教育思考[M]. 北京：中国社会科学出版社，2018：102.

术影响力的提升造成阻滞。高等教育学应用性学科的建设逻辑与知识生产模式Ⅱ的中心思想高度契合。但是有一点不得不注意，由于知识生产模式Ⅱ的研究往往是与现实需要紧密结合的，且在某种程度上高等教育学多学科方法的引入使研究者更多地关注问题研究[①]，而现实问题总是分散的、非连续的，由此导致整体上的高等教育学研究缺乏持续性和系统性[②]，这也解释了高等教育学研究整体样态的多点齐头并进状态。故而，加强高等教育研究机构间直接的联系，建立系统的交流与合作体系，对于学术影响力的提升和学科建设本身都大有裨益。

中国高等教育研究机构的研究规模、水平差距较大，要素向中心组织流动的特征较为明显。结合党的十九大报告中所指出的我国社会的主要矛盾，高等教育发展的终极目标是解决高等教育发展不均衡、不充分的问题。因此，我国西部、中部高等教育研究机构的分布在数量和质量上均需进一步扩充和增强，要统筹高等教育研究机构的差异化、均衡化发展，加强民族地区的高等教育研究，形成互补性研究，增强中西部欠发达地区省份的高等教育研究力量，进一步推动教育公平。

（三）高等教育学基金项目发展状况及反思

高等教育学基金项目是高等教育学科发展的财力保障，是学科研究力量和效率的直接体现。整体上看，在国家社会科学基金对26个学科类别的资助项目中，教育学领域受资助的项目数量排名第14位（占资助项目总数的2.45%），排位非常靠后；而高等教育学在获取国家基金资助上的难度非常大（资助比例仅为0.51%）。尽管如此，国家社科基金仍然是高等教育学基金项目的主要来源。因此，高等教育学科必须发挥其多学科研究的优势，从国家自然科学基金上寻找突破口，增强自身申请国家级基金的竞争力。与此同时，还要积极争取教育部及其他部委级基金、省级社会科学基金、中央高校基本科研业务费项目以及中国高等教育学会项目等的资助，拓展基金资助来源，扩大基金资助覆盖面。

具体而言，中国高等教育学研究基金主要来源于全国哲学社会科学规划教育学单列学科项目、各省哲学社会科学规划基金项目等竞争性项目，以及中央高校

---

① 王胜兰. 我国高等教育学研究方法论的演进与路向——从学科范式转移的角度［J］. 现代教育论丛，2019（5）：49-57.

② 文东茅，沈文钦. 知识生产的模式Ⅱ与教育研究——北京大学教育学院的案例分析［J］. 北京大学教育评论，2010（4）：65-74.

基本科研业务费项目等自设性项目。受教育部人文社会科学研究规划项目资助的高等教育学论文占据绝对数量优势，占所有基金论文总数的16.7%；其次是全国教育科学规划项目（含国家级和教育部级）论文，占所有基金论文总数的11.9%；国家社会科学基金和国家自然科学基金项目论文数量分列第三和第四位，两者合计约占所有基金论文总数的11.8%。此外，资助高等教育学研究的前十个基金项目中，只有三个来源于教育科学规划基金项目。这一方面说明高等教育学研究具有多学科与跨学科性，可以在综合性基金中与其他学科展开竞争与合作，另一方面也说明高等教育学研究或一级学科教育学研究获取基金支持能力较弱。

在获取基金资助的机构分布上，高等院校仍然是受资助力度和范围最大的机构，其基金资助成果产出数量和质量也稳居首位，反映出了国家对不同类型高等教育学研究产出机构的功能定位和资助倾向。在基金论文发文数量排名前十的高校中，师范类大学和综合性大学各占一半。相较于高等院校51.1%的基金项目支持率，科研院所基金项目的支持率更高，达到51.5%。从动态的角度看，高等院校一直保持着较为强劲的基金支持增长率，至2017年达到95.77的资助率；科研院所则波动较大，但整体呈上升趋势，且近年来基金资助比也保持了较高的水平，甚至一度达到100%；其他研究机构则处于较低的水平，未超过50%。从发展的角度看，论文的增长速度远远不及基金资助增长的速度，基金资助在论文发表方面起到了越来越重要的作用。

以上三种科研机构在基金论文上的不同表现，与其机构类型、科研规模和水平、研究范式和职能导向等具有密切的关系。随着高等教育领域综合改革的不断推进，高等教育学研究的质量要求也与时俱进。加上期刊评价机构对基金论文指标权重的重视，认为基金论文在一定程度上反映了论文的质量，因此基金论文具有更高的审稿通过率；反过来，更多基金资助论文的产出，能提升研究者和研究机构的学术声誉，使其获得更多的基金资助，形成良性的学术生产循环。因之，从基金给养的角度来看，高等教育学的发展需进一步提升研究水平，突破教育学一级学科的限制，创新研究范式和方法，将其研究触角延伸至社会科学和自然科学领域，以争取更多类型的基金支持和学术资源。

高等教育学基金既是高等教育学发展的途径，也是其发展的表征——表征着40多年高等教育学学术生产单位的境遇变迁，乃至背后整个教育资源和社会资源的重新整合配置。促进高等教育学进一步发展,需进一步提升高等教育学基金的获取层次,增加高等教育学基金的获取类别,进一步彰显国家、政府资源配置的学科逻辑。

需要说明的是,首先,本章仅对中国知网中篇名包含"高等教育"、属于CSSCI来源期刊的论文进行了分析,尽管其刊载的高等教育学研究论文十分广泛,但并不排除存在少量遗漏的情况;其次,本章的分析数据并没有涉及改革开放40年来出版的高等教育学论著、硕博论文和报纸等文献,难以反映高等教育学研究的全貌;再次,本章虽运用计量学的一些方法对我国高等教育学研究论文进行了分析,但上述数据主要是描述性统计,未详细对每个作者或机构的学术贡献度和影响力做指数分析。尽管本章在研究深度和广度上仍有优化的空间,但就分析的效果来看,仍有其参考价值,能为正确界定和把握我国高等教育学科"给养"的全景要素提供一种新的研究视角。以上说明情况基本适用于本书的第三、第四、第五、第六章,其他章节不再赘述。

第四章

高等教育学"学科结构"知识图谱分析

从广义上讲,"结构"一词包含两个含义:一是指各个事物的构造形式和构成方式,如建筑物的形状、大小及其组成方式;二是指这些构造的组成原料,如建筑物是砖混结构还是钢混结构,即主要由砖、钢筋混凝土、钢材中的前两者或后两者组成。"结构"的第一个含义为常人所共识,第二个含义却时常被忽视。实际上,后者比前者更为重要,因为作为"结构"的原料,与该结构的本质相关性更强①。结构与功能是相伴而生的。结构是功能的基础,而功能又使结构从一般的存在变成具体的存在②。有了什么样的结构,就有什么样的功能。

受库恩《科学革命的结构》的影响,如今的科学学研究者形成了一种共识:科学具有一定的结构,且随着时间的推移会呈现出转移、汇聚和淹没等规律③。如果说科学的求真是解决何时

---

① 高宣扬. 结构主义 [M]. 上海:上海交通大学出版社,2017:69.
② 高宣扬. 结构主义 [M]. 上海:上海交通大学出版社,2017:72.
③ 陈必坤,王曰芬. 学科结构与演化可视化分析的内容研究 [J]. 图书情报工作,2016 (11):87-95.

(when)、何地（where）、何事（what）、和谁（with whom）等，即科学在时间、空间、主题和网络分析方面的问题，那么，其中的时间、空间和主题问题通常需要结构分析来解决。

当代学科结构既表现为宏观门类结构，又表现为微观知识结构，是宏观门类结构与微观知识结构的统一①。本章集中探讨的是作为个体的高等教育学学科的微观结构，侧重于对知识结构的分析，涉及的学科结构指学科的知识纤维理论板块和学科体系发展演进而形成的有机构成，既是学科内在逻辑的集中反映和学科时代精神的构造性体现，同时也是学科空间分布和时态变换的结合方式的选择。对学科结构的演变进行历史性梳理，有利于反思学科发展的轨迹②。结构主义者想用"结构"这个范畴去说明某些普遍性的社会现象，他们至多只是"说明"而已，并非"总结规律"③。实际上，本书的直接目的不在于揭示高等教育学科发展的规律——因为学科发展的影响因素具有不可控性——而是将更多注意力放在"说明"和"阐释"上。因此，在分析了高等教育学赖以生存的人力、物力和财物基础后，本章将聚焦高等教育学的内部结构和机理，对高等教育学的学科架构、层级及其与外部的学科关联进行纵横向的切片分析和比较分析，并绘制高等教育学学科发展的裂变脉络。

为清晰把握改革开放以来我国高等教育学学科结构发展的历史脉络和关键节点，本章首先使用共词分析法绘制高等教育学学科结构的知识图谱，分析并廓清高等教育学的主要学科分支结构，将其与国外相关学科的分支结构进行对比分析；其次，探明主要学科分支的研究领域，并分析该领域内主要的研究热点；最后，通过对文献时间进行区间划分，分时段研究并揭示高等教育学学科分支结构在改革开放40年的生成及发展，将其与之前的学科结构进行比较，力求归纳出其演进逻辑。

一、高等教育学学科结构聚类图谱分析

学术意义的"学科"是人们最常用的概念，通常指学科化和专业化的逻辑

---

① 陈燮君. 学科学导论——学科发展理论探索 [M]. 上海：上海三联书店，1991：56.
② 陈燮君. 学科学导论——学科发展理论探索 [M]. 上海：上海三联书店，1991：17.
③ 高宣扬. 结构主义 [M]. 上海：上海交通大学出版社，2017：77-78.

范畴和知识体系①。这一体系由一定的知识按照一定的规律形成一定的结构。通过对关键词的词频统计和聚类分析,可以清晰得出学科的具体"材料"及"结构"。

(一) 高等教育学关键词词频统计分析

关键词是论文主题、核心概念、研究领域、研究方法等的精炼概括和直接呈现,一定程度上体现了论文的立意、取向和辨识度。因之,关键词是论文的本质和精华,也是文献检索、计量的重要标识和载体。通过对关键词出现的频率和分布进行分析,可以把握该关键词所属主题的热点。对关键词的深度挖掘,其根本目的就在于对热点问题、学科研究态势进行追踪。

在对具体关键词进行计量分析时,本书遵循以下技术标准:一是对指向模糊的虚词、介词、形容词、连词等以及没有辨识度的被各个领域广泛使用的"策略""方法""分析""原因"等词汇进行过滤处理;二是对近义词进行合并处理,如"高等教育学"和"高等教育学科","higher education"和"tertiary education","国际化"和"全球化",等等。

根据统计结果,1979—2018 年高等教育学的相关论文中排名居前 50 位的关键词如表 4-1 所示。这些关键词中,"高等教育""教育质量""教育改革""教育公平""美国高等教育""教育发展""民办高等教育"等标引次数在 100 次以上。这些关键词代表着我国高等教育学研究的重大热点和主要理论。如 1999 年,出现的高频词为"高等教育学科""学科建设"等。这代表着在进入 21 世纪时,高等教育学学科的发展迎来了新的契机,引起了学术界的极大重视。《高等教育研究》连续三期刊发有关高等教育学学科建设的文章,分别从高等教育史②、高等教育管理史③④、高等教育学科繁荣的标志与动力⑤等视角探讨高等教育学发展的理论问题。此外,汪永铨强调在学科研究中需把握历史和现实,并认为高等教育学研究的理论与方法论建设是一个十分迫切、十分艰巨而且不断发展的任务⑥;

---

① 刘志文. 综合大学教育学科发展的三维审视 [J]. 华南师范大学学报(社会科学版),2018 (1):84-90.
② 陈学飞. 外国高等教育研究史 50 年回眸 [J]. 高等教育研究,1999 (5):47-51.
③ 蔡克勇. 中国高等教育管理五十年 [J]. 高等教育研究,1999 (3):20-27.
④ 毛祖恒. 中国高等教育史五十年述评 [J]. 高等教育研究,1999 (4):39-44.
⑤ 柯佑祥. 略论高等教育学的繁荣 [J]. 高等教育研究,1999 (3):82-84.
⑥ 汪永铨. 关于我国高等教育科学研究的几点思考 [J]. 教育研究,1999 (10):23-29.

表 4-1 1979—2018 年高等教育学论文中排名居前 50 位的关键词

排名	关键词	词频	排名	关键词	词频
1	高等教育	3968	26	教育经费	46
2	教育质量	440	27	教育国际化	44
3	教育改革	329	28	科学发展观	42
4	美国高等教育	295	29	全球化	41
5	教育公平	142	30	MOOC	40
6	教育发展	132	31	素质教育	39
7	民办高等教育	126	32	教学改革	38
8	高等教育研究	126	33	知识经济	37
9	人才培养质量	125	34	内涵式发展	35
10	高等教育学	122	35	教育产业化	35
11	国际化	118	36	教育评估	34
12	中国高等教育	109	37	经济增长	34
13	教育研究	89	38	私立高等教育	33
14	大众化	88	39	远程教育	33
15	教育大众化	82	40	区域高等教育	32
16	高等教育大众化	81	41	经济发展	31
17	英国高等教育	79	42	教育资源	30
18	高等教育改革	76	43	可持续发展	28
19	高等教育国际化	70	44	高等教育评估	28
20	教育政策	63	45	办学模式	27
21	成人高等教育	60	46	区域经济	27
22	高等教育强国	60	47	教育管理	27
23	WTO	56	48	教育规模	26
24	学科建设	52	49	高等教育发展	26
25	资源配置	47	50	教育投入	25

等等。2000 年前后，高等教育学研究的高频关键词则主要集中在有关高等教育质量、改革、大众化等内涵发展的相关维度上。高等教育大众化不仅体现在量的

增长上，更体现在质的变化上。马丁·特罗在论述高等教育大众化时特别强调，高等教育在量的方面的增长必定会导致质的方面的变化，质的方面包括：教育理念、教育功能、入学条件、教学模式、课程设置、教学方式与方法、学术方向、管理方式以及高等教育与社会的关系，等等。因而，在探讨高等教育大众化的内涵时，不能单单看重量的增长而忽视质的变化①。针对我国于 20 世纪末启动的高等教育大众化，潘懋元先生提出我国高等教育为更好迎接 21 世纪的挑战，必须将急功近利的发展观转变为可持续发展的发展观②，"既满足当代人需求，又不损害后代人满足其自身需求的能力"，同时达成世界环境与发展委员会（WCED）在首次提出"可持续发展"概念时曾强调的"社会公平"目标③。而在 2010 年前后，高频关键词则主要是"中国高等教育"等，反映出我国高等教育学研究在持续的国际化借鉴后进入本土理论构建时代。中国特色的高等教育体系是国际化与本土化融合的体系④，而本土化是高等教育理论创新的根本路径⑤。这一宏大目标的实现需正确处理学习借鉴与自主创新的关系——以实现学术自主为目标，正确处理传统与现代的关系——着力重建学术传统，正确处理中国文化与西方文化的关系——做到文化自觉⑥。不仅如此，高等教育学本土化理论建构还需要高等教育理论与研究方法的本土化⑦。另外，从教育理论与实践的关系及高等教育学科的应用性来看，只有立足中国高等教育实践，才能更好地实现高等教育学理论本土化、特色化。

（二）高等教育学聚类结构分析

在对高等教育学研究关键词做描述统计的基础上，利用聚类分析，勾勒出我

---

① 卢晓中. 现代高等教育发展论纲 [M]. 广州：广东教育出版社，2005：106.
② 潘懋元. 21 世纪：可持续发展的中国高等教育——兼论中国高等教育大众化问题 [J]. 黄河科技大学学报，1999（3）：1 - 8.
③ 张晓玲. 可持续发展理论：概念演变、维度与展望 [J]. 中国科学院院刊，2018（1）：10 - 19.
④ 张继明. 我国高等教育国际化战略的反思——基于文化自觉的视角 [J]. 现代教育管理，2009（11）：12 - 15.
⑤ 李枭鹰，魏晓娜. 高等教育理论创新的本土化选择 [J]. 黑龙江高教研究，2008（8）：10 - 12.
⑥ 刘志文. 中国高等教育自主发展的路径研究 [J]. 高教探索，2008（3）：16 - 20.
⑦ 曹如军. 高等教育视野中多学科研究的三个问题 [J]. 大学教育科学，2009（2）：9 - 13.

国高等教育学学科结构的整体面貌。在 CiteSpace 中选取作者和关键词作为节点，以共现关系为连线，绘制高等教育学学科结构知识图谱，如图 4-1 所示。

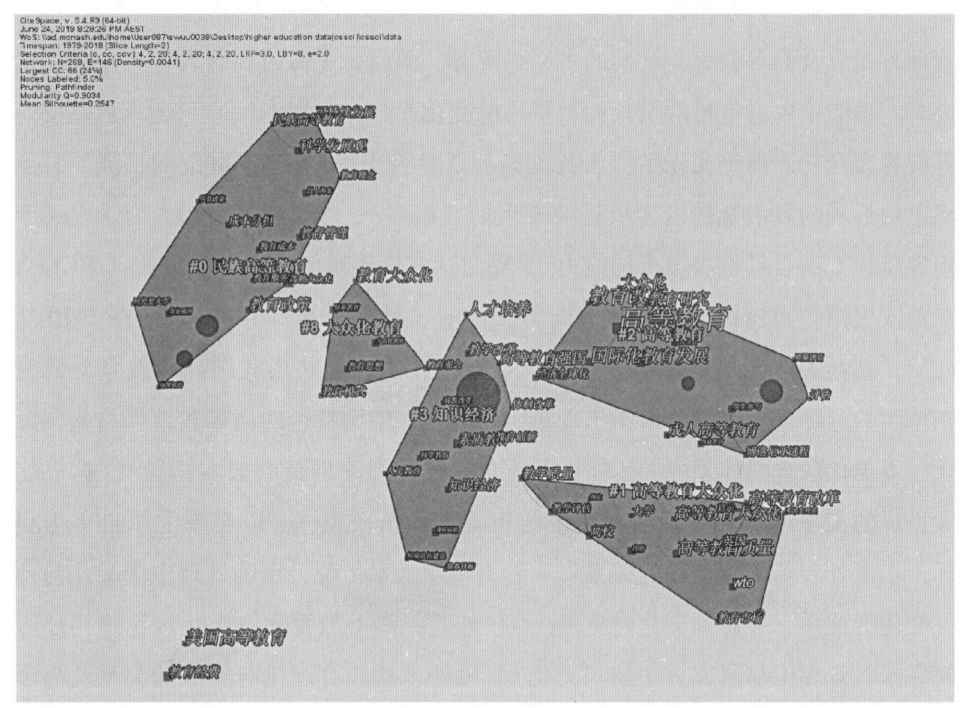

图 4-1 高等教育学学科结构知识图谱

通过对知识图谱中关键词的聚类分析，可以窥见高等教育学热词分布及学科关联的情况。图谱中共出现了五个大的聚类："高等教育""大众化教育""高等教育大众化""知识经济"和"民族高等教育"。

首先，"高等教育"是一个系统性的概念和全景性的描述，它涉及中国整个高等教育系统，包括实体层面的机构、组织和人，宏观层面的体制、制度和结构，中观层面的高校，微观层面的教学和人才培养等。这一聚类包含的关键词有"教育改革""教育研究""经济全球化""国际化""博洛尼亚进程""大众化""学生参与""成人高等教育""终身教育""质量评估""评估"等。高等教育的发展质量有其内生性和外源性。高等教育学研究中的教育研究和教育改革持续推进理论研究和高等教育实践活动的发展。经济全球化、国际化和博洛尼亚进程可以认为是高等教育学科发展的外部环境，大众化则是其发展中的重要命题——围绕大众化的酝酿、推进及反思，学者们发表的论文斗量筲计。对已逐步进入后大众化阶段的中国高等教育质量保障体制建设来说，应积极树立以学习者为中心的质量保障理念。高等教育质量保障的评价标准侧重学生参与度①，鼓励、支持并践行学生参与高等教育质量提升。后大众化阶段的高等教育，不仅意味着高等教育的宏观变革，更意味着高等教育入学机会的扩大。"让任何人在任何地方都能接受高等教育"应该成为这一阶段高等教育的核心理念和基本意蕴②。不管是成人高等教育还是终身教育，都是构建终身学习的学习型社会的重要力量。高等教育大众化促使高等教育融入终生教育体系③，甚至"高等教育应该融入终身教育体系"④。就连马丁·特罗教授在修正自己的大众化理论时也提到，高等教育发展的最后阶段是走向学习型社会，此视野比20世纪70年代的发展阶段论更开阔，更符合现代知识经济社会高等教育的发展现状⑤。质量是评价高等教育水平的尺度⑥，是19世纪以后大学成为国家机构时国家赋予大学的一种信托责任；而提高高等教育质量是高等教育学的基本命题，是学科建制的初心。综观这一关键词聚类，反映了高等教育多学科发展的国际和国内现实环境，强调了高等教育学的应用性。正如伯顿·克拉克、潘懋元等人所指出的，高等教育学科的根本属性是应用性学科。

其次，是有关"知识经济"。这一热词聚类主要描绘高等教育与社会外部系统的关系，即知识与经济的互动与转化，同时兼顾知识经济时代高等教育内部的人才培养及高等教育自身的革新。我国历来重视教育与经济的适应关系。1985年中共中央出台的《关于教育体制改革的决定》就明确提出：经过改革，使"各级各类教育能够主动适应经济和社会发展的多方面需要"。1993年颁发的《中国教育改革和发展纲要》进一步明确了我国教育体制改革的目标是"建立起与社会主义市场经济体制、政治体制和科技体制相适应的教育新体制"。放眼国际，高等教育也历来被各国视为提振经济的有效手段之一，以追求高深知识为逻

---

① 于杨. 后大众化阶段高等教育质量保障特点及发展趋势［J］. 高等教育研究，2016（3）：39－45.
② 张艳丽. 普及化高等教育的内涵及其意蕴探析——来自美国的启示［J］. 复旦教育论坛，2017（3）：107－112.
③ 潘懋元. 中国高等教育大众化的理论与政策［J］. 高等教育研究，2001（6）：1－5.
④ 潘懋元.《2008亚太国际教育会议》大会报告［R］. 2008.
⑤ 谢作栩. 马丁·特罗高等教育大众化理论述评［J］. 现代大学教育，2001（3）：13－18.
⑥ 王建华. 高等教育质量研究——管理的视角［J］. 高等教育研究，2009（2）：1－9.

辑起点，以促进知识转化、社会经济发展、人民福祉为逻辑归宿。这一聚类包含的关键词有"高等教育强国""体制改革""高教改革""教育创新""人才培养""人文教育"和"科学教育""素质教育"等。建设高等教育强国是当代中国为赶超先进国家而提出的高等教育发展目标，需要与政治、经济、文化、科技等社会子系统在功能耦合中互生共长和统合发展①。自1977年恢复高等教育体制以来，我国高校为社会选拔和输送了大批专业人才，极大地推动了我国社会和经济的发展。许多国家的政府政策和学术工作都认同在世界范围的知识经济中，高等教育和研究的作用与日俱增②。因应高等教育强国和知识经济时代的发展需求，高等教育要在多个层面实现创新并最终落脚于人才培养模式的创新。这种模式的培养目标是人文教育与科学教育双手"抚育"下的高素质人才。而素质教育有助于发展个性化的高等教育和加强高等教育适应国家经济社会发展的能力③，从而使整个聚类从宏观到微观、从高等教育外部到内部形成一个上升的循环，也揭示了应研究高等教育与社会经济发展之间的关系以及与教育学、经济学、社会学、政治学、哲学等学科之间的关联，还应关注高等教育学的多学科性和跨学科性特征。

再次，有两个聚类以"大众化"为主题。这两个聚类的关键词有"精英教育""教育思想""观念""模式"和"高等教育质量""教学质量""大学""政府""教育市场""英国"等。这两个聚类，一个侧重高等教育学微观层面的思想、观念、模式等；另一个侧重高等教育学外部的环境，如政府、市场、国际比较等。

我国高等教育发展从精英化到大众化再到普及化，这是高等教育自身不断发展强大的必然结果。现阶段我国高等教育具有混合性特征，既有精英化特征和大众化特征，也有后大众化特征，更有显著的本土化特征④。高等教育大众化的一个明显特征即是毛入学率的提升，或者说高校扩招。高校扩招是一个系统工程，

---

① 黎琳，李枭鹰. 高等教育强国的基本特征与生发机制［J］. 现代大学教育，2009（5）：97 - 101.
② 西蒙·马金森. 全球知识经济中的高等教育［J］. 北京大学教育评论，2008（3）：94 - 118.
③ 别敦荣，夏颖. 发展普及化高等教育与素质教育［J］. 中国高教研究，2017（7）：17 - 21.
④ 李盛兵. 我国高等教育发展的现阶段特征［J］. 高等教育研究，2016（12）：1 - 6.

需要人们改变原有精英教育下的教育思想和观念,其中教育质量观的转变尤为重要。我国高等教育结构与体系在大众化进程中正经历着深刻的变革,这种变革反过来又影响着高等教育大众化的发展道路①。大学人才培养模式的调整成为大众化高等教育质量的重要保障,而政府需要对人口资源、教育投入、知识生产等进行准确测算。据伯顿·克拉克构建的"三角协调"模型可知,国家(政府)、学术(高校)、市场(社会)是影响高等教育事业发展的重要力量,教育市场在政府和大学之间起到一定的调节作用,通过高等教育人才适应岗位的情况反映大学与政府在人才培养方面的协调程度。我国的高等教育大众化起步较晚,很多国外的经验值得借鉴。美国最早实现了高等教育大众化②,高等教育的多样性是美国高等教育大众化的前提,而这一特性与美国文化的多样性和开放性密切相关③。英国高等教育在 19 世纪 60—90 年代持续稳定、快速发展,实现了由精英型向大众型的转轨,建立起了较为完善的现代高等教育体系,值得我国借鉴④。综而观之,高等教育大众化强调的是提高人民接受高等教育的比例,促进国民素质的整体提高和社会经济的发展,注重的是高等教育的社会功能,揭示了高等教育学应在发展中不断从实践中汲取力量,进而提高服务社会的贡献度。

最后,"民族高等教育"聚类包含的关键词有"科学发展观""可持续发展""教育政策""教育管理""教育成本""成本分担"等。大学被誉为"世俗的教会"和"人类精神的家园",它在转移民俗风尚方面起着不可替代的特殊作用⑤。新时期民族教育是中国梦的重要组成部分,是成就中国梦的重要载体。该聚类强调了高等教育的特殊关切对象,是教育公平的一种呈现形式,其将高等教育学与民族学、语言学、社会学、生态学等紧密联系起来,体现了高等教育的区域均衡发展。其中,"科学发展观"和"可持续发展"可划归为理念层面,其他的"教

---

① 潘懋元,左崇良. 高等教育大众化:理论与实践的反思 [J]. 攀登, 2016 (2): 138 – 144.

② PHILIP G. ALTBACH. The American academic model in comparative perspective [M] // ALTBACH P. Comparative higher education: Knowledge, the university and development. Norwood, N. J Alblex, 1998: 55 – 73.

③ 陈昌贵,王璐. 从文化视角透视美国高等教育大众化进程 [J]. 江苏高教, 2002 (2): 117 – 131.

④ 刘晖. 高等教育大众化进程中的教育质量评估问题——兼论英国高等教育质量监督与评估的经验和启示 [J]. 外国教育研究, 2001 (3): 42 – 46.

⑤ 卢晓中. 现代高等教育发展论纲 [M]. 广州:广东教育出版社, 2005: 47.

育政策""教育管理""教育成本"等可相对归于操作层面。尽管改革开放以来民族高等教育发展取得长足进步，但民族高等教育自身发展与其他全部高等教育发展之间仍存在着既不平衡又不充分的关系①。改变这种不均衡和不充分，需要在理念上坚持科学发展观和可持续发展思想。具体到实践层面，应以下述两点为表征：一是在发展民族高等教育时，不仅要重视"适应发展"的问题，还要贯彻全面发展的方针，即树立规模、结构、质量、效益协调统一的发展理念，努力做到规模适度、结构合理、质量提高、效益增加②，充分实现世界环境与发展委员会（WCED）在首次提出"可持续发展"概念时曾强调的其根本目的在于"资源保护"和"社会公平"③。这也是对 2015 年 8 月国务院发布的《关于加快发展民族教育的决定》中强调的加快发展民族高等教育要坚持缩小发展差距、坚持结构质量并重、坚持普特政策并举、坚持依法治教等原则的践行。二是在"中国梦"引领下的政策取向是我国民族教育发展的现实路径，其关键在于民族教育政策的合理制定④。在政策制定上，"要拓宽民族高等教育资金来源的渠道"，建立更加合理的民族教育成本分担机制；在有关教育管理的政策方面，要"提升民族高等教育的特色课程与特色专业建设"⑤，等等。综而观之，这一聚类更多强调的是高等教育学的政治功能。

分析中的五大聚类可以说一定程度上代表着高等教育学研究群体的研究态势，一是注重高等教育基本理论研究，即关切高等教育内外部的规律、结构、类型和系统等；二是从事高等教育交叉研究，即注重教育经济学、教育社会学等；三是从事高等教育实践研究，即探究高等教育大众化；四是从事特定领域高等教育研究，即关切区域高等教育、民族高等教育等。

此外，我们还应注意到，高等教育国际化和美国高等教育未进入主要聚类。这一方面说明，高等教育国际化本身代表的是一种推广和交流进程及策略，虽然

---

① 田联刚. 新时代民族教育政策的创新和完善［J］. 理论视野，2018（1）：78 - 81.
② 陈巴特尔. 关于 21 世纪初我国少数民族高等教育发展的若干思考［J］. 中央民族大学学报，2001（6）：95 - 99.
③ 张晓玲. 可持续发展理论：概念演变、维度与展望［J］. 中国科学院院刊，2018（1）：10 - 19.
④ 白红梅，阿木古楞. 民族高等教育的综合改革与发展诉求——"第三届全国民族高等教育高峰论坛"会议综述［J］. 民族高等教育研究，2017（3）：43 - 46.
⑤ 张立军. 改革开放 30 年民族高等教育政策的演进［J］. 教育学术月刊，2010（8）：56 - 60.

具有形成热门研究领域和方向的条件，但还不足以形成独立的分支学科。另一方面也说明，高等教育国际化研究的深度和广度还有待加强，如高等教育国际化与人力资本流动、文化交流与冲突等。此外，这还表明中国高等教育国际化更多地是单向度地走向国际，尽管我们有很多中外合作办学机构、相关项目和国际生，但国际化程度仍然不高。对于这一现象，还未形成特定的研究对象、范式和理论。因之，虽然它在某个阶段高频出现，但由于所涉单一，不足以形成相关聚类。

为从另一个侧面探讨中国高等教育学研究的国际化水平，本书接下来对国际高等教育学术期刊进行载文分析，探析其高等教育研究的热点和范式，并与我国高等教育学研究的热点和分支进行纵横向比较。

（三）国内外高等教育学研究聚类比较

高等教育学国际知名期刊众多。根据科睿唯安（Clarivate Analytics）发布的2018年期刊引证报告（Journal Citation Report，JCR），当前共有17种综合性高等教育学专业国际期刊。其中，以 Web of Science 收录的 *Internet and Higher Education*，*Studies in Higher Education*，*Journal of Higher Education*，*Higher Education Research and Development*，*Active Learning in Higher Education*，*Higher Education* 等影响因子（impact factor）为一区的6个期刊知名度最广。本书即以 Web of Science 收录的包含以上6个期刊在内的17种国际高等教育学期刊上的载文为分析对象，同样选取1979—2018年的数据为研究对象，分析国际学术界高等教育研究的聚类和趋势，并与国内相关期刊进行比较。17种国际知名高等教育专业学术期刊的具体名单如表4-2所示。

表4-2 17种国际知名高等教育专业学术期刊名单

序号	在国际教育学类期刊中的排名	期刊名称	发文量/篇	所属JCR区间
1	2	*Internet and Higher Education*	370	Q1
2	39	*Studies in Higher Education*	2711	Q1
3	41	*Journal of Higher Education*	2370	Q1
4	52	*Higher Education Research & Development*	978	Q1
5	55	*Active Learning in Higher Education*	136	Q1
6	56	*Higher Education*	3437	Q1

续上表

序号	在国际教育学类期刊中的排名	期刊名称	发文量/篇	所属 JCR 区间
7	62	Assessment & Evaluation in Higher Education	792	Q2
8	63	International Journal of Sustainability in Higher Education	469	Q2
9	73	Research in Higher Education	1560	Q2
10	100	Journal of Computing in Higher Education	158	Q2
11	126	Teaching in Higher Education	938	Q3
12	132	Review of Higher Education	1358	Q3
13	145	Journal of Diversity in Higher Education	243	Q3
14	146	Journal of Geography in Higher Education	1461	Q3
15	185	Higher Education Policy	267	Q4
16	186	Journal of Higher Education Policy and Management	229	Q4
17	—	Higher Education Quarterly	178	当年未入选
合计			17655	

利用 CiteSpace 软件对以上期刊的载文进行关键词分析。1979—2018 年的 17655 篇论文中，排名前 50 位的论文的高频关键词如表 4-3 所示。接着，以关键词为节点，以它们之间的共现关系为连线，设定参数为：时间切片为 2 年，阈值为［10，5，20］、［10，5，20］、［10，5，20］，采用寻径剪切，得到国际高等教育期刊载文关键词聚类图谱，如图 4-2 所示。

与国内高等教育学学科结构图谱类似，国外高等教育研究热点也形成了五个大的聚类，分别是"higher education"（高等教育）、"motivation"（动力机制）、"college student"（大学生）、"women"（女性）和"financial aid"（财政支持）。诚然，国外高等教育多是指一个研究领域，但其形成的研究热点与国内高等教育学科的分支也有相似之处。如"higher education"主要研究的是大学（university）或学院（college）等高等教育系统，以及可持续性发展等有关高等教育基本理论的命题；而"motivation"研究涉及模式（model）、绩效（performance）、策略（strategy）等有关管理学、心理学等学科的内容；"financial aid"则涉及政策

表4-3　17种国际知名高等教育学期刊论文中排名前50位的关键词

排名	关键词	词频	排名	关键词	词频
1	higher education	2503	26	identity	212
2	student	1005	27	engagement	203
3	university	974	28	women	202
4	education	891	29	geography	198
5	performance	534	30	persistence	185
6	perception	510	31	strategy	178
7	model	461	32	teacher	175
8	experience	415	33	attitude	172
9	faculty	370	34	curriculum	170
10	college	365	35	pedagogy	167
11	impact	358	36	sustainability	166
12	gender	350	37	skill	159
13	science	327	38	management	158
14	assessment	304	39	environment	149
15	knowledge	300	40	school	126
16	achievement	292	41	technology	126
17	outcome	291	42	race	117
18	quality	290	43	student engagement	116
19	diversity	276	44	transition	116
20	college student	272	45	academic performance	103
21	feedback	258	46	validity	95
22	perspective	258	47	conception	95
23	motivation	246	48	leadership	80
24	work	245	49	international student	79
25	policy	233	50	retention	77

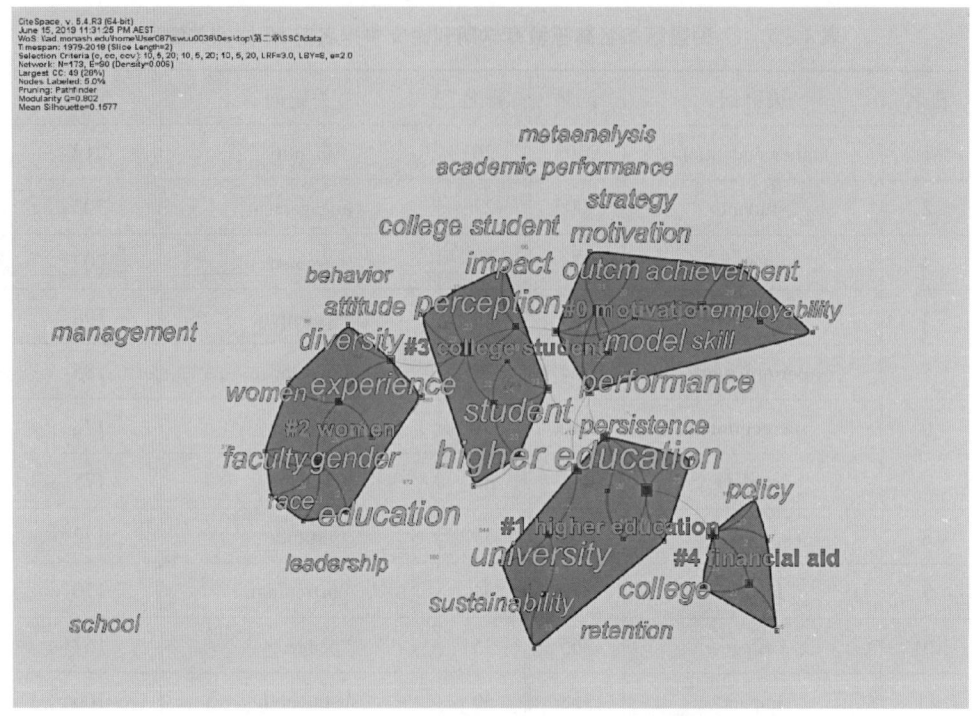

图4-2 17种国际知名高等教育期刊论文关键词的聚类图谱

(policy)、投入(financial aid)等有关宏观机制的研究;性别研究则体现出高等教育的多样性(diversity)和关照教育公平的要旨。

通过比较国内和国外高等教育学研究关键词和热点领域的学科属性,不难发现二者的研究热点有较大差异,具体体现在:

(1)总体而言,国内高等教育学研究的热点主要分布在高等教育发展、改革、管理等宏观层面;而国外高等教育研究则注重实践导向和更加关注受教育者。

(2)在相同的研究范畴,侧重点也各不同。如国内高等教育的基本理论研究中,注重学科建设和教育的基本规律等;而国外则更注重运用心理学、管理学的方法研究教育。

(3)一些国外近几年热点前沿的研究领域,如就业能力、学术表现力等,已取得了重要的研究成果;但国内仍然未形成研究热点,缺乏有分量的研究成果和研究合力。

通过对国内外高等教育(学)研究热点分布的分析可以得出如下两方面的

启示：

一方面，中国高等教育学需走本土化和体系创新之路。中国高等教育学科自1983年始正式建制，学科理论、研究方法、问题领域等均以引入和追随为主，如高等教育哲学、多学科研究范式等均是如此。在引入的同时，如何结合中国高等教育自身的特点，通过吸收再创新，构建本土化的高等教育学基本理论和研究范式，是目前中国高等教育学面临的最大困境。这也是高等教育学科被人诟病缺乏理论根基的原因所在。由于国情不同，中国高等教育系统有别于国外的高等教育系统，其复杂性和多样性远非国外所能及，这在为中国高等教育本土化研究提供丰富素材的同时，也带来了一定的研究不确定性，难以形成具有普适性和标志性的研究成果，因而难以提升我国高等教育学研究在国际学术界的地位。我国高等教育学科亟须在借鉴和引进国外学术热点的同时，切实结合我国高等教育研究实际，创新理论体系和研究范式，以特色化和民族化促进国际化。

另一方面，中国高等教育学需要不断寻找新的增长点。国外高等教育研究更加关注实践，关注高等教育本身，同时也受其他学科先进理念的影响而不断完善自身。我国特色高等教育秉行的是政府主导、重点推进的发展策略，高等教育学研究的热点多与国家政策有关、与社会经济发展动态相关。这样的研究能够发挥有限资源的集中优势，快速切入高等教育学研究的重点、难点问题，但其可持续性和基础性难以保证，对于学科的系统性发展也有不利影响。因此，中国高等教育学研究需要更多关切实践问题，扎根基础研究，解决好高等教育内部复杂的学术生产机制问题，关注师生的情感与行为，厘清中国高等教育的价值逻辑，等等，真正开展学科交叉研究，从而促进中国高等教育学科的创新与发展。

二、高等教育学主要学科分支分析

关于中国高等教育学分支学科的分类标准，学术界业已形成了相对统一的标准，大体上可以分为三类：第一类是有关本学科基本理论范畴的分支学科，如高等教育德育论、大学教学论、高等教育史、比较高等教育、高等教育思想研究、高等教育研究法以及各科类的学科教学论等；第二类是本学科与其他学科结合产生的交叉学科，如高等教育管理学、高等教育经济学、高等教育心理学等；第三类是运用高等教育学理论研究不同领域所构成的应用学科，如高等工程教育、高等师范教育、高等医学教育、高等农林教育等①。

但以上划分并不是绝对的。有些分支学科边界模糊，不同分支之间存在一定的关联性。如高等教育史，既可划分为基本理论分支，也可划分为交叉分支；而高等教育管理学，既可作为一个交叉学科，又已成长为亚领域，衍生出高等教育行政学、高等教育评估学、高等学校课程管理、高等教育科研管理等三级分支，甚至有些分支学科还再分支出了第四级学科。

为了厘清高等教育学研究的系统性和各分支学科的相关关系，并从时间演进中找出各分支学科的演进逻辑，本书结合学界的基本共识和对象特征，将目前较受关注的研究领域划分为四个分支：关于理论研究的分支、关于实践研究的分支、关于交叉研究的分支，以及关于国际比较研究的分支。其中，基于国情和高等教育学研究实况，实践研究分支主要探讨高等教育管理学，国际比较研究分支主要探讨比较高等教育学。

（一）理论研究领域分析

高等教育基本理论研究是学科存立的根基，是其学科合法性的基础。高等教育理论研究主要探讨高等教育的本质规律和基本命题，如教学原理、大学精神、发展模式、学科建设等。根据聚类图谱显示，处于该聚类模块内的关键词统计如表4-4所示。其中，排在前列的是具有明确指向特征的关键词，如"教育公平""教育发展""高等教育研究""高等教育学"等具有元学科性质的词汇。

"发展"成为这一聚类中的高频词汇。这说明高等教育的发展方向、发展模式、发展内容、发展路径等事关高等教育学生命力的研究，始终占据着理论研究的重要位置。无论是学科建制初期以数量为主的发展，还是后期学科成熟时的质量发展，抑或是推动学科跨越时期的内涵发展、可持续发展，每一次发展理论的更新皆是源自对发展实践中各种问题的总结、反思和超越。这不仅是马克思社会发展理论在中国高等教育发展实践中的应用，更是中国高等教育的实践创新。高等教育发展理论通过引领高等教育发展实践，以适应社会变革甚至引领社会变革；同时，高等教育发展理论在这一过程中也不断丰富和创新②。改革开放以来，

---

① 潘懋元. 高等教育研究在中国发展的轨迹——为《高等教育研究在中国》（英文本）而作［J］. 高等教育研究，1998（1）：1-6，7.

② 卢晓中. 社会变革视野下高等教育发展理论创新［J］. 高等教育研究，2011（10）：20-25.

表 4-4 高等教育理论研究领域聚类关键词

排名*	关键词	频次	排名*	关键词	频次
1	高等教育	3968	31	素质教育	39
5	教育公平	142	34	内涵式发展	35
6	教育发展	132	39	远程教育	33
8	高等教育研究	126	41	经济发展	31
10	高等教育学	122	42	教育资源	30
13	教育研究	89	43	可持续发展	28
21	成人高等教育	60	44	高等教育评估	28
24	学科建设	52	49	高等教育发展	26
28	科学发展观	42			

注：此处的"排名"是该关键词在1979—2018年高等教育学论文所有关键词中的排名。

中国主要构建了消费拉动、生产推动和创新驱动三种发展动力机制。然而，随着消费拉动、生产推动的发展动力要素优势渐趋殆尽，提出新的发展理念势在必行。因应现实社会的发展，我国的发展理念也从早期的"发展是硬道理"演进为"科学发展观"，再更新为"创新、协调、绿色、开放、共享"的发展理念，我国高等教育学的发展也与时俱进，关键词随之不断演进。

高等教育学的发展研究，既是基于学科自身内部生存与进化的动力需求，也是回应社会经济不断发展的外部刺激的需求。正是基于内外部动力的双向催化，高等教育学科规模和质量才得以不断地提升，发展也成为永恒的主题。高等教育发展的历史本质上是一部以代价为前提的进步史[①]，尽管其每一步发展都伴随着代价，然而这些代价"提供了理解和认识高等教育发展问题的新视角，并蕴含高等教育发展的新目标"[②]。从代价的角度对高等教育学科的发展历史做出新的理解和反思，有助于促进其发现更为适切的新路径。

从时间纵向维度来看，高等教育理论研究的关键词的突发期主要集中在 2000

---

① 于小艳. 高等教育发展与代价的关系探析 [J]. 高教探索, 2009 (5): 23-26.
② 卢晓中, 汤晓蒙. 高等教育发展与代价的关系探析 [J]. 大学教育科学, 2010 (5): 3-8.

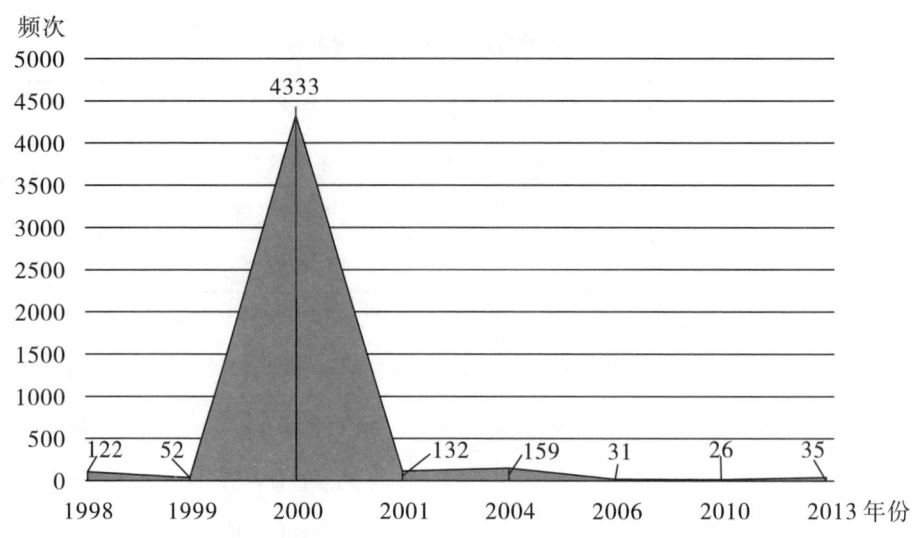

图4-3 高等教育理论研究分支领域关键词年度分布

年,如图4-3所示。这也可以说明,进入21世纪初叶,高等教育理论研究也迎来了爆发期,这一时期的高等教育理论研究得到了空前的发展,高等教育理论研究硕果累累。这既是高等教育理论界回应新纪元新要求所做出的学科本能反应,也是高等教育学科建设进入繁荣期的象征。这一时期相关成果频出,如王承绪先生主编的"汉译世界高等教育名著丛书"和潘懋元先生的《新编高等教育学》《多学科观点的高等教育研究》,等等。在世纪之交,还涌现出一批重要的反思及展望类论文。如国内知名学者从我国高等教育学的发展道路与特征[1]、存在的矛盾[2]以及未来面临的挑战及对策[3][4],高等教育教改工程[5],高等教育理念[6],

---

[1] 袁本涛. 依附发展——20世纪中国高等教育发展的重要特征[J]. 教育发展研究, 2000(6): 46-48.

[2] 胡弼成. 20世纪世界高等教育发展回眸[J]. 有色金属高教研究, 2000(4): 35-39.

[3] 顾明远. 走向新世纪的中国高等教育[J]. 清华大学教育研究, 2000(3): 24-26.

[4] 柯佑祥. 中国21世纪的高等教育——兼评第三次全教会《决定》[J]. 有色金属高教研究, 2000(3): 7-11.

[5] 钟秉林. 认真实施"新世纪教改工程" 努力开创高等教育新纪元[J]. 中国大学教学, 2000(3): 7-11.

[6] 卢晓中. 21世纪高等教育的新视野和行动——"世界高等教育理念与中国高等教育改革小型研讨会"综述[J]. 中国高教研究, 2000(8): 22-23.

高等教育质量①，产、学、研三足鼎立及科学教育和人文教育融合、向未来学习②，信息科技革命对高等教育的影响③，高等教育课程及教材④，以及高等教育规模⑤等角度，站在历史的肩膀上，提出未来高等教育发展的可能以及可选理念、策略和道路。这些成果丰富了高等教育发展理论，也为后人的研究提供了基础。

具体而言，高等教育学理论的发展经历了这样一个历程：20 世纪 80 年代，中国高等教育理论界围绕高等教育培养目标，讨论了教育观、人才观、教学观以及传统教育思想与现代化的关系⑥，讨论的实质集中在高等教育的价值观上，即主要围绕高等教育功能的个人本位或社会本位展开。随着高等教育的调整和整顿，高等教育理论研究稍有降温，在总结前一个时期研究工作和研究成果的基础上，有计划地进行扎实、深入的研究⑦。20 世纪 90 年代以来，大学知识生产经历了重大的变化。在新的知识生产模式下，大学学科发展呈现出双重逻辑——以学科自身演进为主的逻辑和以外部适应为主的逻辑⑧。在两种逻辑的作用下，我国高等教育学的理论建设中有两个研究组织发挥了重要作用——全国高等教育学研究会和大学教育思想研讨会，它们主导了研究议题和方向、扶持青年学者、产出了一批批高等教育学理论成果并助推高等教育实践向前发展。

全国高等教育学研究会主办的年会对高等教育的理论问题进行了讨论。全国高等教育学研究会的主要任务是推进高等教育学科建设，为中国特色社会主义高等教育学科理论做出贡献⑨。该研究会举办的全国性学术年会最能体现中国高等

---

① 刘振天. 提高质量：21 世纪高等教育改革与发展的主旋律——中国南京"大学教育思想国际研讨会"综述 [J]. 高等教育研究，2000（1）：62-65.
② 刘献君. 21 世纪中国高等教育的走向 [J]. 高等教育研究，2000（2）：1-4.
③ 包国庆. 21 世纪高等教育的哲学前瞻 [J]. 高等理科教育，2000（1）：16-23.
④ 周远清. 我国高等教育改革的现状及"面向 21 世纪课程教材"的推广 [J]. 中国大学教学，2000（5）：4-8.
⑤ 谢作栩，黄荣坦. 20 世纪下半叶中国高等教育规模发展波动研究——兼 21 世纪初高等教育发展预测 [J]. 教育研究，2000（10）：15-20，27.
⑥ 潘懋元. 高等教育研究在中国发展的轨迹——为《高等教育研究在中国》（英文本）而作 [J]. 高等教育研究，1998（1）：1-7.
⑦ 潘懋元. 高等教育研究的比较、困惑与前景 [J]. 高等教育研究，1991（4）：1-12.
⑧ 张健. 大学学科发展的路径选择——基于知识生产方式的视角 [J]. 国家教育行政学院学报，2013（6）：19-23.
⑨ 中国高等教育学会高等教育学研究会章程 [S]. 1993.

教育理论研究者研究的发展历程和脉络①。1993 年、1994 年、1995 年该研究会连续召开三届年会，皆以高等教育学科建设相关内容为主题，分别是：①学科体系、学科性质、理论与实践之间的中介，高等教育的概念、本质、规律②；②高等教育学理论体系遵循的逻辑及框架、高等教育学科群中分支学科的建设、高等教育理论和高等教育改革实践的关系③；③学科建设问题和教学理论研究（包括课程论与教学论）。此外，研究人员对一些实际问题从理论上进行了比较深刻的再认识，如"211 工程"、联合办学、招考改革、教师队伍建设、素质教育等④。这一时期，陆续有多部各具特色的高等教育学专著问世，如潘懋元先生主编的《高等教育学》（1995 年版）和《新编高等教育学》（1996 年版），对高等教育学的学科性质、学科体系、研究对象、研究方法等理论进行了探讨。对这些理论问题进行讨论也是当时高等教育学界及教育行政管理部门的共识。1993—1997 年高教司会同国家教育发展研究中心、国家教委高等教育研究中心、《中国高等教育》编辑部共同开展的"建设有中国特色社会主义高等教育理论要点"研究中将"理论要点"分为 14 个部分，分别是：指导思想、国情、国际背景、对外开放、党的领导、属性、任务、办学方向、发展战略、结构和布局、体制、人才培养、科研、教师队伍⑤，对高等教育学理论建设做出了更加精细的板块划分。

如果说上述三届年会是高等教育学科的求真，那么 1997 年召开的第四届年会就是求用。该年会进一步探讨了高等教育学理论如何转化为可操作性的知识与方法，从而更好地为高等教育发展与改革实践服务以推动中国高等教育的改革与发展。之后召开了被看作是 1998 年巴黎高等教育会议的一次后续活动的全国高等教育学研究第五届年会，其主题是"知识经济与大学教育发展和改革"，会议主旨有二：一是在理论上把握知识经济与大学教育关系的本质，二是探索高等教

---

① 董立平. 潘懋元与中国高等教育学会高等教育学专业委员会［J］. 高等教育研究，2013（4）：8-19.

② 王伟廉. 全国高等教育学研究会成立大会暨第二届学术研讨会综述［J］. 高等教育研究，1994（1）：16-18.

③ 周光迅. 全国高等教育学研究会成立大会暨第二届学术研讨会召开［J］. 石油教育，1994（1）：95.

④ 王伟廉，别敦荣. 全国高等教育学研究会第三届学术研讨会综述［J］. 高等教育研究，1995（3）：6-9.

⑤ 马陆亭. 从"理论要点"到"高教强国"和"思想体系"的研究——20 年旨在影响高等教育实践的理论探索［J］. 中国高教研究，2011（8）：13-17.

育理论与实践的转换机制，真正发挥高等教育理论研究在现实改革和发展中的指导作用①。接下来的年会分别以"21世纪中国高等教育质量及其保障"以及高等教育发展过程中的若干热点问题和女性高等教育发展问题、大学精神的提升与大学制度的创新等为论题，更倾向于理论与实践相结合，大众化、教育质量、大学制度建设等重大现实问题成为讨论的重点。

由湖南大学、华中理工大学、南京航空航天大学共同组织的大学教育思想研讨会每两年举办一次，延绵至今。年会主题大部分如1998年潘懋元先生所说——从理论高度探讨中国高等教育在发展的各个阶段所提出的热点问题，如高等教育的文化功能、市场经济与高等教育的关系、提高高等教育质量、知识与能力的关系、教育创新与创新人才培养、大学生的素质教育、产学研结合与高等教育产业，等等。第十届年会主要讨论了和谐社会建设视野中的高等教育理念、实践与创新；第十一届年会以"创新型国家建设中的高等教育发展"为主题，对创新型国家建设中高等教育的使命、大学制度改革与学术组织创新、自主创新人才培养的模式与途径等内容②进行了讨论；第十五届年会围绕当代中国大学教育思想的反思与前瞻、全面深化高等教育改革与创新型人才培养、大学治理体系与治理能力建设等主题进行了深入交流和探讨③；第十七届年会回顾了改革开放以来高等教育改革发展的历程，探讨了新时代我国高等教育思想体系建设、人类命运共同体与大学教育的新使命、"双一流"建设与中国高等教育内涵式发展、乡村振兴战略与大学师范教育发展等主题④。这些以问题为导向的年会为高等教育的重大问题提供了理论参考，提升了高等教育学的社会认知度和影响力。

大学教育思想研讨会虽然偏重从理论高度认知实践，却也不乏对高等教育学进行"纯理论"的探究。比如总结我国高等教育的发展理念、探讨我国高等教

---

① 薛天祥. 全国高等教育学研究会第五届学术年会总结报告［J］. 河北师范大学学报（教育科学版），1999（3）：33-37.

② 朱为鸿. 创新型国家建设中的高等教育发展——第十一届大学教育思想研讨会综述［J］. 高等教育研究，2006（10）：104-106.

③ 李雪飞，孔垂谦，樊泽恒. 全面深化改革阶段的大学教育思想——第十五届全国大学教育思想研讨会综述［J］. 高等教育研究，2014（12）：107-109.

④ 韩颖，郑如莹，刘花香. 新时代的大学教育思想——第十七届全国大学教育思想研讨会综述［J］. 大学教育科学，2018（6）：32-35.

育发展的阶段特征、分析我国高等教育发展的未来方向①，对新时期高等教育的价值观、发展观，高等教育的国际化、大众化，以及高等教育的质量观、人才观和教学观等进行探讨②，探究科学发展观与高等教育的分类发展③，等等。但综合各个时期的会议主题和讨论重点，可以清晰地发现：2000 年以前比较注重高等教育学"纯理论"的研究，因而在 2000 年出现了理论研究论文关键词的井喷现象。虽然 2000 年之后有一些高等教育学著作问世，如薛天祥主编的《高等教育学》（2001 年版）和王伟廉主编的《高等教育学》（2001 年版）分别以"高深学问"和"课程与教学"作为逻辑起点对高等教育学的理论问题展开论述，在构建高等教育学理论体系方面进行了尝试，胡建华等的《高等教育学新论》（2005 年版）尝试构建"一个科学的学科体系"④。然而从整体上看，2000 年之后的研究更侧重各个时期的热点问题分析，高等教育学理论方面的论文关键词不仅大幅减少，而且也相当分散，直至近六年并无高频关键词出现。

（二）实践研究领域分析

高等教育学主要是一门综合性很强的应用性学科⑤，即应用高等教育相关理论于教育教学实践之中。高等教育本身具有类型和层次的丰富性和多样性，高等教育学理论的具体应用和实践的板块亦是种类繁多，如管理实践、教学实践、办学实践等。尤其是管理实践，如前所述业已演化出众多三级和四级分支。如表 4 – 5 所示，该领域聚类的关键词中，"改革""管理""评估""政策""大众化""区域""规模""模式"等都与高等教育管理实践相关。这些关键词也是前文从理论角度分析高等教育热点问题时梳理出来的关键词，充分体现了高等教育学科的应用性。而"MOOC""人才培养""模式"不仅与教学实践直接相关，而且间接影响着高等教育管理的方式。教育信息化的终极目标是育人，在创新型国家

---

① 韩婷，阎梦娇. 后大众化时代的中国高等教育——第十六届全国大学教育思想研讨会综述［J］. 高等教育研究，2017（2）：103 – 104.
② 蔡琼，李铁芳. 第九届大学教育思想研讨会综述［J］. 高等教育研究，2003（1）：5 – 7.
③ 张俊超. 以科学发展观指导高等教育发展——第十届大学教育思想研讨会综述［J］. 高等教育研究，2004（5）：108 – 109.
④ 胡建华，陈列，周川，等. 高等教育学新论［M］. 南京：江苏教育出版社，2005：4.
⑤ 潘懋元，王伟廉. 高等教育学［M］. 福州：福建教育出版社，1995：350.

表 4–5 高等教育实践研究领域聚类关键词

排名*	关键词	频次	排名*	关键词	频次
2	教育质量	440	22	高等教育强国	60
3	教育改革	329	30	MOOC	40
7	民办高等教育	126	32	教学改革	38
9	人才培养质量	125	36	教育评估	34
12	中国高等教育	109	38	私立高等教育	33
14	大众化	88	40	区域高等教育	32
15	教育大众化	82	45	办学模式	27
16	高等教育大众化	81	47	教育管理	27
18	高等教育改革	76	48	教育规模	26
20	教育政策	63			

注：此处的"排名"是该关键词在 1979—2018 年高等教育学论文所有关键词中的排名。

建设中更是强调培育创新型人才。作为 21 世纪以来世界高等教育领域的一个热门议题——开放课程中的 MOOC，其警示大学应转变教学模式，彰显教师价值[①]，这至少将引致大学人才培养模式、教学管理模式、人才管理模式的调整。"民办""区域""规模"等一方面与高等教育宏观调控相关，另一方面也与办学实践相关。投资办学是我国民办高等教育的基本特征，也可以说是我国民办高等教育的本质特征[②]。与此同时，高等教育管理是国家教育部对高等教育实施政策引导、资源分配、质量评估等的宏观调控。尤其是对办学方向等涉及办学主体性质的管理，在中国语境下尤为重要，这一类分支关键词频数最高。同时，区域均衡发展以促进高等教育公平、调整高等教育规模以满足人民对高等教育的需求等，不仅是社会理想的承载，更是社会责任的担当。此外，民办、私立、区域等高等教育子系统的相关研究得到了较充分的发展，社会力量举办高等教育、地方政府举办高等教育已成为中国高等教育系统一支重要的补充力量。

从纵向维度来看，这一时期的高频关键词突发期仍然集中在 2000 年（见图

---

① 于小艳. MOOCs——传统大学的警钟还是丧钟 [J]. 现代教育管理，2015（8）：90–94.

② 邬大光. 我国民办教育的特殊性与基本特征 [J]. 教育研究，2007（1）：3–8.

4-4)。与理论研究分支领域不同的是，在 2000 年前的学科初创时期，有关实践方面的研究较少出现。这说明 2000 年前的高等教育对实践的研究仍处于摸索阶段，将教育教学实践上升到研究层面亦是从进入 21 世纪开始的。大部分的高频关键词都在 2000 年凸显，说明高等教育研究在 2000 年才真正蓬勃发展，出现了大量影响后续研究的主题。此外，分布时间范围长的关键词，其相关研究的延续性好；而持续时间短的关键词，其时效性则更强一些。2013 年之后，高等教育实践研究的主题更加分散，没有出现高频关键词。

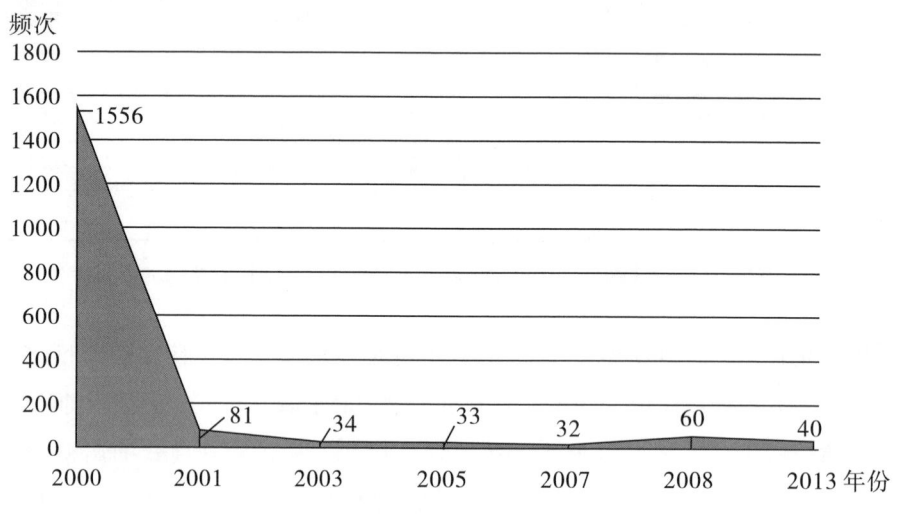

图 4-4　高等教育实践研究分支领域关键词年度分布

理论知识被引用是一种知识贡献，知识直接用于实践也是值得肯定的，且是应大力提倡的另一种知识贡献[1]。高等教育理论研究成果对于中国高等教育实践的参与、指导体现了高等教育学的应用性。鉴于高等教育实践研究分支领域的关键词大多属高等教育管理领域，下文着重对我国高等教育管理研究的演进进行分析。

改革开放前的高等教育管理文献不仅少，且基本上都是解释政策或分享具体经验，并且大多集中在教学和科技管理这两个微观领域[2]。20 世纪 80 年代，高等教育管理研究有相当多的是高等教育管理者对实践的总结。20 世纪 90 年代，高等教育学理论和实践已经有了一定积累，高等教育理论服务于高等教育实践逐

---

[1] 方泽强. 高等教育学科的历史争论、建设反思和未来发展 [J]. 西南交通大学学报（社会科学版），2019（1）：125-131.

[2] 蔡克勇. 中国高等教育研究五十年 [J]. 高等教育研究，1999（3）：20-27.

渐被重视，践行有高等教育理论指导的高等教育质量提升和更好地提高大学生素质、推进产学研结合等成为研究重点。伴随着高等教育大众化的提出和推进，高等教育管理的概念、形式、内容都发生了变化，引发了一系列的高等教育实践研究。这一系列研究涉及高等教育实践的宏观构建和细枝末节，如宏观层面的高等教育改革、高等教育的规模和效益、教育评估、教育质量，中观层面的区域高等教育、民办高等教育、私立高等教育，微观层面的大学内部管理和运营、课程设置与教学模式等。随着我国高等教育大众化的实现，创新型国家建设与和谐社会目标的确立、科学发展观的实施以及和谐文化的提出，为高等教育管理研究提供了新的视角和使命：推进管理体制改革，构建现代大学制度；创新大学基层学术组织，完善内部治理结构；注重战略管理规划，明晰办学目标定位；研究制度文明和章程，探求高校科学管理规范；注重大学文化建设，提升高教管理品位等[①]命题成为一段时间内的研究热点。2013年，《中共中央关于全面深化改革若干重大问题的决定》施行，中国高等教育随之出现了百花盛开的发展局面：开始以全面深化改革、提高内涵质量为主线；以MOOCs为标志的在线课程正在酝酿高等教育革新；教育部要求所有普通高校编制发布《本科教学质量报告》的教学质量倒逼机制正在形成；技能型本科生的诞生丰富了高等教育类型；中国大学第一所海外分校建设协议签订，拓展了高等教育国际化和办学模式的问题域；等等。一系列重大现实问题都需要高等教育学实践研究的触角进一步延伸，我国高等教育实践研究的主题更加分散。

（三）交叉研究领域分析

教育作为社会子系统的一个重要组成部分，与社会政治经济文化之间的关系是双向的动态关系。早在2000多年前，孔子就第一个辩证地论述了教育与经济发展的关系，他的"富而后教"思想强调经济发展对教育的基础性作用[②]。而教育内外部的发展规律表明，教育与经济的互动最为密切。高等教育作为教育系统中层次最高的教育类型，其对经济的促进作用更是显著。因此，高等教育经济学、高等教育技术学等相关的研究亦是方兴未艾。根据表4-6聚类关键词统计情况，这一领域的关键词全部与经济相关，包括"资源分配""经费投入""知

---

① 许杰，于建福. 高等教育管理研究的前沿动态和热点追踪［J］. 中国高等教育，2007（Z2）：36-39.

② 黄明喜. 简明中外教育史［M］. 高等教育出版社，2019：15-16.

识经济""产业化"等。

表4-6 高等教育交叉研究领域聚类关键词

排名*	关键词	频次	排名*	关键词	频次
25	资源配置	47	37	经济增长	34
26	教育经费	46	39	远程教育	33
33	知识经济	37	46	区域经济	27
35	教育产业化	35	50	教育投入	25

注：此处的"排名"是该关键词在1979—2018年高等教育学论文所有关键词中的排名。

首先，从时间维度上看，交叉研究领域的高频关键词突发期仍然集中在2000年，此后虽有所回落，但并不如理论研究领域和实践研究领域那般差值较大，具体如图4-5所示。这说明教育与经济的关系从一开始至2009年一直在教育外部关系中占据主导地位。高等教育的经济职能及其互动关系始终是学术界关切的领域和对象，这是因为高等教育的本质是学术研究和人才培养，学术研究为经济发展提供理论支持，人才培养则为经济发展提供源源不断的人力资本，这是社会经济发展的源动力。正因为高等教育有这一作为社会加油站和经济发动机的根本属性，高等教育经济学才成为交叉研究中的"显学"。

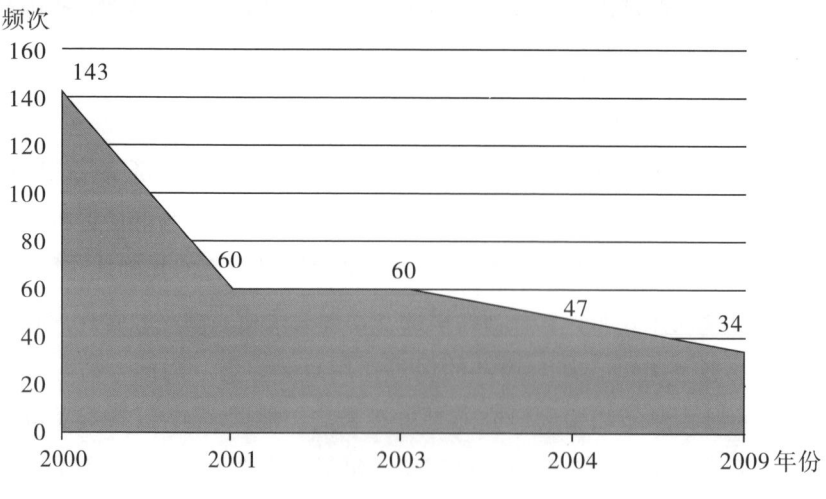

图4-5 高等教育交叉研究领域关键词年度分布

对高等教育学与经济学交叉情况的分析，拟从研究的议题和方法两个维度展开。

首先，改革开放后出现的劳动力市场划分理论、成本分担理论、公共产品理论、主功能区理论、教育社会化理论等从不同的侧面丰富和发展了高等教育经济学思想，并引起了研究人员的诸多关注。2000年之前，我国高等教育经济学中有相当一部分内容属于实证经济学研究的范畴，如研究高等教育对经济发展的作用，从高等教育的内外部角度对高等教育投资的经济效益进行分析，对现实背景下多渠道筹措高等教育经费的可能性进行论证，等等。中国高等教育规模经济发展模式下，高等学校数量增加、高等教育毛入学率不断上升，高等教育规模经济的发展模式有效地促进了高等学校办学效益的提高①。这一时期，学者对高等教育是否能市场化、产业化的争论依然存在，但对高等教育中应该充分认识和驾驭社会主义市场经济的客观规律却有着普遍的共识。此外，还有一些属于规范经济学范畴、涉及道德尺度和价值判断的高等教育经济学问题②，如高等教育的准公共产品属性问题以及因此而引发的高等教育成本分担、高等教育资源配置和教育公平等问题也获得学者的广泛关注。

21世纪是知识经济的时代，不少学者探讨了知识经济时代高等教育的特殊使命和贡献能力，认为知识经济时代经济增长主要依靠的是技术和知识的投入，并把高等教育推向更核心的位置。高校资源配置的公平与效率问题一直是教育经济学研究的重点和难点问题，而资源配置研究探讨最多的议题是教育经费分配问题③。在这一背景下，远程教育应运而生。远程教育相对于传统的高等教育，有三个明显的优势：一是成本低廉，二是课程多样化，三是更符合终身教育理念。在教育经费不足而需满足大众多样化高等教育需求的背景下，发展远程教育是兼顾公平与效率问题的最佳路径。不论"高等教育是区域经济增长的动力源"④，抑或"高校是区域经济增长的重要力量"⑤，还是"加快区域高等教育规模，推

---

① 马陆亭. 从规模经济到范围经济——对21世纪中国高等教育发展模式的思考[J]. 中国高教研究，1996（6）：17-19.

② 闵维方，丁小浩. 对我国高等教育经济学研究的回顾和展望[J]. 高等教育研究，1999（3）：6-11.

③ 方宝. 三十年来我国高等教育经济功能研究的发展及偏误[J]. 河北师范大学学报（教育科学版），2015（5）：73-78.

④ 杨益民. 区域高等教育规模与经济发展关系的实证分析[J]. 江苏高教，2006，（3）：46-49.

⑤ 张德祥. 面向经济建设主战场着力提升区域内高校创新能力[J]. 中国高教研究，2006（11）：4-8.

动区域经济发展"①，都强调了高等教育对于区域经济的适应或配合，体现出了明显的经济驱动色彩。从经济领域提出的供给侧改革是经济学命题，也是高等教育学命题。但高等教育学研究毕竟与经济学研究的功能取向不完全一致，高等教育供给侧改革的经济学诉求是降低办学成本、提高办学效益，而高等教育学的诉求是人才培养质量标准要兼顾"经济逻辑"与"人文逻辑"②，正如学者方宝所说，高等教育经济研究应始终坚持为人才培养服务的价值取向，通过人才培养间接促进经济发展③。

其次，在研究方法上，许多高等教育经济问题是量之间的关系问题。科学的数量分析方法通过追求客观性和可推广性从而以发展知识和提供政策性建议为最终研究目的，在许多条件下它非常适于回答"是什么"和"为什么"的问题。因此，其在实证性的高等教育经济学研究中一直而且仍将继续占据举足轻重的位置。如今，经济学特别是计量经济学已经被广泛地应用于高等教育学研究的很多领域，特别是在关于高等教育财政政策的研究中，用交叉学科的研究方法研究高等教育学交叉问题成为发展趋势。

2009年之后，高等教育经济相关词汇未能进入高等教育学科分支的高频关键词范围。所谓高频关键词，首先须是关键词，其次须出现频率高。2009年之后，与高等教育经济相关的"教育经费""资源配置""经济增长""教育投入"等为何退出高频关键词阵营呢？从以下分析中可见一斑。《国家中长期教育改革和发展规划纲要（2010—2020）》指出，提高质量是高等教育发展的核心任务，是建设高等教育强国的基本要求。此外，基于不少高校高额贷款却无力偿还的现实，《国家教育事业发展"十一五"规划纲要》强调将控制公办学校的贷款规模，在适当控制大学招生规模的同时提高人才培养质量。这标志着我国高等教育在十年轰轰烈烈的扩招后，走向了以提高办学水平和注重人才培养质量为核心的内涵式发展轨道④。可见，内涵式发展是我国高等教育大众化成熟发展的重要标志。在高等教育大众化的酝酿和实施中，在高等教育粗放式发展模式下，经费、

---

① 董杰. 我国高等教育与区域经济发展研究 [J]. 江苏高教，2010 (3)：51-53.
② 张务农. 从经济学命题到教育学命题——供给侧改革之于高等教育发展意义审思 [J]. 江苏高教，2017 (3)：30-34.
③ 方宝. 三十年来我国高等教育经济功能研究的发展及偏误 [J]. 河北师范大学学报（教育科学版），2015 (5)：73-78.
④ 袁新文. 大学不能"摊大饼" [N]. 人民日报，2007-05-30 (11).

资源等具经济特色的词汇成为重点议题。我国高等教育走上内涵式发展之路，意味着我国高等教育发展将以全面提高质量为重点，着力提高人才培养质量、增强科研水平、优化高等教育结构；高校也要改变千校一面的现象，办出各自的特色。因此，在后大众化及内涵式发展语境下，质量、师资、特色、学风等成为重要性和紧迫性程度更高的研究主题，而与高等教育学交叉的研究对象更加多元化，经济类关键词沉入关键词的"海洋"中，不再突出，越来越体现出高等教育学的多学科研究特色。

（四）国际比较研究领域分析

改革开放的过程是世界影响中国、中国走向世界并日益走近世界舞台中央的过程。中国学术以及其中应有之义的高等教育学也在改革开放中因应世界高等教育发展的影响，走向世界。将国际比较研究领域作为一个单独的分支领域来分析，主要基于我国高等教育学研究建设中国特色高等教育系统的努力以及与国际高等教育接轨的趋势。广义上的比较高等教育研究是与高等教育同步的，其研究旨趣在于比较国别和地区之间高等教育的模式和特点，为本国高等教育发展提供借鉴。老一辈高等教育学家很早就探讨过有关比较高等教育研究的议题，如王承绪先生于1983年发表的《比较高等教育引论》，潘懋元先生于1991年发表的《比较高等教育的产生、发展与问题》等，均为比较高等教育分支学科研究做出了开创性贡献。

如表4-7所示，比较高等教育研究聚类关键词主要集中在全球化和国别研究两个维度。国别研究以英美西方发达国家为代表。这表明中国高等教育的国际比较研究，瞄准的是世界一流高等教育，其最终的目标也是进入世界一流水准。

表4-7 比较高等教育研究领域聚类关键词

排名*	关键词	频次	排名*	关键词	频次
4	美国高等教育	295	23	WTO	56
11	国际化	118	27	教育国际化	44
17	英国高等教育	79	29	全球化	41
19	高等教育国际化	70			

注：此处的"排名"是该关键词在1979—2018年高等教育学论文所有关键词中的排名。

从时间纵向维度来看，该聚类的关键词走势是四个领域中唯一一个后续有所上升的分支,如图 4-6 所示。自 2000 年后,其下降趋势有所缓解;但自 2002 年后,有逐年回升的迹象,这与国家实行"211 工程"不无关系。随着我国对高等教育投入的力度不断加大,高等教育学研究的水平也越来越高,其国际化步伐和影响也不断加大。特别是国家实施"高水平大学建设"计划和"教育走出去"战略,高等教育国际化的深度和广度都得到了空前的提升。善于学习的特点使得中国高等教育能够博采众长,但须要警惕的是,通过学习他者以快速赶超的思维惯性容易导致迷失自我①。我国的比较高等教育研究须从以往的重视比较形式和结果,过渡到重视比较内涵和过程的阶段,提高我国比较高等教育研究的质量,使中国高等教育和世界高等教育只是形不同而质无别。

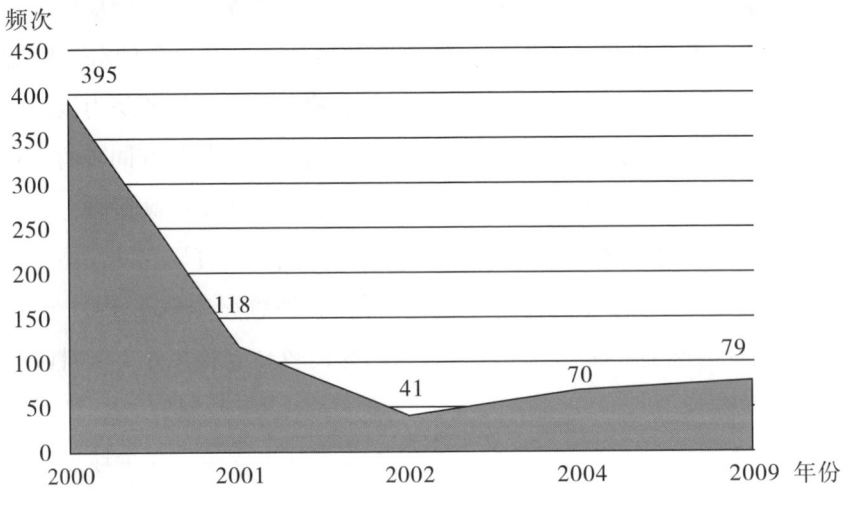

图 4-6　高等教育比较研究分支领域关键词年度分布

有一点需要特别做出解析:德国是现代高等教育制度的发源地,但其并未出现在高频关键词中。这与德国大学自进入 20 世纪之后从世界学术中心地位上衰退下来不无关系。周丽华勾画的 200 年德国高等教育的发展与变革之路②为我们理解这一问题提供了思路。本·戴维也对此做出分析,认为造成这一现象有两个原因。原因之一是德国缺乏高等教育水平的高等普通教育制度,因此刚刚从高级

---

① 陈伟. 中国高等教育的历史方位——分析维度和变迁趋势 [J]. 高等教育研究, 2019 (3): 1-8.

② 周丽华. 学校·学科·学生——200 年德国古典大学模式的肇创与流变 [J]. 清华大学教育研究, 2013 (6): 59-66.

中学毕业的德国年轻人的学力与基于"科研与教学一体化"思想的大学教育水平相差很大；原因之二是在德国作为讲座负责人的教授权力过大，易造成研究和教育领域中的独占状态，进而使得研究与教育僵硬化①。随着全球科学中心的转移，德国并未成为国际高等教育比较的重要研究对象，中国高等教育学界对其投入的注意力也远少于其他国家。研究人员多数将美国、英国作为借鉴的榜样，即便是澳大利亚，其吸引到的研究目光也比德国多。

三、高等教育学研究热点演化分析

我国高等教育学自建制以来，其发展历程与国家社会转型与改革同构，以十年左右为一个节点，历经了四个发展阶段：第一个阶段是1979—1990年，这是中国改革开放的探索阶段，也是高等教育学的初创阶段；第二个阶段是1991—2000年，这十年是中国全面改革的历史性阶段，也是中国真正进入市场经济的阶段，高等教育在社会经济发展中的作用日益提升；第三个阶段是2001—2010年，此时期中国开始进入知识经济社会，高等教育承担了更多的社会职能，开始从社会的边缘走向中心，规模和质量得到空前发展；第四个阶段是2011年至今，中国开始进入世界强国行列，着力复兴中国梦，高等教育也向世界一流迈进，中国特色社会主义高等教育体系逐渐彰显魅力。

以上四个社会发展阶段既体现了国家的战略布局，也影响了高等教育学的发展逻辑，其热点演变的动态变化也反映出了高等教育学研究的内外部规律。然而，由于我国学术期刊发表的规模和完善度等方面的问题，1990年代中期之前的学术论文均无关键词列表。因此，基于数据事实，下文分三个区间对高等教育学研究热点的演化进行分析：第一个区间为1979—2000年，第二个区间为2001—2010年，第三个区间为2011—2018年，提取每一个区间内排位前20的高频关键词，绘制学科结构知识图谱并进行分析。

（一）1979—2000年高等教育学科结构分析

根据统计，1979—2000年发表的高等教育学论文中，共出现了1338个关键词。其中，1998年出现了"高等教育学""潘懋元"等关键词，1999年出现了

---

① 史朝. 国际高等教育发展理论述评（上、下）[J]. 外国教育研究，1998 (6)：1-6, 48.

表 4-8　1979—2000 年高等教育学论文中排名前 20 位的关键词

排名	关键词	频次	排名	关键词	频次
1	高等教育	161	11	管理体制	7
2	教育改革	51	12	教育产业化	7
3	素质教育	15	13	教育投资	7
4	知识经济	15	14	教育产业	7
5	中国高等教育	11	15	可持续发展	7
6	人才培养	11	16	美国高等教育	7
7	教育质量	10	17	体制改革	7
8	高等教育改革	9	18	高教改革	6
9	教育经费	9	19	高校扩招	6
10	教育大众化	9	20	高等教育学	5

"学科建设"等关键词，而 2000 年出现的关键词最多。这一阶段排名前 20 位的关键词如表 4-8 所示，从中可以看出，与"改革"相关的关键词占据了主导地位，涉及体制改革和机制改革。这一时期以 1985 年《中共中央关于教育体制改革的决定》为重大引导事件，高等教育学界对教育管理、招生、人才培养、经费投入等体制机制改革进行了大范围的探讨。再加上中国正式进入市场经济建设阶段，破除制度壁垒成为社会各领域的首要任务。此时期学术界对"改革"话题的探讨正是对这一社会转型期热点的积极回应。

在 CiteSpace 中，时间切片设为 1 年，阈值选择默认，共得到 126 个节点、148 条边，模块值为 0.77，说明聚类效果较好。根据关键词聚类，共得到 12 个大的聚类，如图 4-7 所示。通过进一步归类分析，不难发现这 12 个聚类中最终可以合并为"改革""投入""发展""产业""WTO"五个聚类。这五个聚类分别代表了这一时期高等教育战略的五个维度，即体制机制的改革、质量和规模的发展提升、高等教育资源投入、产业化以及国际化。通过观察可以发现，这些聚类之间互相交叉，这说明这一时期高等教育学研究的主题具有多样性和发散性的特征，注重研究的广度，类似于规模增长的初级阶段。这与当时国家的战略任务和高等教育求大求全的阶段目标是一致的。

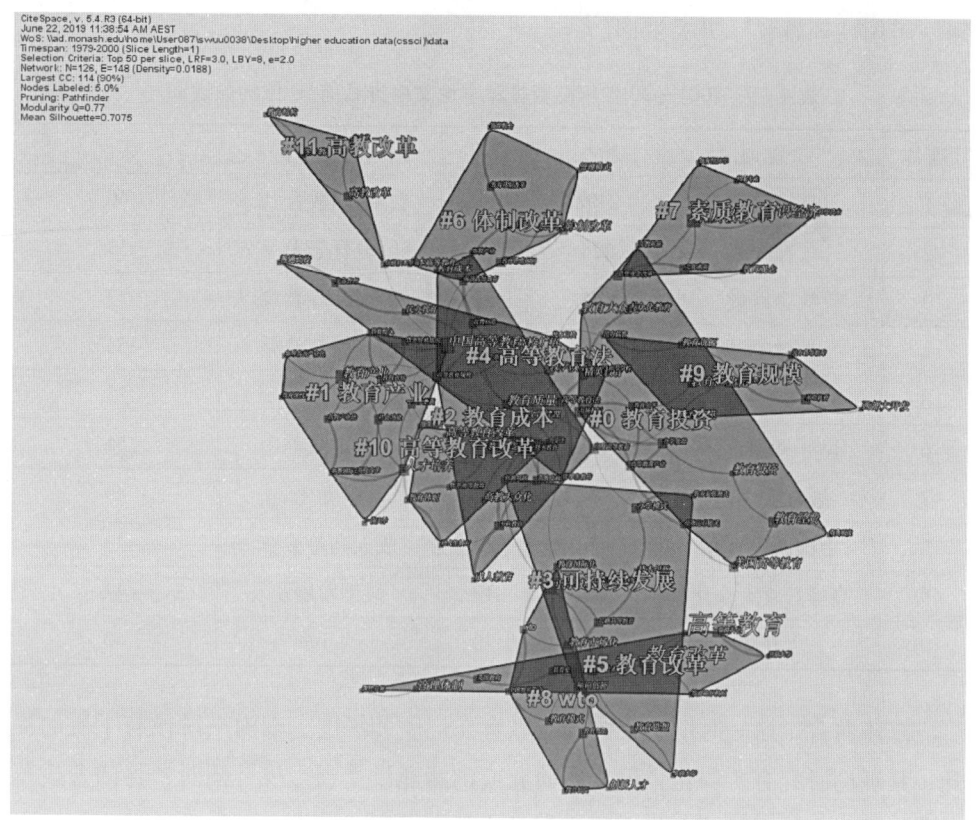

图 4-7 1979—2000 年高等教育学学科结构知识图谱

（二）2001—2010 年高等教育学科结构分析

21世纪第一个十年，是中国高等教育蓬勃发展的十年，高等教育类型和层次更加丰富，院校数量激增，科研队伍也更加庞大，这一时期发表的高等教育学论文数量也比前期有大幅增长。通过高频关键词统计发现，这一时期共出现了4000多个关键词，排名前20位的关键词如表4-9所示。这一时期与上一阶段研究热点关键词的共同点在于"高等教育"和"教育改革"，不同之处是"质量""发展""研究""大众化""国际化"等关键词开始凸显。这说明这一时期中国高等教育研究已进入规模和质量并举的高速发展时期。同时，各种教育类型也进入研究视野，如"民办高等教育""成人高等教育"。由于高等教育扩招成效开始显现，"高等教育大众化""教育公平"等也被学界关注。此外，高等教育与社会政治经济的关系成为这一时期研究的重点，出现了"科学发展观""WTO"等关键词；而扩大教育开放和合作也成为这一时期的主题，出现了"国际化"

和"美国高等教育"等关键词。

表4-9 2001—2010年高等教育学论文中排名前20位的关键词

排名	关键词	频次	排名	关键词	频次
1	高等教育	2498	11	美国教育	60
2	教育改革	224	12	教育公平	57
3	教育质量	161	13	美国高等教育	57
4	教育发展	119	14	高等教育研究	54
5	教育研究	89	15	教育政策	53
6	民办高等教育	86	16	人才培养	51
7	教育大众化	73	17	国际化	49
8	中国高等教育	68	18	成人高等教育	43
9	高等教育大众化	65	19	科学发展观	42
10	大众化	60	20	WTO	40

总体而言，这一时期的中国高等教育在广度和深度上较前一阶段有了质的提升，其理论研究有所弱化，但实践研究或内涵建设受到重视；同时，伴随着改革开放的进程，教育对外合作交流也初显成效。中国高等教育开始在世界高等教育体系中发挥重要作用，拥有了一定的学术话语权和影响力。中国学术界已开始与国际学术界对话、交流。话语权的核心是权力关系，具体表现为设置话语议题、赋予话语意义、制定相关规则的权力等。恩格斯在为《资本论》英文版写序时曾经指出："一门科学提出的每一种新见解都包含这门科学的术语的革命。"[①] 也就是说，"术语的革命"是科学"新见解"的表现机制，学术话语的形成与学术创新密不可分。建构中国特色社会主义话语权，离不开中国特色社会主义研究的学术创新[②]。建构中国特色高等教育学学术话语权，同样离不开中国特色高等教育学研究的学术创新。

在CiteSpace中，时间切片设为1年，阈值设为[4, 3, 20]、[4, 3, 20]、[4, 3, 20]，采用寻径剪切，共得到169个节点、155条边，模块值为0.75，说明聚类效果较好，具体如图4-8所示。通过聚类分析发现，这一时期的研究热

---

① 马克思恩格斯文集：第5卷[M]．北京：人民出版社，2009：32.
② 陈金龙．论中国特色社会主义话语权的建构[J]．思想理论教育，2015（3）：8-12.

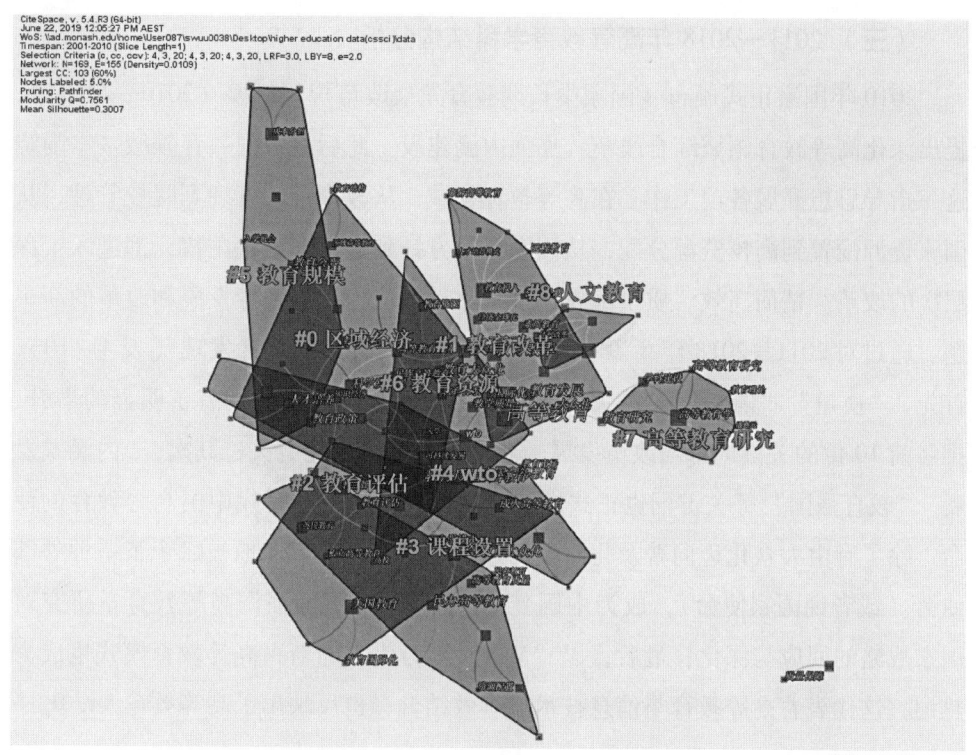

图 4-8 2001—2010 年高等教育学学科结构知识图谱

词共形成了 9 个大聚类。值得注意的是,"课程设置"和"人文教育"形成了两大聚类。"课程设置"聚类一方面说明高等教育学研究进入课堂、课程等微观领域,另一方面也说明高等教育改革既有自上而下的体制机制改革,也有自下而上的课程改革和教学改革,这与当时全国进行的课改趋势是一致的。"人文教育"聚类则反映了学术界长期以来的文理分立之争。关于高等教育的逻辑起点,正如布鲁贝克所言,是追求高深学问。这个学问并不只限于科学技术,人文艺术等有关道德情操的教育同样重要。大学的精神不仅仅在于培养具有能动性和创造性的掌握高深技术的专业人才,更在于培养富有进取精神、开拓意识和批判思维的创新型人才。对人文教育的重视,说明高等教育学研究开始由关注外在工具取向的精致主义向重视个体人格完善的人文主义取向转变。这也表明,这一时期的高等教育改革和发展开始从微观领域进入内涵建设,返回教育本真。值得注意的是,这一时期的高等教育基本理论研究与其他聚类没有复杂的交叉关系,这说明高等教育理论研究进入了瓶颈期,其理论突破和创新乏力,亟须产生新的研究范式以回应和指导新的高等教育现象。

(三) 2011—2018 年高等教育学科结构分析

2010 年国家正式颁布《国家中长期教育发展改革规划纲要 (2010—2020)》，提出深化高等教育领域综合改革，加强内涵建设。此后，中国教育领域基本围绕这一指导思想开展各项工作。在高等教育领域，从教育行政管理到院校管理，从国家资源配置到高校资源分配，从国家办学方针到大学办学自主权，都进入了深层次的改革。精简高效、质量优先、创新驱动等成为高等教育发展和改革的新主题。通过对 2011—2018 年高等教育学研究热点关键词的统计发现（表 4-10），首先，"质量""国际化"等关键词出现的频次较前一段时期有了明显的攀升，排名前 10 位的关键词都与改革发展、质量提升和国际化有关；其次，"内涵式发展""教育强国"等关键词也正式进入研究视野，可见新时代中国高等教育的使命，除了有由大众化迈向普及化阶段的内部使命外，还更多地被赋予了一种外部使命（或者说国家使命），成为中国梦的一部分[①]，更加强调高等教育学研究对国家战略的回应与深化；最后，以"MOOC"为代表的新兴高等教育模式也成为热词，这代表着高等教育与信息技术的有效结合，也反映出了高等教育大众化时

表 4-10 2011—2018 年高等教育学论文中排名前 20 位的关键词

排名	关键词	频次	排名	关键词	频次
1	高等教育	1229	11	民办高等教育	31
2	美国	77	12	人才培养	27
3	国际化	62	13	MOOC	27
4	高等教育质量	62	14	中国高等教育	25
5	高等教育研究	60	15	内涵式发展	24
6	高等教育学	50	16	教育公平	23
7	质量保障	46	17	高等教育强国	21
8	美国高等教育	41	18	高等教育公平	19
9	高等教育国际化	39	19	教育改革	17
10	高等教育改革	31	20	成人高等教育	17

---

① 陈先哲. 新时代高等教育与高等教育新时代 [J]. 教育发展研究，2018 (Z1)：58 - 66.

代对教育资源免费获取的公平要求。总体而言,这一时期的高等教育学研究完全摆脱了粗放式规模发展的初级阶段,正式进入质量优先的内涵建设阶段,中国正由高等教育大国向高等教育强国迈进,并已初显成效。如北京大学和清华大学分别进入世界百强名校,其科学研究、人才培养等各项指标均跃升至国际先进水平。

在 CiteSpace 中进行聚类分析,时间切片设为 1 年,阈值设为 [3,2,20]、[4,2,20]、[4,2,20],采用寻径剪切,共得到 170 个节点、140 条边,模块值为 0.81,说明聚类效果较好,具体如图 4-9 所示。通过分析发现,这一时期的研究热词共形成了 7 个聚类,其中"成人高等教育""民办高等教育""高等教育质量""高等教育研究""美国高等教育"等关键词连续两个时期出现在聚类中,这表明有关这几个方面的研究是一个历久弥新的话题。但一个值得注意的现象是,"美国高等教育"与其他聚类的结构较为分散和疏远,不如前一时期联系紧密。这一方面说明,美国高等教育在这一时期持续增强国际影响力;另一方面也说明,以借鉴和吸收美国为主的比较高等教育研究开始形成了一个单独的领域,而不是夹杂在其他研究中。亦即是说,中国高等教育追赶和超越的目标,从以往的英、美、法等西方发达国家,逐渐集中到以美国为主要目标,中国高等教

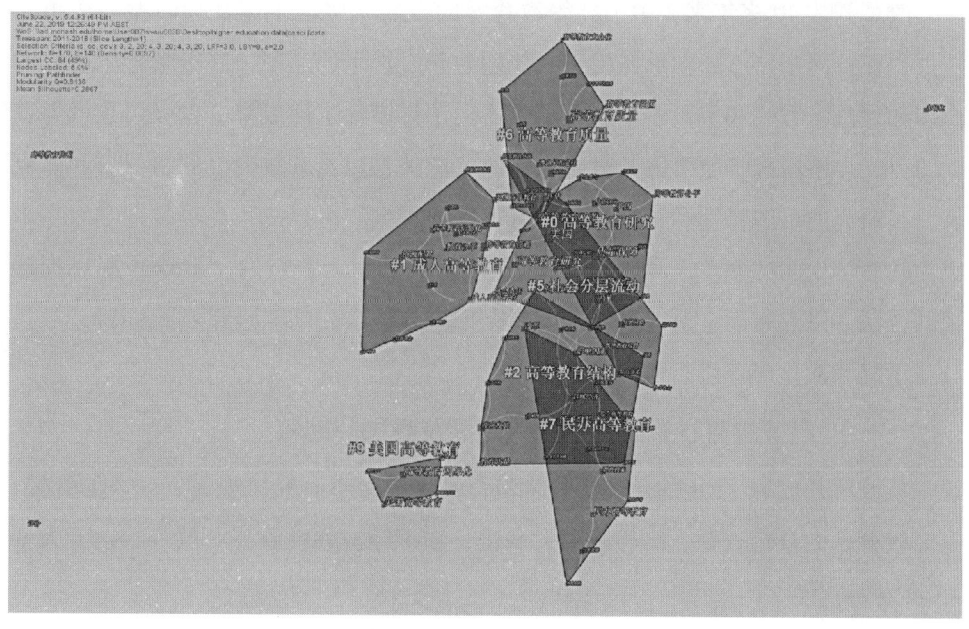

图 4-9　2011—2018 年高等教育学学科结构知识图谱

育的综合实力已成为仅次于美国的第二大高等教育强国。此外，"社会分层流动"这一社会政治领域概念形成了新的聚类，这与近年来强调的高等教育促进阶层流动和再生产功能密不可分。高等教育的作用不仅体现在知识的再生产上，它同样能够促进生产关系的重构；它不仅仅能够促进知识的传播，更能促进阶层的向上流动，改变目前社会阶层固化的僵硬状态；它不仅能够有效阻断贫困代际传递，更能维护社会稳定和教育公平。可以明显观察到，高等教育与经济的关系在这一时期明显降温，高等教育价值的功利主义让步于其人本主义关怀。这也是深化改革开放以来对我国高等教育发展观的反思：任何一种经济理论其最终指向都是经济发展而非高等教育本身，而那些深受经济学理论影响的高等教育政策有时候就会显得难以严格区别高等教育活动和相关的经济活动①，所以对于经济学理论要保持适当的距离并保持清醒的认识。

总而言之，这一时期的高等教育学研究构筑起了一定的理论自信，高等教育的功用由国家经济战略的推手逐渐向回归教育本真、关注大众获得感转变，办好人民满意的高等教育成为新时期的主题。

四、小结

改革开放40多年来，中国高等教育学的发展轨迹与中国社会转型和改革开放进程保持同步，不断向纵深推进。伴随着新兴技术的涌现，高等教育学研究的内容和对象、方式和手段也不断更新，产出了许多标志性成果，也吸引了世界关注的目光。中国高等教育因其复杂立体的层类关系以及基数庞大的学习者和研究者，其研究的可解释性和可持续性均有待深入挖掘。可以说，高等教育学近年来成为教育学中的"显学"与其丰沃的研究素材是不无关系的。本章采用热词透视的方法，以点带面，对改革开放40多年来的高等教育学研究热点分布、学科分支情况和演化规律进行了探索。

（一）高等教育学聚类结构知识图谱及其国际比较

从改革开放40余年的整体历程来看，高等教育学研究出现了五个大的聚类：高等教育、大众化教育、高等教育大众化、知识经济和民族高等教育。这五大聚

---

① 陈学飞，展立新. 我国高等教育发展观的反思［J］. 高等教育研究，2009（8）：1-26.

类一定程度上代表着高等教育学研究对象的宏观样态,即关切高等教育内外部规律、结构、类型、系统等的高等教育基本理论研究;注重教育经济学、教育社会学等的高等教育交叉研究;探究高等教育大众化及相关议题的高等教育实践研究;关切区域高等教育、民族高等教育等特定领域的高等教育研究。

对比国际高等教育研究热点,国内高等教育学研究的热点主要分布在高等教育发展、改革、管理等宏观层面,而国外高等教育研究则注重实践导向和更加关注受教育者。国内高等教育基本理论研究注重学科建设、教育基本规律等,而国外则更注重运用心理学、管理学的方法研究教育。就业能力、学术表现力等一些国外近几年热点前沿的研究领域已取得了重要的研究成果,但国内仍然未形成研究热点,缺乏有分量的研究成果和研究合力。综合来看,国内高等教育学在某些方面跟随和追踪了国外高等教育研究的热点,但更多的是基于中国高等教育本土的研究,开放性不足,导致其研究成果和质量水准在国际学术界的影响力和话语权不强。

中国高等教育系统有别于国外高等教育,其复杂性和多样性远超国外。这在为中国高等教育本土化研究提供丰富素材的同时,也带来了一定的不确实性,致使其难以形成具有普适性和标志性的研究成果,从而难以提升高等教育学研究在国际学术界的地位。此外,中国特色高等教育秉行的是政府主导、重点推进的发展策略,高等教育学研究的热点多与国家政策有关,与社会经济发展动态相关。这样的研究在可持续性和基础性上有其局限性,对于学科的系统性也有不利影响。因此,中国高等教育学研究需要更多关切实践问题,做好基础研究,解决好高等教育内部复杂的学术生产机制问题、关注师生的情感与行为、厘清中国高等教育的价值逻辑,等等,以此促进研究的适切性和可持续性。

(二) 高等教育学分支结构样态及分析

结合学界基本共识和高等教育学研究对象的特征,本书将高等教育学研究划分为理论研究分支、实践研究分支、交叉研究分支和国际比较研究分支。不同分支学科之间的界线不是绝对的,时常在内容、方法等上有所交互。这四个分文的热点关键词既反映了高等教育学基于自身内在学术发展逻辑的研究倾向,也反映出社会、政治、经济等外部系统对高等教育学的要求,以及两者之间的动态关系。

高等教育基本理论研究是学科存立的根基,排在前几位的是具有明确指向特征的关键词，如"公平""发展""研究""学科"等具有元学科性质的命题。高等教育学的发展研究，既是基于学科自身内部生存与进化的动力需求，也是回应社会经济不断发展的外部刺激需求。正是基于内外部动力的双向催化，高等教育学科的规模和质量才得到了不断的提升，发展也成为永恒的主题。

高等教育学主要是一门综合性很强的应用性学科，"改革""管理""评估""政策""大众化""区域""规模""模式"等高频关键词都与高等教育管理实践相关。与理论研究分支不同的是，在2000年之前的学科初创时期，有关实践方面的研究较少出现。这说明，2000年之前高等教育学对实践的关注仍处于摸索阶段，将教育教学实践上升到研究层面也是从进入21世纪后开始的。2000年，出现了大量的影响后续高等教育研究的主题。2013年之后，一系列重大现实问题需要高等教育学实践研究的触角进一步延伸，我国高等教育实践研究的主题更加分散。

教育内外部的规律表明，教育与经济的互动最为密切。高等教育作为教育系统中层次最高的教育类型，其对经济的促进作用更加显著。因此，高等教育经济学、高等教育技术学等相关的研究同样方兴未艾。交叉研究领域的关键词全部与经济相关，包括"资源分配""经费投入""知识经济""产业化"等。教育与经济的关系，从一开始到2009年一直在教育外部关系中占据主导地位。之后，在后大众化及内涵式发展语境下，质量、师资、特色、学风等成为重要性和紧迫性程度更高的研究主题。

将比较研究领域作为一个单独的分支领域来分析，主要是基于建设中国特色高等教育系统的努力，以及与国际高等教育接轨的趋势。比较高等教育研究聚类关键词主要集中在全球化和国别研究两个维度。国别研究以英美西方发达国家为代表。这表明，中国高等教育的国际比较研究瞄准的是世界一流高等教育，其最终的目标也是进入世界一流水准。该聚类的关键词走势是四个分支中唯一一个后续有所上升的分支。我国的比较高等教育研究需从以往的重视比较形式和结果，过渡到重视比较内涵和过程的阶段，使中国高等教育和世界高等教育只是形不同而质无别。

（三）高等教育学学科结构演进

高等教育学自建制以来，其发展历程呈现出阶段性特色，但皆与中国社会的转型与改革同构：

（1）1979—2000年形成的五个聚类分别代表了这一时期高等教育战略的五个维度，即体制机制的改革、质量和规模的发展提升、高等教育资源投入、产业化以及国际化。这些聚类之间存在一定交叉，说明这一时期高等教育学研究的主题具有多样性和发散性特征，注重研究的广度，类似于规模增长的初级阶段。这与当时国家的战略任务和高等教育求大求全的阶段目标一致。

（2）21世纪第一个十年（2001—2010）是中国高等教育蓬勃发展的十年，高等教育的类型和层次更加丰富，院校数量激增，科研队伍也更加庞大，这一时期发表的高等教育学论文数量也较前期有大幅增长。这一时期与上一阶段研究热点关键词的共同点在于"高等教育"和"教育改革"，不同之处是"质量""发展""研究""大众化""国际化"等关键词开始突显。这说明这一时期的高等教育学研究已进入规模和质量并举的高速发展时期，各种教育类型也进入研究视野，如"民办高等教育""成人高等教育"。由于高等教育扩招成效开始显现，"高等教育大众化""教育公平"等也被学界关注。此外，高等教育与社会政治经济的关系成为这一时期研究的重点。这一时期的中国高等教育，在广度和深度上较前一阶段有了质的提升，其理论研究有所弱化，但实践研究或内涵建设受到明显重视。同时，伴随着改革开放的进程，教育对外合作交流也初显成效。中国高等教育开始在世界高等教育体系中发挥重要的作用，拥有了一定的学术话语权和影响力。这一时期的高等教育基本理论研究与其他聚类没有复杂的交叉关系，表明高等教育理论研究进入了瓶颈期，其理论突破和创新乏力，须生发新的研究范式以回应和指导新的高等教育现象。

（3）2011—2018年，高等教育领域基本围绕"深化高等教育领域综合改革，加强内涵建设"来开展各项工作，从教育行政管理到院校管理，从国家资源配置到高校资源分配，从国家办学方针到大学办学自主权，都进入了深层次的改革。"质量""国际化"等关键词的出现频次较前一时期有了明显攀升，排名前十的关键词都与改革发展、质量提升和国际化有关。与此同时，"内涵式发展""教育强国"等关键词也正式进入研究视野。可见，新时代中国高等教育的使命，除了有由大众化迈向普及化阶段的内部使命之外，还更多地被赋予了一种外部使命（或者说国家使命）。总体而言，这一时期的高等教育学研究正式进入质量优先的内涵建设阶段，中国正由高等教育大国向高等教育强国迈进，并已初显成效。

从高等教育学学科结构的时间演进来看，其研究热点、学科分支并不是静态的，而是因应国家战略需求、学科发展趋势、理论研究前沿等，在边缘和中心不断变换，且这种变化是渐进式的。综合来看，中国高等教育学的研究主旨、热词演变均围绕着本土化模式和国际化水平两个标准推进。尽管中国高等教育学研究的深度和广度有了极大的提升，从高等教育大国向高等教育强国持续迈进，但不可否认的是，中国高等教育的本土化理论建构、学术环境、创新能力等软硬件与国际高等教育研究仍有不小的差距。下一个十年，高等教育学科的不断分化与组合、改革与创新仍将是发展的主题；真正的交叉研究，尤其是远缘跨学科研究，亟须进一步加强，以便为中国高等教育学科发展注入新的血液，形成聚群优势，将高等教育一级学科化向纵深推进。

第五章

高等教育学"学科交流"知识图谱分析

学科间的交叉、交流是 21 世纪学科发展的主流。当代科学（不论是自然科学，还是人文社会科学）发展的一个显著特点，就是通过学科交叉、学科交流以及学科融合实现学科的创新①。学科交叉或互涉是对正统的挑战，也是变革的力量②。从近代科学的历史发展过程来看，学科之间的互涉、交叉与融合是获得原创性科学成果的重要途径，而知识交流则是其表征。高等教育学的发展也在不断的学科交流过程中产生新知识，改变知识生产模式。

高等教育学作为一门综合性、应用性的学科，其学科边界相对模糊，与经济学、政治学、社会学、心理学、哲学、管理学等近缘学科以及数学、统计学、计算机科学等远缘学科都能产生交叉与整合，如高等教育管理学、高等教育经济学、高等教育统计学等。高等教育学与其他学科

---

① 李文海. 打破学科分割　促进学科交叉——对历史学学科建设的一点思考［J］. 历史档案, 2004（2）: 119-122.

② 克莱恩. 跨越边界——知识 学科 学科互涉［M］. 姜智芹, 译. 南京: 南京大学出版社, 2005.

的外部互动促进了学科资源的多向流动，同时也促进了学科内部的渗透和协作。如果说外部的交叉和融合决定了高等教育学的宏观结构，那么内部协作与渗透的频次和强度则构成了高等教育学分化和衍生的原生动力。高等教育学在学科发展中吸收、融合了其他学科的思想、知识、方法，但其独立性和学科范围并未因此受到影响。学科交叉或学科渗透虽然也能表达上述内容，但二者的结果可能生成交叉学科或者造成学科边界模糊不清。故而，下文用学科交流代替我们常见的学科交叉、渗透、互涉等词汇。

由于学科内部的联系纷繁复杂，呈现出多向度的特征，如学科人才的流动、平台的共建、信息的互享、项目的合作，等等，要想准确而全面地把握它们互动的方式、效果和规律并不容易。尽管如此，通过对一些关键指标进行计量分析，仍然可窥见学科内部互动的演化样态，如高产作者与其他作者的互动与联系、经典文献被引用的频次、权威期刊载文被引用的频次等。这些信息互动和流向往往具有一定的方向性，即由某些主要信息流向非主要信息。尽管理论上信息的流动是双向的，但在科学生产的实际情境中，往往是由代表作者、经典文献和权威期刊向周围辐射，形成漩涡效应或涟漪效应。

对于学科交流，有六个主要的、有时边界不甚清晰的解释范畴：一是被广泛认可的认识论结构及认知方向；二是工具、方法、概念、理论的借鉴；三是促使学术问题、社会问题及技术问题远离严格的学科中心；四是学科研究的复杂性；五是与毗邻学科的关系；六是对学科的内在性与外在性的重新定义[1]。即便是20世纪末的学科交流动力分析，对当今的学科互动依然有较强的解释价值。

学者们大多通过引文分析的方法来测度学科交流。引文是研究者和研究成果之间学术关联的表现。普赖斯（Price D. J.）将这种学术关联网络比作"无形学院"（the invisible college）[2]。这个无形学院是特定的学术群体中的研究者所形成的交流网络，这种网络在某种意义上就是由引用文献所编制成的科学共同体[3]。此外，从引文分析的原理来讲，学科交流的本质即本学科领域内的知识流动过

---

① KLEIN J T. Blurring, cracking, and crossing: Permeation and the fracturing of discipline. I Messer-Davidow, Shumway, and Sylvan, 1993: 185–211.

② PRICE D J. Networks of scientific paper [J]. Science, 1965, 149 (7): 510–515.

③ SMALL H P. Citations and maps of science: A personal history [J]. Journal of American Society for Information Science, 2003, 54 (4): 394–399.

程①。因此，本章以学科代表作者、经典文献和权威期刊为观测点，通过共被引分析，探索高等教育学学科内部之间知识和信息流通的向度、权威影响的范式和学科热点的生成，进而掌握学科交流活动的导向和趋势。鉴于数据基础和研究的连续性，本章选用 CSSCI 数据，从学科交流的介质——学者、文献、期刊三个维度，即从高等教育学学者共被引、高等教育学文献共被引、高等教育学关联期刊②共被引三个维度分析高等教育学学科的知识交流情况。

一、 高等教育学学者共被引分析

诚如马克思所言，人是一切社会关系的总和。人是历史的剧作者，又是历史的剧中人。任何事物的发展都离不开人的能动性、积极性和创造性。自学科建制以来，高等教育学界涌现出了诸多标志性人物，他们往往在理论创新、前沿研究、热点引领、实践应用上独领风骚、自成一派，有的甚至成为时代的符号、学科的象征。众多追随者或以时间为节点，或以流派为表征，试图对这些先进理论和领军人物进行聚类研究，这种研究和分析多以个人主观认知为主，间或掺杂个体情感，难以客观科学地描述研究对象在学科发展中的作用和地位，往往难以引起其他研究者的共鸣。学者（作者）共被引分析作为一种定量的、综合的方法，可以客观反映研究对象的学术影响力。通常情况下，一个作者被越多的人引用，则表明该作者在学科共同体中的认可度越高，在学科知识生产和传播中的作用越强，在学科发展和演变中的贡献度就越大。此外，作者共被引分析（author co-citation analysis，ACA）是探寻学科范式应用最广泛的一种实证方法③。ACA 方法的基本假设为：两个研究者同时被第三个研究者引用，说明这两个研究者有共引关系。这两个研究者共被引频次越高，则他们的学术关系越密切，在网络图谱中的"距离"越近。根据这种"距离"对高等教育学的关键研究者进行分类，可以划分出高等教育学研究的科学共同体，进而探寻学科范式。

---

① 陈悦. 创新管理知识图谱[M]. 北京：人民出版社，2014：13.
② 本章中的"高等教育学关联期刊"指高等教育学论文引文来源期刊。
③ 蔡建东，汪基德，马婧. 教育理论研究的量化与技术化路径——科学计量学方法与技术在教育理论研究中的应用[J]. 教育研究，2013（6）：17-23.

（一）高等教育学被引作者基本情况

数据显示，1999—2018 年①，高等教育学科被引作者共有 46028 人次，涉及 29539 名作者，每年被引作者数量如图 5-1 所示。被引作者数量整体呈上升趋势，这既与发文量的逐年上升有关，也与研究范式和写作规范有关。数据也从侧面说明从事高等教育学研究的学者基数在逐年扩大。

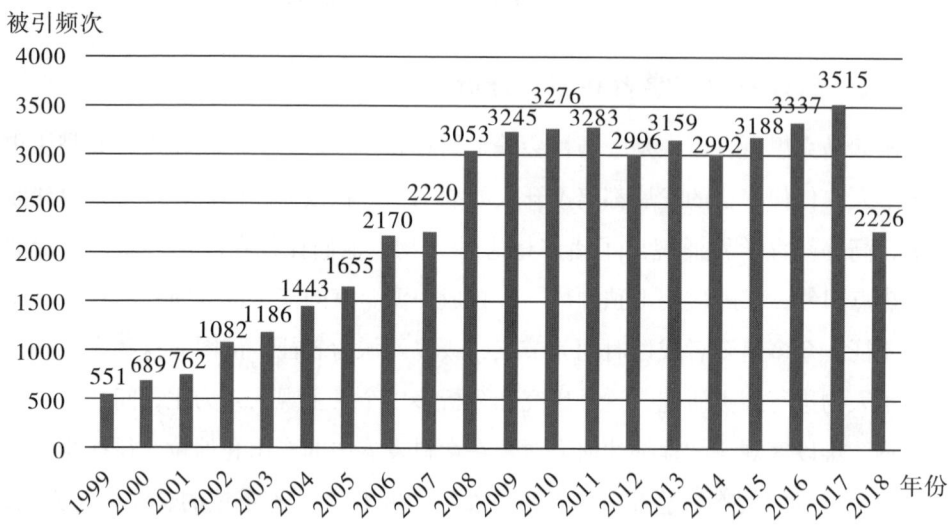

图 5-1 1999—2018 年高等教育学研究被引作者数量年度分布示意图

在全部被引作者中，被引频次超过 100 的作者情况如图 5-2 所示。就数据实际情况而言，我国教育部、联合国教科文组织、国家统计局和 OECD 被引频次高的主要原因在于它们提供了政府文件、组织报告和统计数据。就个体而言，被引频次最高的作者是厦门大学的潘懋元先生，达到 868 次，是排于其后的伯顿·克拉克的 2 倍多。排在前五位的除了 3 名境外作者外，还有华中科技大学的张应强教授，其也出身于厦门大学；而排在前十位的作者当中，别敦荣、邬大光和胡建华也出身于厦门大学。可见，以潘懋元先生为首的厦门大学高等教育学研究在国内高等教育学界具有源头性的地位。此外，从这些数据中也可以得出，我国高等教育研究多借鉴国外先进成果，伯顿·克拉克、约翰·布鲁贝克和菲利普·阿

---

① 鉴于 1979—1999 年 20 年中高等教育学科研究论文数量不大，且参考文献少，故此处仅分析 1999—2018 年近 20 年中的作者被引情况。欲了解 1999 年之前 20 年高等教育学引文数量等情况，请参见本节"三、高等教育学关联期刊共被引分析"的内容。

特巴赫等人对中国高等教育学研究的影响非凡，他们的学术思想和成果经浙江大学王承绪教授主编的"汉译世界高等教育名著丛书"而被广泛传播。同时，我们也应清醒认识到，国内高等教育基础理论研究还未走上自主创新的道路，学者们需要以中国高等教育实践为母体，积极探索本土化的高等教育发展理论，增强我国高等教育学的国际学术影响力和话语权。

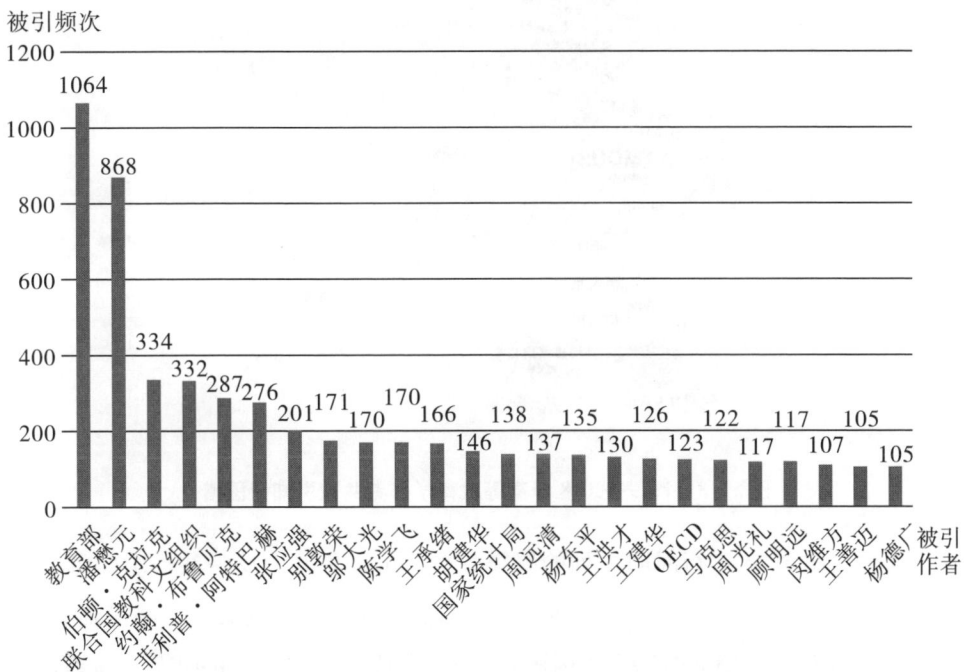

图 5-2　1999—2018 年高等教育学研究被引频次超过 100 的作者情况

（二）高等教育学作者共被引知识图谱

在对高等教育学被引作者情况进行基本描述后，接下来利用软件绘制高等教育学科共被引作者知识图谱，以直观形象地揭示学科内部作者的共被引关系。在 CiteSpace 中，时间跨度设为"1979—2018 年"，时间切片设为 2 年。阈值设为默认，采用寻径剪切方法，可视化形式为静态聚类和及并网络视图，通过运行最终得到 264 个节点、341 条边，模块 Q 值为 0.8219，平均轮廓值为 0.6497，说明图谱结构显著，聚类信度高。

图 5-3 1979—2018 年高等教育学作者共被引知识图谱

通过对图 5-3 进行时间序列的聚类分析，可以更好地反映共被引作者在时间和主题上的演变，如图 5-4 所示。图中右侧标注为关键词聚类，共得到 19 个聚类，分别为：" 高等教育学 " " 内涵式发展 " " 成本互补 " "MOOC" " 高等教育全球化 " " 支付能力 " " 层次结构 " " 阶层 " " 教育机会不平等 " " 东道主效应 " " 质量管理 " " 教育创新 " " 审思 " " 社会平等 " " 潘懋元 " " 高等教育产品 " " 重点建设 " " 多样化发展 " " 大学思想 "。根据聚类密集度和持续度，可将其大致分为五个层次。

第一个层次为 " 高等教育学 "，聚类时间跨度为 2001—2017 年，形成聚类连片效应，密集体现在 2005—2011 年这一时间段。高等教育学科创立不久，学科相关理论研究即进入学者视野，突出的作者包括胡建华、张应强、刘宝存、刘献君、伯顿·克拉克、华勒斯坦等人。第二个层次为 " 高等教育全球化 " " 审思 " " 社会公平 " 和 " 重点建设 "，聚类时间跨度为 2000—2017 年，在不同的时间节点形成主要聚类，说明这些学术热点生命周期长，在不同的学科发展时期都能突显其重要性。第三个层次为 " 内涵式发展 " " 成本互补 " "MOOC" " 层次结构 "

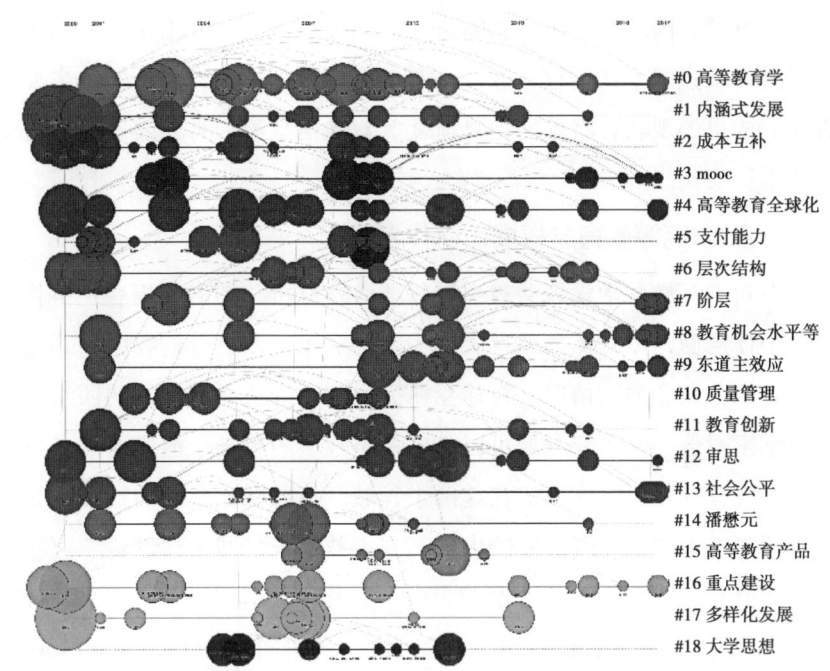

图 5-4 作者共被引节点聚类图谱

"阶层""东道主效应""教育机会不平等""多样化发展""教育创新"等，聚类时间较长，形成了1~2个主要时间序列聚类。如"内涵式发展"的聚类中心度最高，最早出现在2000—2001年，突出的作者有联合国教科文组织、顾明远、邬大光等。第四个层次为"潘懋元"，这是唯一一个以人物形成的聚类，且形成了多个聚类密集节点。2001年开始，潘懋元就作为高被引作者被其他学者引用，可见其在高等教育学研究方面具有开创性的作用。第五个层次为"支付能力""质量管理""高等教育产品"和"大学思想"，聚类时间跨度较短，此类聚类有突发聚类的特征，在特定阶段集中突显出特定主题的热度。

综上所述，不难发现作者共被引分析代表着某个学科高水平研究的权威团队，作者共被引涉及的文献表征着某个学科的前沿理论和先进知识，它们作为信息源向四周不断辐射，传播思想和成果，促进各个细分领域和相关专业进行知识共享和创新，最后形成新的知识和领域，完成学科之间的相互交叉和渗透以及学科内部之间的交流与碰撞。令人欣慰的是，在这场学科内外部、国际和本土的学科交流以及学者的引证竞争中，国内高等教育学学者在高被引作者群中占有一席之地。但从其共被引的信息流向来看，我国学者与国外学者在双向引用方面仍处于下游方向。因之，国内学者需进一步加强原创性、本土化的基础理论和战略实践研究，增强学术话语权，改变高等教育学基础理论、分析方法主要借鉴国外学者相关成果的现状，将单向信息流变为双向信息流，真正实现互通有无、相互借鉴的学科交流。

（三）高等教育学权威被引作者分析

在对高等教育学学者共被引进行群体性分析和图谱分析后，再将视角聚焦到微观个体层面，以具体的节点人物为考察对象，重点分析我国高等教育学权威被引作者的分布和演变情况。在建立研究规范和维持研究领域的团结一致方面，高产科学家对他们的研究领域可以产生举足轻重的影响，他们通过其身边的学生和合作者发挥这种影响作用。在这两个领域，指数增长时期的特征是大多数高产科学家所属的大的合作者群体的出现。在指数增长时期，高产科学家对于论文的方向和研究选题的资料起着重要的影响。合作者群体若无富有进取精神的领导者，则是很难持久的①。在此，本书主要选取排名前十、被引频次达 130 次以上的权威作者进行分析，包括潘懋元、张应强、别敦荣、邬大光、陈学飞、王承绪、胡建华、周远清、杨东平和王洪才 10 位权威被引学者，他们的年度被引情况如图 5-5 所示。

通过观察可以发现，从整体上看，排名前十的权威被引作者年度引用情况连线大多比较平缓，唯有潘懋元先生表现突出。贝克（Back）的研究可以对此进行解释。他指出，研究领域的第一代科学家进行广泛的、无所不包的文献调查，第二代研究人员对文献就有了一个比较专门的方向。也可以认为，第一代研究人员产生的思想是广泛的、无所不包的，而第二代研究人员产生的思想则是更为专门化的。如果情况就是如此，那么第一代的工作比起第二代的工作更加经常被引用就没有什么可奇怪的了②。且第一代研究人员人数少，而第二代之后的研究人员则呈几何级数增长，也增加了第一代研究成果被引用的概率。

从被引频次来看，潘懋先生 868 次的总被引频次是排在其后的张应强的 4 倍之多，占前十位被引总频次的 37.8%。从被引年度分布来看，1985 年之前高等

---

① 克兰. 无形学院——知识在科学共同体的扩散 [M]. 刘珺珺，顾昕，王德禄，译. 北京：华夏出版社，1988：53.

② BACK K H. The behavior of scientists: Communication and creativity [J]. Sociological Inquiry, 1962 (32): 82-87.

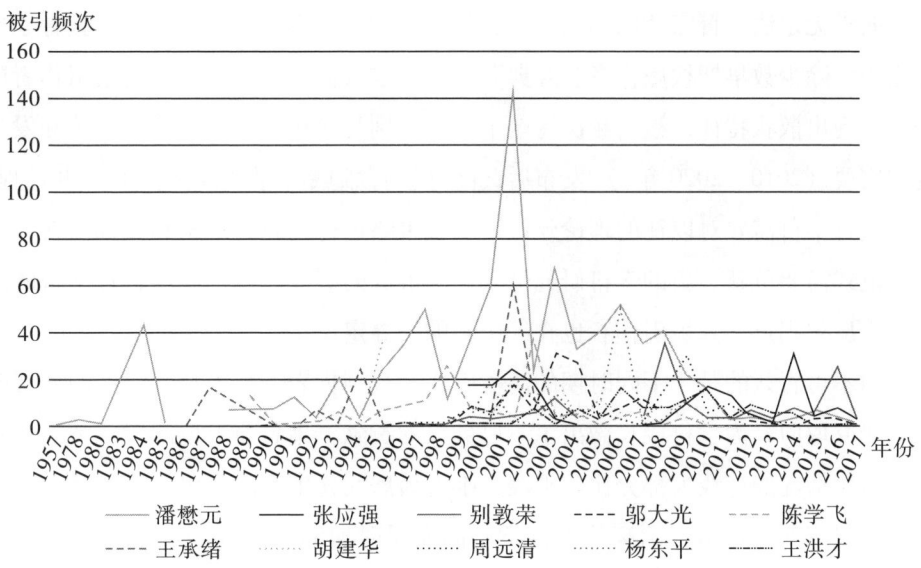

图 5-5 高等教育学国内权威被引作者年度引用情况

教育学研究只有潘懋元先生一位高被引作者;1988 年之后,潘懋元先生的年度被引从未间断,至 2001 年达到峰值,随后呈下降趋势。

从整体上看,高被引作者年度引用频次最多的年份集中在 2001—2010 年这十年,随后进入下降期,且每一位作者的被引趋势呈正态分布。这种分布趋势与高等教育学科自身的发展逻辑是相吻合的。具体而言,在前学科阶段,学科概念尚未形成,研究者也无学科归属,对高等教育学的探讨处于试探、酝酿阶段。这一时期,研究者发表相关论文都是基于实践策略的分析,未形成一定的权威论点,因而作者被引较少,唯有潘懋元先生一人被引。在学科初创期,随着招生制度的完善,学科创建人与早期培养的人才开始进行大量的学科基本理论研究,形成了一定的先发优势,因之这个时期的被引作者集中在学科创始人与早期培养的博士人员上,如王承绪先生在比较高等教育学上的研究。在常规学科发展时期,随着学科人才的不断增加和成长,学科研究队伍进一步扩大,研究问题域更加宽广,学科之间的交叉与融合开始出现,形成了具有独特研究范式的不同流派,因之也产出了不少经典和权威研究成果,促进了高等教育学研究的交流和形成引证高峰。在学科革命酝酿阶段,随着科技的快速发展和社会的转型,高等教育也随之进入创变阶段,高等教育学研究进一步分化,学科之间的交叉和融合在广度和深度上更进一步。尤其是随着世界学术共同体的演进,高等教育学科的发展也逐渐走向学无定法、百家争鸣的局面，新的理论和方法不断被应用到高等教育学研究之中。除少数早期权威作者和经典著作仍然被人们广泛引证外，高被引作者的分布呈现出散状特征，被引频次逐渐下降。特别是《国家中长期教育改革和发展规划纲要（2010—2020年）》发布后，高等教育领域的深度改革提上议事日程，高等教育学科需要对以往的理论建设、实践策略进行反思、解构和重构。在旧的学科范式需要革新、新的学科研究范式尚未形成的缓冲时期，高等教育学科的发展进入历史拐点，高被引作者也在经历新的学界定位。

但不可否认的是，不同时期的高被引作者分别代表着高等教育学不同发展时期的研究取向，为学科成长做出了不可磨灭的贡献。排名前十位的权威被引作者年度引用情况的连线大部分比较平缓，唯有潘懋元先生表现突出。潘懋元先生的被引情况流变折射出中国高等教育学不同发展时期的知识生产取向。1983年之前，他主要是为创建高等教育学科而疾呼，特别是其发表的《必须开展高等教育的理论研究——建立高等教育学科刍议》和《全国高等教育学会筹备会工作报告》，体现了其高超的学科敏锐性和战略性。1983年学科创建后，他主要致力于学科基本理论研究，以《高等教育学讲座》和《高等教育学》为标志性成果，主要为奠定和夯实学科地位、增强学科合法性而奋斗。1990年后，他将视野从学科内部转向外部，对学科内外部规律进行阐释，解决学科与学科之间的关系问题，并进一步探讨学科建设中出现的新问题，产出了《教育外部关系规律辨析》《关于高等教育学科建设的若干问题》《高等教育学科建设的回顾与前瞻》等创新性成果。高等教育大众化发展时期，高等教育规模与质量的矛盾日益突出，学科单一模式随着全球一体化发展带来的学科边界模糊而受到挑战。这一时期，他又产出了《高等教育大众化的教育质量观》《新世纪高等教育思想的转变》等学术论文以及著作《多学科观点的高等教育研究》，学术生命值达到顶峰。进入21世纪后，潘懋元先生开始从更宏观的历史、现实和未来的时间和空间维度，思索高等教育学科的过去和未来，产出了《中国高等教育研究的历史与未来》《21世纪初我国高等教育研究的进展与问题》《高等教育研究60年——后来居上，异军突起》等总结性和反思性成果，并对个体学术生涯进行回顾，以砺来者。这一时期及后来的研究虽然在被引频次上较前期下降明显，但同其他高被引作者相比仍然具有一定的数量优势。可见，尽管从总体上讲，高被引作者自身被引趋势呈正态分布是学术生命的发展趋势；但从比较意义上说，仍可窥见其对学科发展的贡献度和差异性。换言之，尽管潘懋元先生在 2001 年后被引频次逐年下降，但相比于其他高被引作者，其被引频次仍然是具有绝对优势的，其对高等教育学科发展的贡献是历久弥新的。因之，考察作者的学科贡献度，要从时间和空间、个体与群体、持续与创新的多维角度进行考量，无论是哪一位作者、哪一项成果，都是高等教育学科发展的学术动力。

二、高等教育学文献共被引分析

关于知识，有两种说法广为人知：一种是知识日益学科互涉（interdisciplinary），另一种是边界跨越（boundary crossing），这已然成为这个时代的明确特征[①]。为了使科学知识积累和增长起来，一方面一定程度的学科封闭是必要的，另一方面从其他研究领域吸收知识可以防止科学共同体出现极端化的主观和武断现象[②]。科研文献之间的互相引证反映了学术共同体之间学术成果的交流、共享和借鉴情况。这种引文网络结构一定程度上反映了知识传播的路径和范式以及知识交流的深度和广度。通过追踪和定位源头文献、传播向度，可以清晰地显示出高等教育学科发展的学术脉络，探寻高等教育学科发展的生成逻辑。

（一）高等教育学文献的基本情况

在绘制文献共被引知识图谱前，首先对高等教育学文献的被引情况做整体分析。数据显示，1979—2018 年高等教育学文献总被引频次为 69277 篇次，共存在 49371 篇被引论文，篇均被引频次为 1.4 篇次；其中，被引 1 次的文献为 41852 篇，占比 84.8%。也就是说，在所有被引文献中，绝大多数文献只被引了 1 次，被引文献分散、频次低，这从一个侧面说明了我国高等教育学科研究领域广泛，但同时也说明经典文献较为缺乏。

按每年被引的文献数据进行统计分析，可得到整体的趋势情况，如图 5 - 6 所示。从图中可以发现，高等教育学研究的引文数量逐年递增。2000 年之前，总体引文数量极少，这其中有 CSSCI 数据库自 1997 年才开始建立的原因，也侧面说明了 21 世纪前高等教育研究的规范性和多学科性水平较弱，研究队伍不够庞

---

① 克莱恩. 跨越边界——知识 学科 学科互涉 [M]. 姜智芹，译. 南京大学出版社，2005：1.

② 克兰. 无形学院——知识在科学共同体的扩散 [M]. 刘珺珺，顾昕，王德禄，译. 北京：华夏出版社，1988：106.

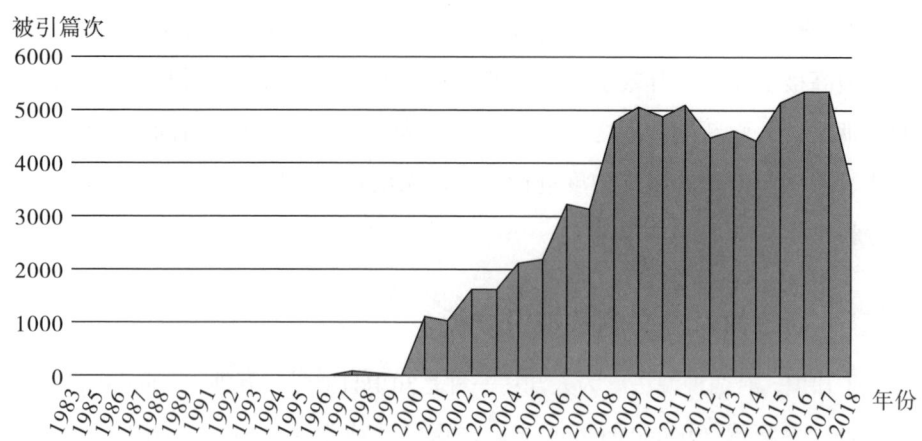

图 5-6 1979—2018 年高等教育学研究被引文献年度引用情况

大,科学产出率低,导致了引文数量过少。2000 年以后,每年引文数量保持在 1000 篇次以上,2004 年超过 2000 篇次,2006 年超过 3000 篇次,2008 年超过 4000 篇次,2009 年突破 5000 篇次,此后每年保持在 5000 篇次左右徘徊。这说明高等教育自 2000 年扩招、进入大众化发展阶段以来,高等教育学研究也进入快速发展期,且在 2010 年《国家中长期教育改革和发展规划纲要(2010—2020年)》发布后进入了稳步发展期。高等教育从 2000 年之前的低速发展期,到 2010 年前的快速发展期,再到 2010 年后的稳步发展期,规模增长和质量保障之间的互相博弈、学科投入和研究产出之间的双向需求,进一步激发了高等教育研究者的科研热情,促进了学科繁荣。

在全部被引文献中,被引次数排名前十位的文献情况如图 5-7 所示。从文献类型来看,排名前十的被引文献中,有 9 部著作,只有 1 篇学术论文,即潘懋元先生所写的《高等教育大众化的教育质量观》。这说明我国高等教育学界对权威经典理论著作的引用较多,同时也表明潘懋元先生的学术影响力在学术论文方面的表现亦同样突出。我国高等教育学界在撰写学术论文时表现出的对权威经典理论著作的"偏爱",一方面和高等教育学期刊被引半衰期[①]时间较短(3~7年)相关。被引半衰期是针对期刊论文老化速度提出的概念,是衡量期刊时效性的指标,高等教育学学术论文通常在 3~7 年就沉寂在故纸堆里。另一方面与期

---

① 被引半衰期(cited half-life),指某一期刊论文在某年被引用的全部次数中,较新的一半被引论文发表的时间跨度。

刊评价体系不无关系——影响因子仅计算最近两年的论文引用次数，在研究范式上期刊编辑部有意或无意地倡导作者引用最新的文献，制约了经典学术论文的引用情况，间接减少了学术论文的总被引次数。

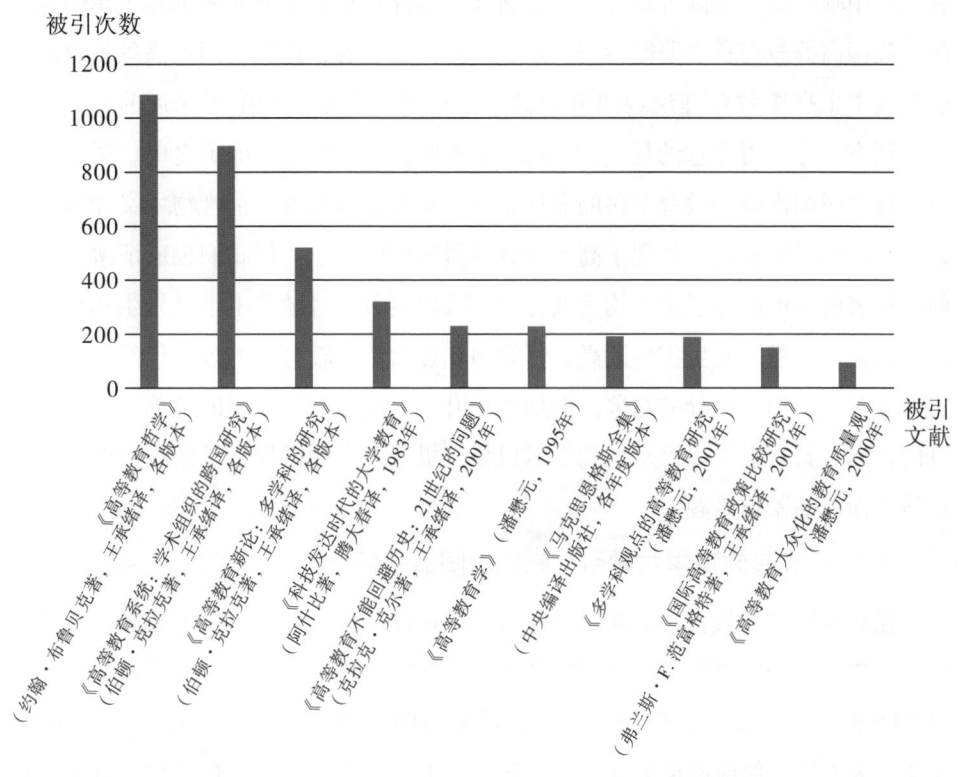

图 5-7　1979—2018 年高等教育学排名前十的高被引文献

从文献来源来看，排名前十的被引文献中，有 7 个为国外学者的译著，只有 3 个为本土研究成果，即潘懋元先生的《高等教育大众化的教育质量观》《高等教育学》和《多学科观点的高等教育研究》。由此可见，国内高等教育学研究仍然以西方高等教育理论为借鉴，尤其是以王承绪先生编译的"汉译世界高等教育名著丛书"为圭臬，对该丛书的引用占高被引文献的半壁江山。伯顿·克拉克的两本著作排名分别居第二和第三位，占高被引文献的 38%。伯顿·克拉克是国际高等教育领域公认的权威学者，他的学术思想博大精深，主要集中在通过组织分析和跨国研究，从内部揭示高等教育的特性及高等院校的运行规律[1]。在借鉴西方理论的同时，我国本土的高等教育理论建构也已完成，由潘懋元先生主编的两部著作和一篇论文立起了国内高等教育理论的大旗，且《高等教育学》是排名前六中唯一的本土高等教育学理论著作。由此可见，潘懋元先生和王承绪先生作为我国高等教育科学研究特别贡献奖的首批获奖者，他们在国外高等教育理论引介和本土高等教育理论构建方面做出了卓越的贡献，产生了深远的影响。此外，还有一点值得注意的是，《马克思恩格斯全集》也位列前十之中，居于第七位。这表明国内高等教育学科的发展是在马克思恩格斯的辩证唯物主义和历史唯物主义指导下开展的，体现了高等教育学科的中国特色。但我们也应清醒地认识到，排名前五的高被引文献均为西方高等教育名著，且随着王承绪先生和腾大春先生去世、潘懋元先生年事渐高，尽管他们留给高等教育界的著作仍然是后辈们不断学习、引用、阐释的对象，但如何提升中国高等教育研究的理论水平、学术自信，涵育具有世界一流水平的学术成果，提升学术话语权，是摆在当今高等教育学者面前的紧迫难题。

（二）高等教育学共被引文献知识图谱分析

在对我国高等教育学共被引文献做出描述性统计分析后，接下来进一步从宏观层面描绘我国高等教育学研究的文献引证网络，探析知识流向，提示学科内外部之间的交叉关系。在 CiteSpace 中，设置时间跨度为"1979—2018 年"，时间切片设为 1 年，修改阈值为 [2, 2, 20]、[1, 3, 20]、[4, 3, 20]，每个切片值取前 5%，最高值为 100。采用寻径剪切方法，可视化形式为静态聚类和合并网络视图，通过运行最终得到 1054 个节点、1577 条边，模块 Q 值为 0.911，平均轮廓值为 0.3592，说明图谱结构显著，聚类信度高，具体如图 5-8 所示。该图虽然结构复杂，但仍不难观察出其中的特征和规律，可以将其概括为"一条主线、四大分支、一个闭环"，具体如图 5-9 所示。

（1）一条主线：从关注"学科发展""在校学生数""资源配置""教育与社会"等为开端，到关注高等教育学的"社会分层"，再到"高等教育扩张"，最后到"高等教育学"和"高等教育研究"，高等教育学被引文献表征了高等教

---

[1] 潘黎，侯剑华. 国际高等教育研究代表人物和学术团体思想的可视化探析——基于 *Higher Education* 等 8 种 SSCI 期刊作者共被引的分析［J］. 中国高教研究，2012（6）：8-12.

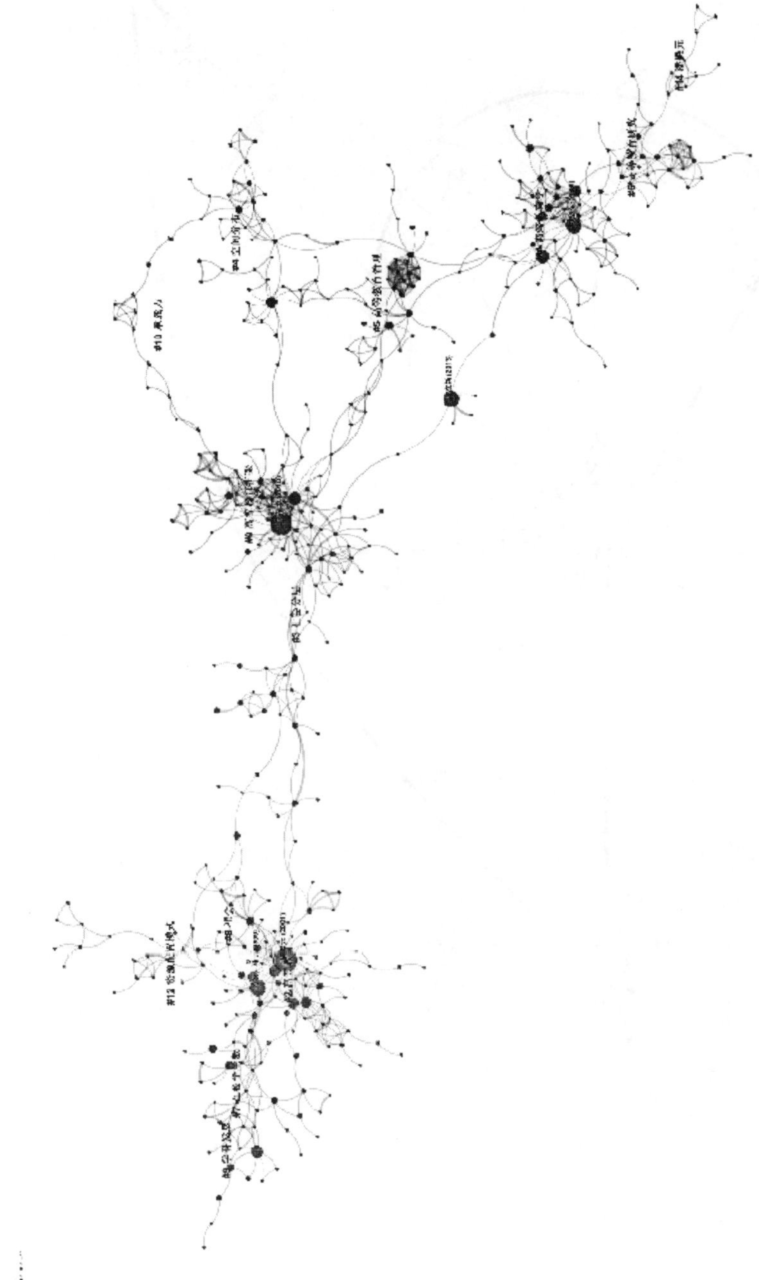

第五章 高等教育学"学科交流"知识图谱分析

图5-8 1979—2018年高等教育学文献共被引知识图谱

150 中国高等教育学研究的知识图谱分析
——基于期刊数据库的考察

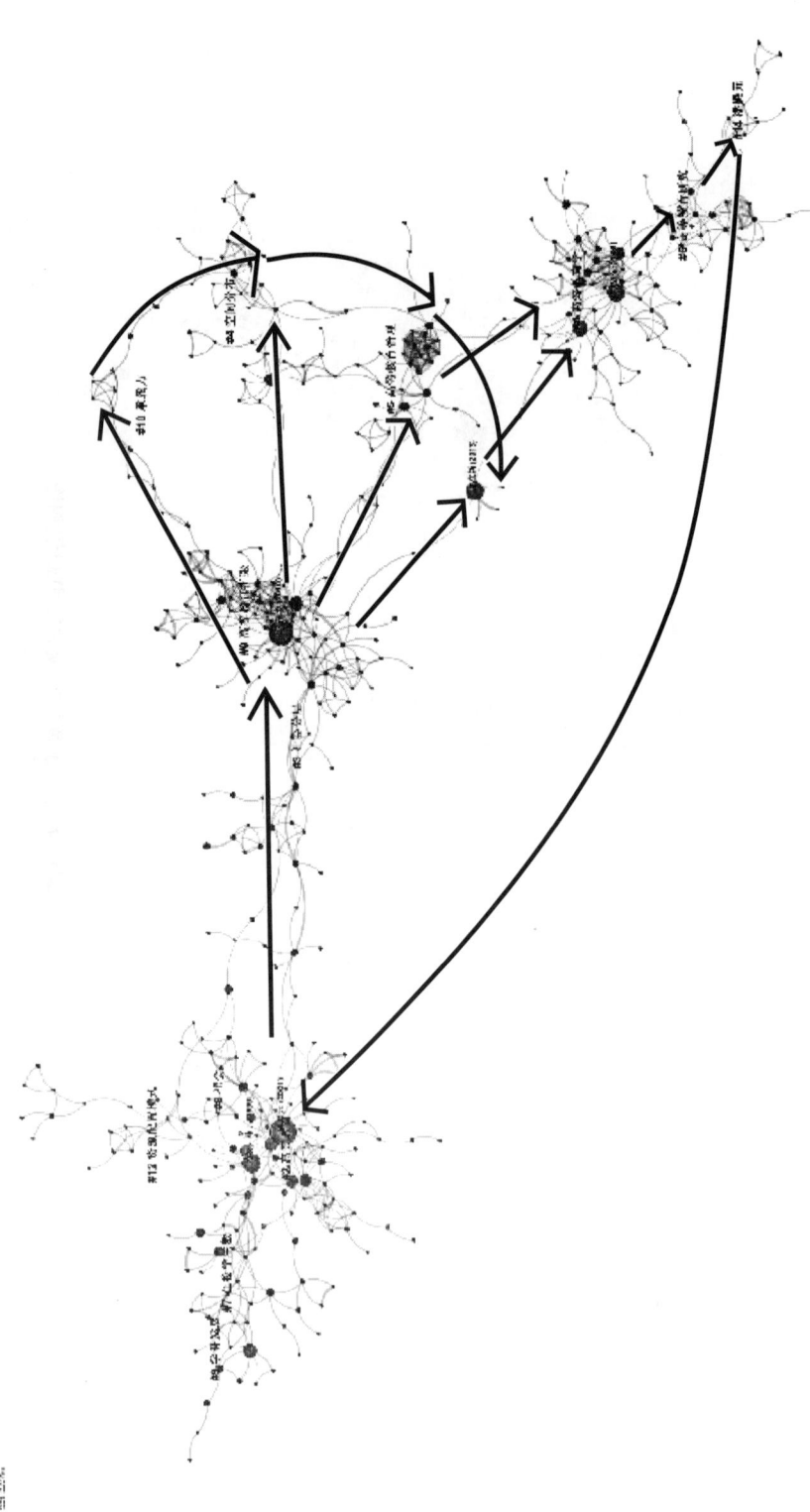

图5-9 1979—2018年高等教育学文献共被引知识图谱结构特征图

育学研究的历史空间趋势，即前学科期的现象关切→准学科期的性质关切→常规学科期的功能关切→学科革命期的自省关切→学科创新期的内涵关切，高等教育学科的本体建设始终贯穿其中。

（2）四大分支：以2010年"高等教育扩张"为节点，高等教育学科进入蓬勃发展期，高等教育大众化、市场化成为研究热点。面对规模的急剧扩张，随之而来的是规模与质量问题，学科价值与社会功用的争论等，并由此形成四条分支——价值层面的"承载力"、实践层面的"空间分布"、战略层面的"高等教育治理"以及学科本体层面的"高等教育学"和"高等教育研究"。前三大分支主要集中于高等教育的宏观和外在因素，第四个分支则侧重于高等教育学的自洽逻辑。

（3）一个闭环：以潘懋元先生的"高等教育"聚类为起点，经过李春玲、展立新、别敦荣等人的桥接，最终回到研究主题"潘懋元"。以某一个创始人物的观点为引领，经过不断的阐释、引申后，最终以该人物的思想为一个时代的总结和特征，完成了"元研究者"到"被研究者"的学术闭环，彰显了学科创始人对学科发展的深远影响。由此可见，潘懋元先生对高等教育学科的发展影响深远，其已经成为中国高等教育学科的符号性人物，其标志性文献成为后来研究者的经典引用文献，其思想和风格也已成为高等教育学中的一面旗帜。

从经典文献"辐射源"来看，潘懋元先生于2001年在《高等教育研究》上发表的文章《多学科观点的高等教育研究》成为影响最大的源文献，该文吸收、整合了马丁·特罗、伯顿·克拉克、联合国教育科文组织，以及潘懋元先生本人在2001年前有关高等教育学科建设和研究的有关论述，提出了高等教育学研究的多学科范式，并经过其后来不断丰富、深化，同时在胡建华、纪宝成、邬大光、张应强等人的引证传播下，形成了第一个具有源点辐射意义的经典被引文献，并构建起了中国高等教育学术共同体的起始环节，具体如图5-10所示。

经典的形成是知识借助"时间"和"意义"不断经典化的过程。"经典化"包括表现上的"阅读"和实质上的"诠释"，其实际操作方式为有别于"言说"上的"述说"[①]。由上述分析可以看出我国高等教育学文献引证网络的主要特征，即以经典人物的经典文献为传播源点，经过不断演绎分化，形成高等教育学的不

---

① 雷云. 略论教育经典与教育知识生产[J]. 上海教育科研, 2011 (3): 9-11.

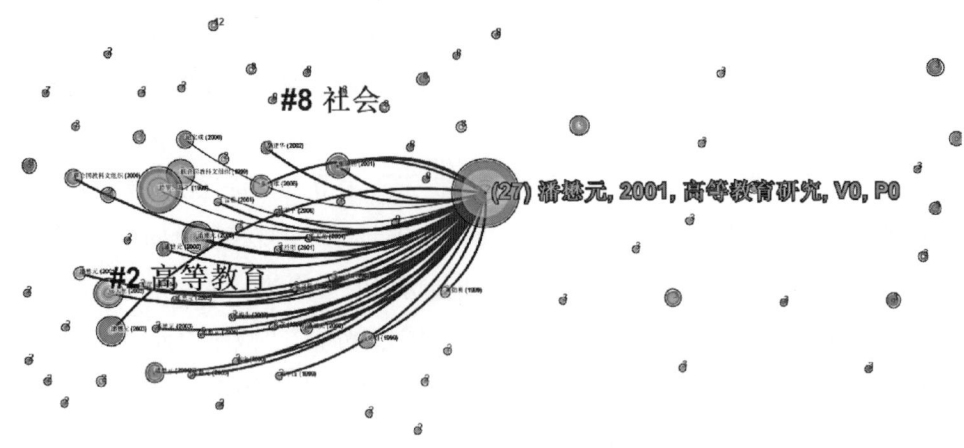

图 5-10 潘懋元先生的共被引辐射源文献示意图

同研究范式,并最终又归于经典人物的思想研究。这既反映了知识传播过程中由"人生产的知识"到"生产知识的人"的人性回归,也折射出学科发展从关注内部要素发展,到关注外部功用,再到关注内外统一的价值关怀的辩证逻辑过程。其中,在时间和空间上对关键人物及其思想的追踪、引申,契合了学科发展与知识传播的显性特征。

(三)高等教育学经典文献被引分析

经典文献是各个领域的大师们用艰苦劳动创作凝结而成的、能够深刻反映人类文明并经历了一定时间考验的伟大成果①,是兼具重要性、规范性、恒久性特征的文献。经典文献与学科发展阶段有一定的关联。依据学科发展的一般规律,某一学科发展成熟时,必然会产生代表这一学科学术水平的经典文献②。经典在反映当前学科热点来源的同时,也将对未来学科热点的预测发挥作用。在分析了文献引证网络后,为进一步理解学科交流的机制和趋势,下文将从微观的角度分析高被引文献的被引趋势和规律。此处仍以前文中排名前十的高被引文献(经典文献)为观察对象,从时间维度对其被引趋势做线性分析,以期以点带面,深度理解高等教育学文献引证规律和学科交流机理,具体情况如图 5-11 所示。

通过观察不难发现,所有高被引文献的引用频次均在 2010 年左右达到峰值,随后开始下降。这一趋势与 2010 年我国高等教育进入内涵式发展,更加注重实

---

① 王锦贵. 论经典文献 [J]. 新世纪图书馆, 2004 (6): 47-50.
② 王京山, 王锦贵. 经典文献概念分析 [J]. 图书与情报, 2006 (1): 103-105, 115.

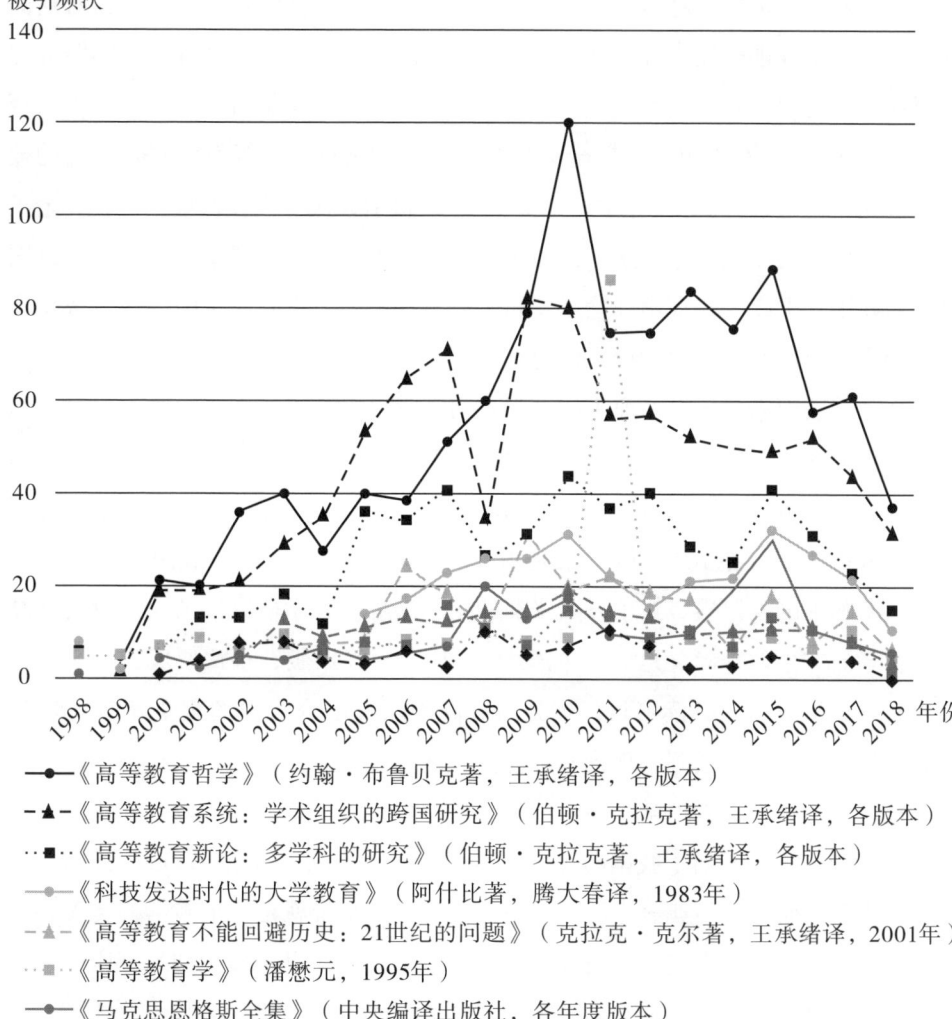

图 5-11 1998—2018 年高等教育学高被引文献年度引用情况

践问题的研究取向有关。且随着中国高等教育规模和质量的不断提升,其教育实践日趋多元化,在 2000 年左右引进的国外高等教育著作的理论和实践模式相较中国高等教育实践,明显出现了一定的脱节,不能满足中国高等教育理论与实践的突破与创新要求,因之在被引频次上出现了较大的下滑。至 2018 年,基本上跌回至 2003 年左右的水平,与其刚引进时的被引频次相差无几。这说明我国高等教育学科发展正处于对国外高等教育理论与实践的理性改造、对国内新时期高等教育创新实践进行理论升华的衔接阶段，新的适合中国特色高等教育实践的理论正在孕育之中。除此之外，《高等教育大众化的教育质量观》《国际高等教育政策比较研究》《马克思恩格斯全集》和《多学科观点的高等教育研究》等的被引次数比较稳定，《高等教育学》除 2011 年的被引频次有突发性增长外，其余年份的被引情况也比较稳定。这一方面说明这些文献具有较强的生命力，另一方面也说明我国本土高等教育学理论尽管属于后发理论，但它脱胎于中国高等教育实践，较之国外高等教育学理论更值得不断去丰富、引申和建构。

从微观层面来看，排名前十的高频被引文献可以分为三大类。第一类是王承绪先生编译的"汉译世界高等教育名著丛书"。王承绪以严复的"翻译三经"为翻译标准，吸纳郑晓沧的翻译思想，因应翻译功能主义观点，形成了以教育名著翻译为杠杆的研究范式[①]。该丛书是对我国高等教育学科影响最深远的一套丛书。这套丛书的翻译出版对于方兴未艾的中国高等教育学研究以及快速发展的高等教育学研究生教育无疑是"雪中送炭"，丛书一经出版，很快便成为许多高校高等教育学研究生的必读书目，成为诸多高等教育研究人员的重要参考文献[②]。这些著作的分析方法独到、理论基础扎实，涉及教育学、政治学、经济学、历史学、社会学、哲学、管理学等多个交叉学科知识，尤其是《高等教育新论——多学科的研究》更是开启了我国高等教育学多学科研究范式的先河，成为国内高等教育学界跨界研究的经典著作。可以说，这套丛书本身就是一个多学科交叉渗透的案例组合，它向世人宣明了高等教育学的多学科属性以及多元动态基因——研究高等教育理论与实践，从全学科的角度予以考察，方可把握高等教育的本质，探索切合实际、体现特色的高等教育发展规律，构建先进的同时也是民族的高等教育学科体系。这套丛书的出版不仅为我国高等教育理论界奠定了知识论基础，也为高等教育学研究奠定了方法论基础，即多学科交叉整合的高等教育学研究范式。

第二类是潘懋元先生编写的系列本土化高等教育理论著作和撰写的论文，包括具有学科奠基性意义的《高等教育学》、与《高等教育新论——多学科的研

---

① 吴世勇. 王承绪学术思想研究 [M]. 广州：广东高等教育出版社，2018：前言 3.
② 龚放. 中国教育研究领域学者、论著影响力报告——基于 2005—2006 年 CSSCI 的统计分析 [J]. 复旦教育论坛，2009（2）：35–45.

究》异曲同工的《多学科观点的高等教育研究》以及具有实践理性的《高等教育大众化的教育质量观》。这三个研究成果也隐约形成了一个体系：着重于学科基本命题的学科教材—注重于学科研究范式的学术著作—注重于学科实践创新的学术论文。在潘懋元先生丰硕的论著中，这三个高被引文献无疑为高等教育学科建设、理论研究和实践发展发挥了巨大的指导作用。其中，《多学科观点的高等教育研究》在彰显高等教育学多学科研究范式方面尤为显著。该书借鉴了《高等教育新论——多学科的研究》的多学科视角，从社会学、政治学、管理学、系统科学等关联学科出发，借鉴社会分层理论、权力结构理论、现代管理理论、系统论等经典理论，运用比较的方法，结合中国高等教育实践，构建了具有中国特色的高等教育学多学科研究范式。这本著作与伯顿·克拉克的《高等教育新论——多学科的研究》互相呼应，是一部为构建高等教育学科理论体系而进行理论和方法论准备的专著[①]，弥补了伯顿·克拉克的著作在心理学等相关学科上的遗憾。对中国读者来说，该书更切合中国的高等教育实际[②]，进一步推动了国内高等教育学科的交叉研究，促进了学科的深层交流。

  第三类是具有远缘交叉学科性质的两本著作——《马克思恩格斯全集》和《科技发达时代的大学教育》。这两本著作题名中都没有包含"高等教育"的字样，且两本书的作者都"出身于"非高等教育学科。《马克思恩格斯全集》在国内理论界的地位毋庸置疑，整个哲学社会科学都离不开马克思主义理论的指导。教育作为培养人的一种社会活动，其研究和服务的对象是人，而人的全面发展学说是马克思主义的经典诊断，因而教育界引用马克思学说可以说是水到渠成。因此，从辩证唯物主义和历史唯物主义的角度对教育现象和规律进行深度阐释，也成为教育学研究的一种隐性和必然理路。高等教育学培养专门的高级人才，是属于教育学领域中最具应用性和实践性的一门学科，更需要先进的理论指导，尤其是哲学方法论层面的指导。因之，引用马克思主义学说自然成为高等教育学探索人本主义和社会主义取向的理论关怀以及实践倡导的上佳之选。

  《科技发达时代的大学教育》同样是世界高等教育名著，在排名前十的高等

---

① 陈厚丰，李莉. 大学理念的哲学审视——潘懋元《多学科观点的高等教育研究·哲学的观点》述评 [J]. 中国高教研究，2004（9）：93-94.

② 周川. 致力于高等教育学的理论发展——读《多学科观点的高等教育研究》[J]. 高等教育研究，2002（2）：105-107.

教育论著中成书最早,在 1998—2008 年《高等教育研究》的高被引文献中位列第四[①]。该书借鉴"进化论"观点,创造性地提出了"大学遗传环境论"思想,成为世界高等教育界探索大学发展的重要理论基础。出身于生物学家的阿什比,将其专业优势带入研究和工作实践,以研究者自身的学科研究和实践工作的泛边界性进行交叉研究,凝练出创新性的理论成果。

系统解读、研究和评论旗帜型专家学者的学术成果,不仅是学科基础理论研究和学科理论体系建设的重要内容[②]和学习、了解本专业学术历史的必修课,也是培养和孕育专业人才的重要舞台和必经之路[③],更是一个学科日趋成熟的表现,同时也是"了解历史、把握现状,透视未来"的重要途径之一[④]。上述高被引文献之所以成为学界的标志性成果,为后来者所推崇,不仅在于文献自身的多学科创新性,也在于研究者自身学术结构的多元性。换言之,高等教育学研究者不仅需要拓展自身的学术视野,从多学科视角对高等教育进行宏观分析、微观解剖和实践验证,更需从学缘结构上进行早期干预和交叉。高等教育学科要培养和造就大量的多学科背景的研究人才,从而从根本上解决"就高等教育而论高等教育"的狭隘。如研究高等教育经济学,如果没有经济学的专业背景,则研究无从切入,或仅仅是隔靴搔痒,不得其妙。特别是在信息技术高度发达的科技时代和复杂社会系统中,运用先进的经典的跨学科理论、工具和方法进行高等教育研究已经成为学科基本范式,囿于常规的教育理论的自证推导固然有其必要性,但它的解释力已远远无法满足实践的多元与创变。唯有开展多学科交叉研究,才能保证高等教育学发展的旺盛生命力。

三、 高等教育学关联期刊共被引分析

学术期刊作为学科的外在建制之一,是表现科学活动的重要载体和传播科研

---

① 易高峰,刘盛博,赵文华.《高等教育研究》研究热点及其知识基础图谱分析 [J]. 高等教育研究,2009,30 (10):74–80.

② 桑新民. 学术权威人物个案研究的理念与方法论——美国教育技术学领军人物学术思想研究述评 [J]. 现代教育技术,2010 (1):5–9.

③ 丁煜,桑新民. 国外教育技术学专家访谈启示录 [J]. 中国电化教育,2005 (8):24–27.

④ 兰国帅,汪基德,梁林梅. 国外教育技术十大领域与权威人物的知识图谱建构研究——基于 18 种 SSCI 期刊(1960—2016 年)文献的可视化分析 [J]. 远程教育杂志,2017 (2):74–85.

成果的主流平台，是科学家们开展研究和学术交流中最重要的正式渠道①。随着知识的高度分化，期刊阵营也出现了专业上的分工、职能上的分化和质量上的分层。高质量的学术期刊不仅能够引领学术研究、培育学科专家，甚至能生成学术规范，如 Nature、Science 等顶级期刊。尽管科学的学术评价应规避"以刊定级"的粗暴判断，但期刊的风格与质量仍然一定程度上代表着学术成果的权威性与影响力，且在基于期刊分层的发展实践中，不同阵营的期刊在相互引证上具有一定的向心性。因之，期刊的权威性、学术成果的影响力以及相互之间的引证关系高度同构。1973 年亨利·斯莫尔（Small H.）提出了文献共被引分析②，1991 年麦凯恩·夸维（McCain K. W.）将其引入期刊研究并逐渐形成期刊共被引分析。目前，期刊共被引分析已经成为一种成熟的探索期刊关联的分析方法，其科学性、可靠性早已得到证实③。期刊在学科领域内的聚合既是期刊发展的需要，又是学科发展的需要④。研究期刊之间的共被引关系，能够窥视学科研究的学术交流模式⑤。而基于 40 年的高等教育学研究论文分析相关期刊的共被引关系，可明晰高等教育学科知识交流、知识扩散的路径、程度以及知识更新的速度，并对未来高等教育学的发展方向提供参考。

根据原国家新闻出版总署公布的期刊认定结果，我国 2016 年共出版期刊10084 种，其中，文化、教育类期刊 1383 种，占期刊总品种数的 13.71%，占总印数的 22.90%，占总印张数的 21.05%⑥。对期刊阵营的分级标准，目前在学界认可度较高的主要有三大体系：CSSCI、中国人民大学复印报刊资料重要转载来

---

① MCCAIN K W. Mapping economics through the journal literature：An experiment in journal co‐citation analysis［J］. Journal of the American Society for Information Science. 1991，42（4）：290－296.

② SMALL H. Co-citation in the scientific literature：A new measure of the relationship between two documents［J］. Journal of the American Society for Information Science，1973，24（4）：265－269.

③ 李秀霞，邵作运. 学术期刊三种分析方法的网络特征比较——以图书情报学核心期刊为例［J］. 中国科技期刊研究，2016（9）：981－989.

④ 骆超，钱向东，彭桃英. 关于专业性学科刊群构建与发展的思考［J］. 编辑学报，2017（1）：48－51.

⑤ VANDERSTRAETEN R.. Scholarly communication in education journals［J］. Social Science History，2011，35（1）：109－118.

⑥ 中国新闻出版广电报. 2016 年全国新闻出版业基本情况［EB/OL］.（2017－07－25）［2019－02－12］https：//www.chinaxwcb.com/info/20957.

源刊和中国人文社会科学期刊 AMI 综合评价报告。据统计,三类期刊评价体系中,共囊括教育学类的重要学术期刊 117 种,其中有高等教育学(含职业教育)专业期刊 20 种①。某种意义上讲,这些教育学类的重要期刊均为高质量期刊。此外,北大中文核心期刊要目总览也具有一定的影响力,其分类标准和前述三者并无太大差异。

以上述期刊分类标准为参照,结合 CSSCI 数据,本节主要从三个方面进行期刊共被引分析:首先,从整体上介绍期刊被引情况;其次,通过绘制共被引图谱,确定高被引权威期刊;最后,对其中的若干权威期刊做个案分析,得出潜藏其中的期刊发展和学科交流规律。

(一) 高等教育学关联期刊被引概况分析

期刊被引涉及期刊数量、引文数量、单个期刊被引频次等。期刊论文的引文数量和年度分布呈现了高等教育学科知识增长的概况。而高被引非高等教育学期刊表征着高等教育学研究与其他学科的紧密程度,高被引期刊被引情况演变更是呈现出高等教育学科发展中知识交流的规律。

1979—2018 年我国高等教育学科论文记录共有 7545 条,论文共有引文 69277 条,平均每篇论文的引文数量为 9.18 篇次。经过人工整理,剔除著作、报纸、报告、会议、新闻等非学术期刊来源文献后,将期刊数据导入 Bibexcel 软件,共读取到 53184 条有效信息,涉及 13480 种被引用期刊,每个期刊的平均引用次数为 3.95 篇次。按照每年被引期刊的数量情况进行时间序列统计,可以得到期刊被引年度分布情况,如图 5-12 所示。可以发现,期刊被引数量总体呈上升趋势,这与我国高等教育学科增加投入、队伍规模扩充、期刊阵营扩大不无关系。

在数据分析过程中,不得不提到的一点是,由于期刊文献标注格式的原因,有近 16000 条引文文献无法识别,约占被引文献总数的 23.2%,尤其是外文被引文献,可以说标注格式非常不统一,难以进行梳理分析。这些未读取的数据,虽然经过人工整理和统计,对数据分析结果影响不大,但从侧面说明我国期刊出版界和学术界在执行统一的参考文献著录规范方面仍然存在比较严重的问题。教育

---

① 人大复印报刊资料,人文社科三大期刊评价体系分学科重要期刊目录[EB/OL]. (2018-11-27)[2019-02-12]. https://m.sohu.com/a/278188262_273375?ivk_sa=1024320u.

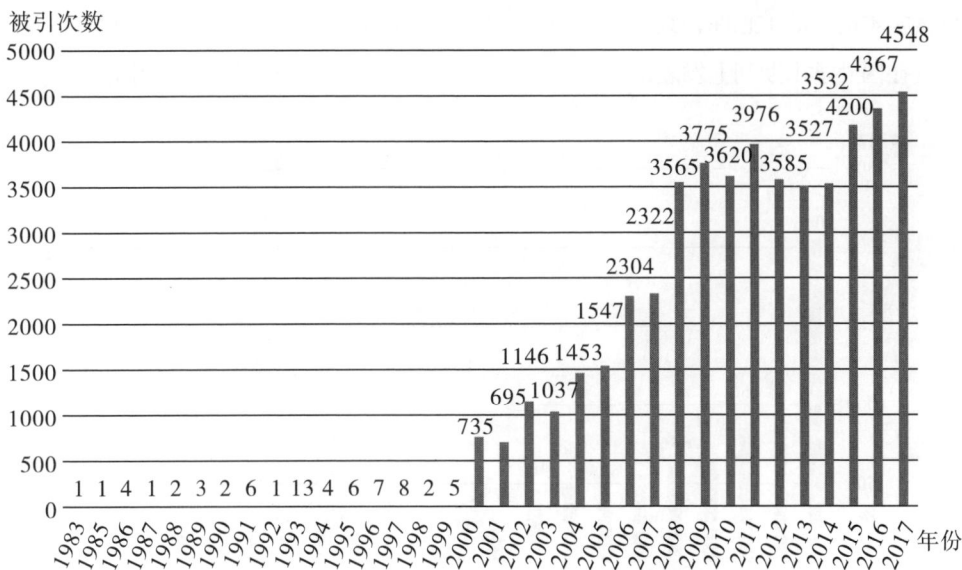

图 5-12　1979—2018 年我国高等教育学被引期刊数量年度分布图

期刊是教育学界用于学术交流的公共论坛，更应该为学界树立科学研究的标杆①。学术期刊缺乏严格的学术标准不仅会玷污眼前的学术和科学成果，更令人担忧的是可能会导致后来者迷失了奋斗的方向②。为推进高等教育学科的规范、持续发展，提升高等教育学乃至教育学期刊载文的规范性和科学性势在必行。

在所有被引期刊中，排名前 20 位的期刊情况如图 5-13 所示。排名前 20 位的期刊中，有高等教育专业性期刊 7 个、教育学综合性期刊 9 个、高校综合性学报 2 个、人文社科其他类期刊 2 个，无外文期刊。它们的总被引频次为 9515 次，占所有期刊总被引频次的 17.9%。此外，国际知名高等教育类外文期刊，如 *Journal of Higher Education*，*Higher Education Policy*，*International Higher Education*，*Quality in Higher Education*，*Study in Higher Education* 等均位于 140 位开外。由此可见，我国高等教育学学者在发表学术论文时，发表载体主要以国内教育学期刊为主，在国际学术期刊发文上存在严重不足。诚然，此处分析的仅仅是作为学术论文发表的期刊阵地，与前文所述的被引文献排名前十有所出入，但学术论文和期刊由于

---

①　肖朗，黄国庭. 教育期刊与学术发展的历史考察——中美比较的视角 [J]. 华东师范大学学报（教育科学版），2011，29（1）：80-87.

②　爱德华·希尔斯. 学术的秩序——当代大学论文集 [M]. 李家永，译. 北京：商务印书馆，2007：403.

更具学术前沿的敏感性,其学术声誉、规范性和影响力更为同行专家所认可。因此,能否在国外学术期刊上发表论文,一定程度上代表着学者的学术影响力和话语权。

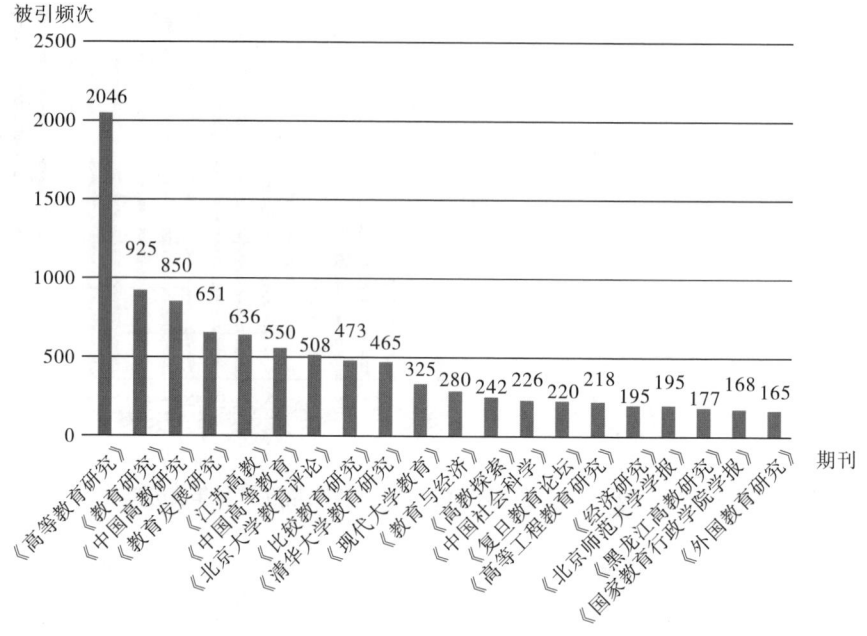

图5-13 被引频次排名前20位的期刊

排名前20位的期刊中,高等教育学主要与教育学的其他分支学科交流较多,如有《比较教育研究》《外国教育研究》等。让人惊喜的是,高等教育学与经济学的交流和互动也较强,如有《教育与经济》《经济研究》等;而作为国内人文社科类期刊的顶尖期刊,《中国社会科学》上发表的文章被高等教育学学者引用得较多。可见,高等教育学研究在理论和方法上借鉴较多的是人文社会科学领域的研究成果,其交流也更密切。总体上讲,教育学类期刊仍然占据主导地位,高等教育学科建设仍然需要继续加强与其他人文社会科学的近缘交叉以及和自然科学的远缘交叉,汲取不同学科的理论和方法的营养,不断促进高等教育学科的内涵式发展。需要特别明确的是,"学科交流"看似是其他学科在高等教育学"领地"上进行"耕耘",但它们在收获自己成果的同时,也留给了高等教育学诸多成果。"人力资本理论"和"高等教育成本分担理论"就是最好的例证①。此外,

---

① 张应强. 超越"学科论"和"研究领域论"之争——对我国高等教育学学科建设方向的思考[J]. 北京大学教育评论, 2011 (4): 49-61.

高等教育学并非一味地被其他学科抢夺"领地",其在借鉴其他学科完善自身发展的同时,也向其他人文社会科学学科贡献了知识流。有研究表明,C100 指数①期刊群的 20 个非教育类期刊中,有 17 类期刊均载有高等教育学文献,且集中在图书馆情报与文献学、管理学、社会学等学科领域②。这也从一个角度反映出了高等教育学研究跨学科发展的特征。

如果从时间序列上对被引频次排名前 20 位的期刊进行分析,可进一步观察到高等教育学科的演进和渗透轨迹。如图 5-14 所示,2000 年之前,高等教育学学术论文引文较少,且多数不够规范。进入 21 世纪后,高等教育学研究才迎来

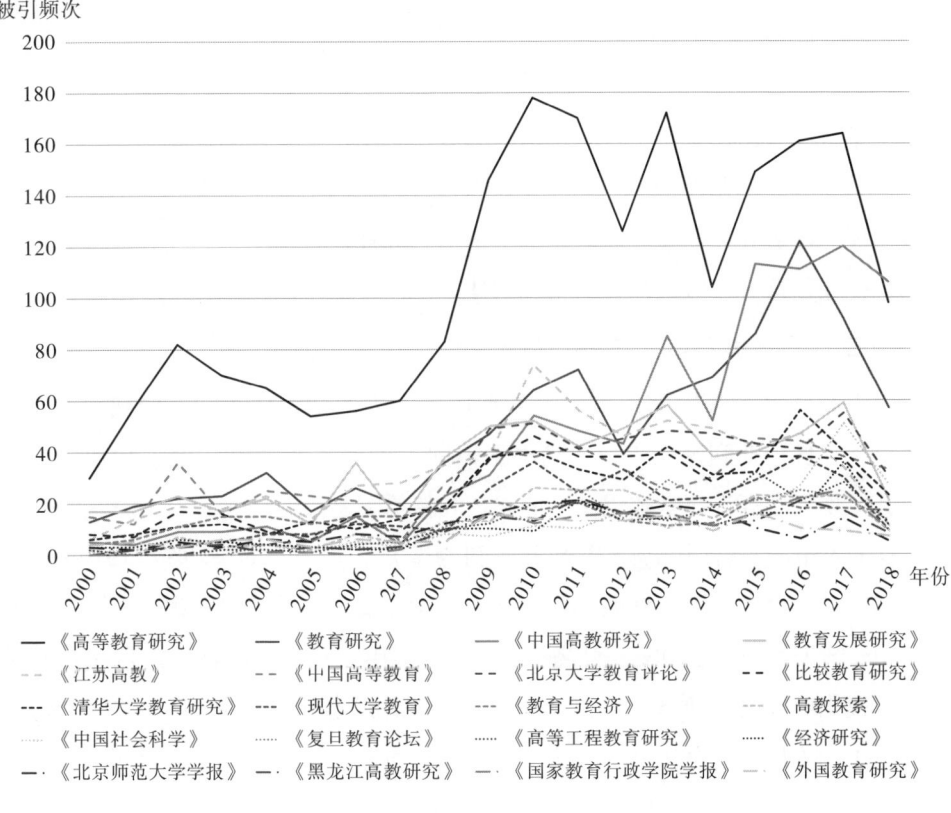

图 5-14 高等教育学高被引期刊年度被引情况

---

① C100 指数是南京大学中国社会科学研究评价中心基于 111 种中文人文社科类期刊提出的学科学术论文生产评价的多维指标体系。

② 褚照锋,陈廷柱,李明忠. 高等教育学学科学术论文生产现状的多维分析——基于 C100 指数视角 [J]. 高教探索, 2017 (9): 5-13.

蓬勃发展期，文献被引进入规范化和规模化发展阶段。高等教育学专业期刊中，《高等教育研究》可谓一枝独秀，势头强劲，始终保持着较高的被引频次。这一方面说明专业性期刊对学科发展的贡献度大，另一方面也表明高等教育学科的发展对专业性期刊的依赖度高。故而，认为《高等教育研究》与中国高等教育学几乎是孪生姐妹毫不为过[①]。《中国高等教育》在2010年后也保持了较快的增长势头，对高等教育学科发展也影响颇大。中国高等教育学会将一个论坛、一本刊物发展成为该学会在整个高等教育界的重要品牌，促使了《中国高教研究》的权威性及影响力迅速提升[②]。此外，《江苏高教》也因重视高等教育领域的重大、热点和前沿问题而有较高的被引率。而教育学综合性期刊中，《教育研究》和《教育发展研究》的被引次数一直较高，体现了高等教育学对教育学的依存关系。《教育研究》作为教育学专业的综合性顶尖期刊，对高等教育学乃至其他二级教育学科和方向都有重要参考价值。

总结而言，专业性学术期刊、专业综合性期刊和专业学会会刊等对高等教育学科发展的影响至关重要。而国外的学术期刊同样体现出了这一点，尤其是学会会刊，往往是这一领域最顶尖的学术载体。

（二）高等教育学关联期刊共被引聚类结果及分析

高等教育学历经40多年的发展，形成了庞大的知识体系。这些知识并非均匀地分布在各个期刊论文中，而是根据不同"偏好"聚合在一起，形成一个个聚类，体现了高等教育学知识分支的渗透和传播关系。

在 CiteSpace 软件中，以共被引期刊为节点，设置时间跨度为1979—2018年，时间切片设为1年，修改阈值为［17，15，20］、［2，2，20］、［17，15，20］，每个切片值取前10%，最高值为100。采用寻径剪切方法，对网络进行剪枝，可视化形式设为静态聚类和合并网络视图，通过运行最终得到129个节点、304条边，模块Q值为0.7872，大于0.3；平均轮廓值为0.5197，大于0.5，说明图谱结构显著，聚类信度高，具体如图5-15所示。

从图5-15中可以看出，去除一些边缘节点和独立节点后，共形成了8个聚类，如图5-16所示。这些共被引期刊也同时反映了我国高等教育学研究的问题

[①] 周川. 特立独行品自高［J］. 高等教育研究, 2010 (11): 27-28.
[②] 王小梅. 一份教育学术期刊的责任与担当——纪念《中国高教研究》创刊30周年［J］. 中国高教研究, 2015 (2): 13-19.

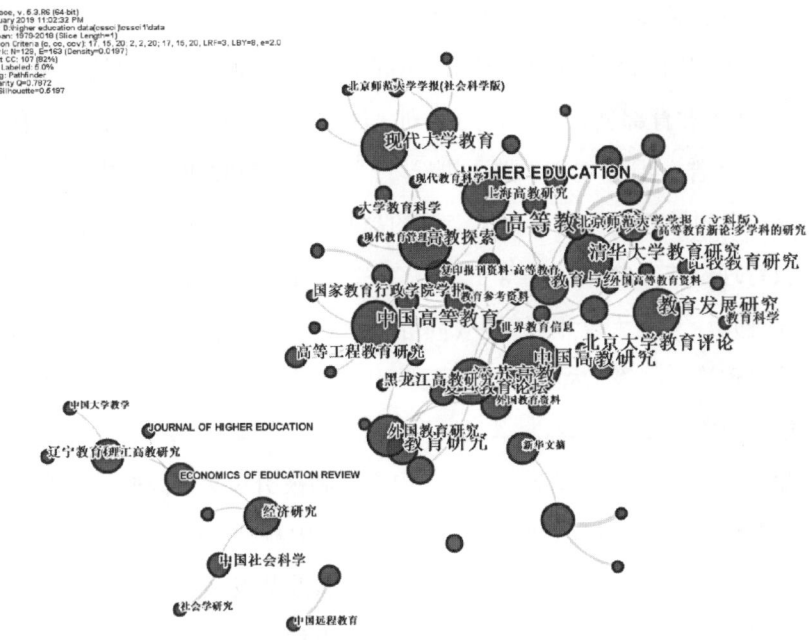

图 5-15　1979—2018 年高等教育学期刊共被引知识图谱

图 5-16　1979—2018 年高等教育学共被引期刊聚类知识图谱

和内容取向。下面对其中主要的 4 个聚类进行重点介绍。

（1）聚类#0 共有 15 个节点，其中，中心度和被引频次最高的是《中国高等教育》。该刊作为教育部创办并主管的期刊，注重权威解读和方向引领，有"高教第一刊"的美誉；倡导"正视听、明学理"；关注高教重点、热点、难点问题，是高等教育领域理论探究和工作交流的高端平台①。这一聚类中比较突出的期刊有《教育理论与实验》、《高等工程教育》、《国家教育行政学院学报》、《清华大学教育研究》、《人大复印资料》（高等教育版）、《高教文摘》等，以教育基本理论、教育政策、高等工程教育、文摘转引等为主要内容，体现了高等教育研究的理论建设和资政建设功能。

（2）聚类#3 共有 11 个节点，其中，中心度和被引频次最高的是《高等教育研究》。该刊是全国高等教育学研究会会刊，由华中科技大学与全国高等教育学研究会共同主办，以繁荣高等教育科学、促进高教改革发展为己任，大力倡导学术争鸣，特别重视扶植中青年学者，注重学术前沿动态。这一聚类中比较突出的期刊有《现代大学教育》《电化教育研究》《教育与经济》《大学教育科学》《国家教育行政学院学报》《现代教育管理》《高教探索》等，主要研究内容为多学科交叉研究，体现出了高等教育学与经济学、管理学、信息科学、政治学、法学等的关系。

（3）聚类#6 共有 10 个节点，其中，中心度和被引频次最高的是《教育发展研究》。该刊由上海市教育委员会主管、上海市教育科学研究院主办，注重教育与社会、经济、文化、科技的交叉研究，探讨教育的内在规律和发展趋势，政策研究影响力广泛，兼具学术性和可读性。这一聚类中比较突出的期刊有 Journal of Politic Economy、Journal of Economic Perspective 和《中国软科学》等，以探索教育经济运行模式为主，主要解决高等教育的投资、产出、效益等问题。

（4）聚类#7 共有 11 个节点，其中，中心度和被引频次较高的期刊为《经济研究》。该刊由中国社会科学院经济研究所主办，中国社会科学院主管，主要刊发反映我国经济新情况、新问题的理论研究文章。这一聚类中比较突出的期刊有《中国社会科学》、《社会学研究》、《北京师范大学学报（社会科学版）》、

---

① 中国教育新闻网. 中国高等教育期刊概况［EB/OL］.（2015 - 07 - 03）［2021 - 01 - 01］. http：//www.jyb.cn/zggdjy/qkgk/201507/t20150703_628656.html.

Journal Higher Education、Economic of Education Review、European Journal of Education 等，主要研究内容为社会、经济、文化、历史、哲学等领域的重大理论问题及其对教育及社会发展的影响等。

此外，还有以《比较教育研究》为核心的比较高等教育研究聚类，以《大学图书馆学报》为核心的情报科学研究聚类，以《教育研究》为中心的教育信息技术和远程高等教育研究聚类。这些聚类以高等教育学论文为链接点，围绕不同的高等教育学研究论题，将不同领域甚至不同学科的期刊集结在一起，在表征高等教育学知识生产的多学科特征的同时，也明确了聚类期刊的某些相似性。

通过以上分析不难看出，我国高等教育学科知识传播的载体仍以中国本土期刊阵地为主，以《高等教育研究》《教育研究》《中国高教研究》《中国高等教育》《清华大学教育研究》《江苏高教》等高质量期刊为主力阵营的高等教育学专业学术期刊拥有较高的知名度，对高等教育学科的建设发挥了重要的知识传播和交流作用。此外，我国高等教育学研究也在国际上拥有较高的学术认可度，以 Study in Higher Education、Higher Education 等为领头的国际高等教育研究权威期刊也成为国内高等教育研究者学术成果的主要发表阵地，极大地提升了我国高等教育研究的国际水平和理论自信。

尽管近四十年尤其是在"一带一路"倡议的推动下，我国高等教育对外交流合作的规模、质量逐年提升，但高等教育的国际竞争力仍显不足[①]。我们应该看到国内高等教育专业期刊与国外期刊的水平仍然有较大的差距，其学术影响力甚至难望其项背（从影响因子、被引国别广泛度等指标可见一斑），国际化程度不高。期刊国际化包括内容国际化、引文国际化、编委会国际化、出版规范国际化等[②]。反观高等教育学乃至整个教育学界，都缺乏具国际水准的顶级期刊，国内期刊在原创性、重大性成果引用和发表、学术规范等方面，与国际顶尖期刊相比仍然有一定的差距。一流高等教育学学术期刊是建设中国特色新型智库的关键所在。建设新时代中国特色一流高等教育学学术期刊要朝着坚持政治标准、突出

---

① 赵俊芳，刘玲. 我国高等教育70年盘点及未来发展建议［J］. 现代教育管理，2020(4)：1-9.

② 中国科学技术协会. 中国科协科技期刊发展报告2014［M］. 北京：中国科学技术出版社，2014：103.

学术创新、强调应用价值、彰显示范引领这四个方面持续努力①。因此，国内高等教育学专业学术期刊应从学术规范着手，与国际期刊采取同等格式标准，遴选政治导向正确的高质量稿件，培育高产和高被引作者，不断提升期刊办刊水平和质量，拓展高等教育学知识传播渠道，推动中国特色高等教育新型智库的发展。

（三）高等教育学关联期刊被引半衰期分析

"被引半衰期"（cited half-life）指某一期刊论文在某年被引用的全部次数中，较新的一半被引论文发表的时间跨度②。期刊被引半衰期分析旨在探寻期刊影响力的变化趋势和速度，从而观测出期刊在某一阶段载文倾向性向另一阶段转变和渗透的规律，而某学科期刊被引半衰期通过反映某学科不同"年龄"的文献对相关领域文献的吸引力衡量该学科文献的老化度。被引半衰期越长，说明该刊的文献的生命力越强。

期刊被引半衰期的求证步骤分为三步：一是确定半衰期的具体年份；二是统计各年份被引频次和总被引频次；三是计算被引频次年代积累百分比。此处需要说明的是，由于要对所选期刊进行对比，为更好体现期刊在学科交流和知识传播中的中介作用，结合CSSCI数据实际情况，起始年份设定在2000年，排名前20位的被引期刊的年度被引情况如表5-1所示。通过对表中的数据进行计算，可以得出各个期刊的年度被引频次积累百分比。

期刊被引半衰期则采用中国科技信息技术研究所发布的《2018年中国科技期刊引证报告（核心版）·社会科学类》中的数据③，具体如表5-2所示。由该表可知，被引半衰期最长的期刊是高校社科类学报《北京师范大学学报（社会科学版）》，为8.4年。这反映出《北京师范大学学报（社会科学版）》偏向于刊发基本理论领域的论文。理论性知识更加成熟和稳定，在整个学科发展中会被反复利用，其长期设置的教育、文学、历史、哲学研究等栏目，使这本期刊具备多学科色彩。这一多学科平台与北京师范大学的学校地位与相关学科的学术声誉

---

① 杜玉波. 建设新时代中国特色一流高等教育学术期刊 [J]. 中国高教研究，2020 (1)：1-4.
② 王建军，王德礼. 管理学CSSCI检索期刊学术影响力分析 [J]. 情报学报，2010 (1)：142-150.
③ 中国科学技术信息研究所. 2018年中国科技期刊引证报告（核心版）·社会科学卷 [M]. 北京：科学技术文献出版社，2018.

表 5-1 2000—2018 年排名前 20 位的高等教育学期刊被引情况

单位：次

年份	2000	2001	2002	2003	2004	2005	2006	2007	2008	2009	2010	2011	2012	2013	2014	2015	2016	2017	2018
《高等教育研究》	30	57	82	70	65	54	56	60	83	146	178	170	126	172	104	149	161	164	98
《教育研究》	13	19	22	23	32	17	26	19	36	47	64	72	39	62	69	86	122	92	57
《中国高教研究》	5	4	9	9	11	5	15	4	23	31	54	48	43	85	52	113	111	120	106
《教育发展研究》	17	17	23	17	22	12	36	13	38	50	52	42	49	58	38	40	47	59	21
《江苏高教》	6	14	19	18	23	14	27	28	35	39	74	56	46	52	49	42	47	34	11
《中国高教》	15	12	36	16	25	23	21	5	28	41	38	42	33	25	30	45	44	38	33
《北京大学教育评论》	—	—	—	3	4	6	13	9	23	49	51	41	45	48	47	43	41	55	30
《比较教育研究》	8	7	17	16	9	7	16	18	17	37	46	38	38	39	28	38	38	37	19
《清华大学教育研究》	6	8	11	12	8	13	10	14	19	38	40	33	29	42	31	32	56	40	23
《现代大学教育》	—	—	4	5	8	8	12	11	9	26	36	24	33	21	22	29	38	30	9
《教育与经济》	4	6	11	15	15	12	15	15	18	21	17	20	13	11	12	22	18	18	17
《高教探索》	2	—	7	3	4	2	8	4	13	13	26	25	25	19	14	23	22	23	9
《中国社会科学》	1	2	3	5	4	1	5	3	8	7	11	10	17	10	19	15	27	51	27
《复旦教育论坛》	—	—	—	—	4	—	3	2	11	16	13	25	14	29	19	21	25	22	13
《高等工程教育研究》	2	6	—	2	2	—	4	5	10	12	20	20	16	13	18	32	21	28	12
《经济研究》	3	3	6	5	4	3	2	2	10	10	9	21	13	14	11	16	16	36	11
《北京师范大学学报（社会科学版）》	3	2	5	3	6	5	8	7	12	16	20	21	16	19	17	10	6	14	5

续上表

年份	2000	2001	2002	2003	2004	2005	2006	2007	2008	2009	2010	2011	2012	2013	2014	2015	2016	2017	2018
《黑龙江高教研究》	—	2	3	4	1	3	2	3	9	15	13	22	16	14	11	13	21	17	8
《国家教育行政学院学报》	—	—	—	—	1	1	—	2	5	17	12	15	16	16	11	16	22	25	9
《外国教育研究》	4	5	3	6	6	3	6	5	5	16	14	13	13	15	9	16	10	9	7

表5-2 2000—2018年排名前20位的高等教育学高被引期刊积累百分比和被引半衰期情况

年份	2000	2001	2002	2003	2004	2005	2006	2007	2008	2009	2010	2011	2012	2013	2014	2015	2016	2017	被引半衰期/年
《北京师范大学学报（社会科学版）》	1.54	2.56	5.13	6.67	9.74	12.31	16.41	20.00	26.15	34.36	44.62	55.38	63.59	73.33	82.05	87.18	90.26	97.44	8.4
《经济研究》	1.54	3.08	6.15	8.72	10.77	12.31	13.33	14.36	19.49	24.62	29.23	40.00	46.67	53.85	59.49	67.69	75.90	94.36	7.6
《中国社会科学》	0.44	1.33	2.65	4.87	6.64	7.08	9.29	10.62	14.16	17.26	22.12	26.55	34.07	38.50	46.90	53.54	65.49	88.05	7.2
《外国教育研究》	2.42	5.45	7.27	10.91	14.55	16.36	20.00	23.03	26.06	35.76	44.24	52.12	60.00	69.09	74.55	84.24	90.30	95.76	6.9
《高等教育研究》	1.48	4.30	8.35	11.80	15.01	17.68	20.44	23.41	27.51	34.72	43.51	51.90	58.12	66.62	71.75	79.11	87.06	95.16	6.7
《比较教育研究》	1.69	3.17	6.77	10.15	12.05	13.53	16.91	20.72	24.31	32.14	41.86	49.89	57.93	66.17	72.09	80.13	88.16	95.98	6.7
《现代大学教育》	0.00	0.00	1.23	2.77	5.23	7.69	11.38	14.77	17.54	25.54	36.62	44.00	54.15	60.62	67.38	76.31	88.00	97.23	6.63
《清华大学教育研究》	1.29	3.01	5.38	7.96	9.68	12.47	14.62	17.63	21.72	29.89	38.49	45.59	51.83	60.86	67.53	74.41	86.45	95.05	6.5
《北京大学教育评论》	0.00	0.00	0.00	0.59	1.38	2.56	5.12	6.89	11.42	21.06	31.10	39.17	48.03	57.48	66.73	75.20	83.27	94.09	6

续上表

年份	2000	2001	2002	2003	2004	2005	2006	2007	2008	2009	2010	2011	2012	2013	2014	2015	2016	2017	被引半衰期/年
《教育研究》	1.42	3.49	5.89	8.40	11.89	13.74	16.58	18.65	22.57	27.70	34.68	42.53	46.78	53.54	61.07	70.45	83.75	93.78	5.5
《复旦教育论坛》	0.00	0.00	0.00	0.00	1.82	3.18	4.55	5.45	10.45	17.73	23.64	35.00	41.36	54.55	63.18	72.73	84.09	94.09	5.31
《高教探索》	0.33	0.83	3.72	4.96	6.61	7.44	10.74	12.40	17.77	23.14	33.88	44.21	54.55	62.40	68.18	77.69	86.78	96.28	5.2
《黑龙江高教研究》	0.00	1.13	2.82	5.08	5.65	7.34	8.47	10.17	15.25	23.73	31.07	43.50	52.54	60.45	66.67	74.01	85.88	95.48	4.96
《教育发展研究》	2.61	5.22	8.76	11.37	14.75	16.59	22.12	24.12	29.95	37.63	45.62	52.07	59.60	68.51	74.35	80.49	87.71	96.77	4.8
《中国高等教育》	2.73	4.91	11.45	14.36	18.91	23.09	26.91	27.82	32.91	40.36	47.27	54.91	60.91	65.45	70.91	79.09	87.09	94.00	4.76
《国家教育行政学院学报》	0.00	0.00	0.00	0.00	0.60	1.19	1.19	2.38	5.36	15.48	22.62	31.55	41.07	50.60	57.14	66.67	79.76	94.64	4.7
《教育与经济》	1.43	3.57	7.50	12.86	18.21	22.50	27.86	33.21	39.64	47.14	53.21	60.36	65.00	68.93	73.21	81.07	87.50	93.93	4.4
《中国高教研究》	0.59	1.06	2.12	3.18	4.48	5.07	6.84	7.31	10.02	13.68	20.05	25.71	30.78	40.80	46.93	60.26	73.35	87.50	4.1
《高等工程教育研究》	0.92	0.92	0.92	1.83	2.75	3.21	5.05	7.34	11.93	17.43	26.61	35.78	43.12	49.08	57.34	72.02	81.65	94.50	3.9
《江苏高教》	0.95	3.15	6.15	8.99	12.62	14.83	19.09	23.50	29.02	35.17	46.85	55.68	62.93	71.14	78.86	85.49	92.90	98.26	3.8

相得益彰，相互推动。

教育学类专业性期刊被引半衰期最长的为《外国教育研究》，为6.9年。这主要是因为其发文偏向国外前沿教育理论与实践，与国内相关理论和实践有一定的"逆差"，因之可以保持较长时间的先进性和被引频次。《比较教育研究》的期刊被引半衰期为6.7年，作为中国教育学会比较教育分会会刊，其发文相比《外国教育研究》偏向国际教育实践，被引半衰期也因此比后者略短0.2年。

高等教育学专业性期刊被引半衰期最长的仍然是《高等教育研究》，为6.7年。作为国内顶尖的高等教育学专业学术期刊，该刊一定程度上代表了中国高等教育学发展的历史、演进和知识传播的路径，其经典文献"辈出"，不断被后人引用，对高等教育学的发展有历久弥新的作用。被引半衰期相对较短的高等教育学专业性期刊为《江苏高教》（3.8年），这与其注重实践性和创新性，发文多为社会关注的高等教育学前沿问题有必然联系。

教育类综合性期刊的被引半衰期基本居中，其中，《教育研究》的被引半衰期为5.5年，《教育发展研究》为4.8年。这两本同为教育理论与教育管理领域的高等教育学知识援引的主要教育综合性期刊，分别由国家级和省级教育科学研究院主办。前者载文基本涵盖一级教育学科内包含的各个二级甚至三级学科和方向，各个分支发文相对均衡。这与教师职称评聘对高质量论文的要求不无关系；后者的栏目设置以专题或问题为划分依据，既关注教育政策分析，也关心教育管理实践问题，侧重与社会发展的互动和对教育现实问题的回应，故在被引半衰期上稍短于前者。

通过对期刊被引半衰期的研究，可以发现我国高等教育学研究与其他学科、领域互动的进程逐渐向纵深发展，如教育学专业系统内的交流和交叉、教育学与其他社会科学的交流和交叉，以及与自然科学的交流和交叉，如生命科学、信息计算科学等。各个期刊都有其权威的知识传播领域，代表着某个问题域的研究前沿。它们或许有所交叉，但不尽相同，如《高等教育研究》和《外国教育研究》，两者都刊发国外高等教育研究的前沿理论和实践研究成果，但前者偏向于刊发声誉较高的发达国家高等教育最新理论成果和热点实践，而后者刊发的范围则更加广泛。

四、小结

本章从学者共被引、文献共被引和期刊共被引三个维度，立体综合地考证了我国高等教育学"学科交流"的范式、趋势、广度和深度等问题，并试图发掘出不同阶段、不同领域的高被引作者、高被引文献和高被引期刊，以点带面，进而探索高等教育学在不同发展阶段的知识传播路径、学科交叉融合进程和知识生产范式，揭示隐藏在浩如烟海的文献背后"学科交流"的本质和规律。

（一）高等教育学学者共被引结论及分析

从作者共被引情况可以窥见某个学科高水平研究的权威团队，涉及的文献表征着某个学科的前沿理论和先进知识。这些知识作为信息源向四周不断辐射，促进各个细分领域和相关专业进行知识共享、创新，最后形成新的知识和领域，完成学科之间的交流和交叉以及学科内部之间的交流与碰撞。在建立研究规范和维持研究领域的团结一致方面，高被引作者通过他们身边的学生和合作者影响所在的研究领域的研究选题和论文方向。

我国当前共被引频次较高的国内作者有潘懋元、张应强、别敦荣、邬大光、陈学飞、王承绪、胡建华、周远清、杨东平和王洪才等人，国外作者有伯顿·克拉克、约翰·布鲁贝克、克拉克·科尔、阿什比等人。他们研究的内容主要有高等教育学学科建设问题、教育公平问题、教育投入问题、教育国际化问题、教育信息化问题、教育内涵式发展问题等。在这场学科内外部、国际和本土的学科交流和学者引证竞争中，国内高等教育学学者虽然占有一席之地，但从共被引的信息流向来看，我国学者仍处于信息下游方向。因之，国内学者需进一步加强原创性、本土化的基础理论和战略实践研究，增强学术话语权，改变高等教育学基础理论、分析方法主要借鉴国外学者相关成果的现状，将单向信息流变成双向信息流，真正实现互通有无、相互借鉴的学科交流。

从时间流变上看，排名前十的权威被引作者年度引用情况的连线大部分比较平缓，唯有潘懋元先生表现突出。就权威被引作者的整体情况而言，年度引用频次主要集中在2001—2010年这十年，随后进入下降期，且每一位作者被引趋势呈正态分布。这种分布趋势与高等教育学自身的发展逻辑是相吻合的。在前学科阶段，学科概念尚未形成，研究者也无学科归属，相关论文多是基于实践策略的分析，未形成权威论点，作者被引较少，唯有潘懋元先生一人被引。在学科初创期，随着招生制度的完善，学科创建人与早期培养的人才开始进行大量的学科基础理论研究，形成了一定的先发优势，被引作者集中在学科创始人与早期培养的博士生身上。在常规学科发展时期，随着学科人才的不断增加和成长，学科研究队伍进一步扩大，研究问题域更加宽广，学科之间的交叉与融合开始出现，形成了具有独特研究范式的不同流派，因之也产出了不少经典和权威研究成果，促进了高等教育学研究的交流和引证高峰。在学科革命酝酿阶段，高等教育学研究进一步分化，学科之间的交叉和融合在广度和深度上更加深入，新的理论和方法不断被应用到高等教育学研究之中，除少数早期权威作者和经典著作仍然被人们广泛引证外，高被引作者的分布呈现出散状特征，被引频次逐渐下降。

在旧的学科范式需要革新、新的学科研究范式尚未形成的缓冲时期，高等教育学的发展进入历史拐点，高被引作者也在经历新的学界定位。当前，高等教育学高被引作者除早期学科创始人及其弟子的学术生命周期仍较长外，作为学术接班人的青年学者的成才率较低，成长周期较长，需要所在单位进一步加大培育力度；学术期刊更应发挥其平台作用，为高等教育学青年人才的成长提供学术支撑。

（二）高等教育学文献共被引结论和分析

高等教育学研究文献的网络结构在一定程度上反映了该学科知识传播的路径和范式、学科交流的深度和广度。通过追踪和定位源头文献、传播向度，可以清晰地显示出高等教育学发展的学术脉络。

从时间顺序看，所有高被引文献的引用频次均在2010年左右达到峰值，随后开始下降。这一趋势与2010年我国高等教育进入内涵式发展，更加注重实践问题的研究取向有关。且随着中国高等教育规模和质量的不断提升，其教育实践日趋多元化，在2000年左右引进的国外高等教育著作的理论和实践模式明显与中国高等教育实践出现了一定的脱节，不能满足中国高等教育理论与实践的突破与创新，因之在被引频次上出现了较大的下滑。至2018年，基本上跌回2003年左右的水平，与其刚被引进时的被引频次相差无几。这说明我国高等教育学科发展正处于对国外高等教育理论与实践的理性改造、对国内新时期高等教育创新实践进行理论升华的衔接阶段，新的适合中国特色高等教育实践的理论正在孕育之中。

我国高等教育学经典文献呈现出以下特征。高等教育学研究领域广泛，被引1次的文献占比84.8%，但同时也说明经典文献较为缺乏。排名前十的高被引文献可以分为三个类别。第一类是王承绪先生主编的"汉译世界高等教育名著丛书"；第二类是潘懋元先生编写的系列本土化高等教育理论著作和撰写的研究论文,包括具有学科奠基性的《高等教育学》、与《高等教育新论》有异曲同工之妙的《多学科观点的高等教育研究》和具有实践理性的《高等教育大众化的教育质量观》,这三个研究成果也隐约形成了一个体系:着重于学科基本命题的学科教材——注重于学科研究范式的学术著作——注重于学科实践创新的学术论文;第三类是具有远缘交叉学科性质的两本著作——《马克思恩格斯全集》和《科技发达时代的大学教育》,这两本著作题名中都没有包含"高等教育",且两书的作者都"出身于"非高等教育领域。

国内高等教育学研究在借鉴西方理论的同时,本土高等教育理论建构也已完成,由潘懋元先生主编的两部著作和一篇论文擎起了国内高等教育理论的大旗。这些经典论著和论文为中国高等教育学发展提供了知识论和方法论基础,为中国高等教育学发展深植了多学科、跨学科的基因和注重实践的研究取向。这些文献"辐射源"基本决定了学科建制以来文献引证网络的主要结构。但我们也应清醒地认识到,尽管这些高被引作者留给高等教育界的著作仍然是后辈们不断学习、引用、阐释的对象,但随着老一辈学者的仙去或年事渐高,如何提升中国高等教育学研究的理论水平、学术自信,涵育具有世界一流水平的学术成果,提升学术话语权,是摆在当今高等教育学学者面前的紧迫难题。此外,高被引学术论文稀缺问题也必须受到正视和重视。学术论文相比于学术著作,其时效性、流通性和前沿性更强。当高等教育学知识被生产并以相对固定的形式凝结成系统化的知识成果后,"将作为人才培养的'培养基',实现新一轮人才的再生产"[①]。而这种"知识前沿缺乏"的境况必然影响高等教育学知识生产新人的培养质量,进而制约后续高等教育学知识生产的质量。故而我国高等教育学在解决了基本理论、研究范式等基本命题后,要进一步加强学科前沿性研究,对接国际学术标准,不断提升学术论文的产出水平,增强权威经典高等教育学论文的聚集度,且需下沉实践,从细微处入手,以实践检验理论,形成与中国社会新时期转型同构的学科转型发展格局。

(三) 高等教育学关联期刊共被引结论及分析

通过期刊之间的共被引关系,能够清晰地判断期刊的阵营演化和学术流变的

[①] 马廷奇,李蓉芳. 知识生产模式转型与人才培养模式创新 [J]. 高教发展与评估 2019 (5):8–16.

轨迹，以及学科内部及学科间的交流情况。

改革开放40多年来，期刊被引数量总体呈上升趋势，这与我国高等教育学科加大投入、队伍规模和期刊阵营不断扩大不无关系。在排名前20位的期刊中，有高等教育专业性期刊7个、教育学综合性期刊9个、高校综合性学报2个、人文社科其他类期刊2个，无外文期刊，Journal of Higher Education、Higher Education Policy、International Higher Education、Quality in Higher Education、Study in Higher Education等外文期刊的排名均位于140位开外。由此可见，一方面我国高等教育学知识传播载体以中国本土期刊阵地为主；另一方面我国高等教育学研究在国际上拥有一定的学术认可度，Study in Higher Education、Higher Education等国际高等教育研究权威期刊也成为国内高等教育学研究人员学术成果的主要发表阵地，极大提升了我国高等教育学研究的国际水平和理论自信。与国际顶尖期刊相比，国内期刊在原创性、重大性成果引用和发表、学术规范等方面仍然有一定的差距。因此，国内高等教育学专业学术期刊应从学术规范着手，与国际期刊采取同等格式标准，遴选高质量的稿件来源，培育高产和高被引作者，不断提升期刊办刊水平和质量，促进高等教育学学科发展。

从时间序列上对被引频次排名前20位的期刊进行分析发现，2000年之前学术论文引用参考文献较少，且多数不够规范。进入21世纪后，高等教育学研究迎来蓬勃发展期，文献被引方进入规范化和规模化发展。其中，《高等教育研究》可谓一枝独秀，势头强劲，始终保持着较高的被引频次，说明专业性期刊对学科发展的贡献度最大。此外，《教育研究》和《中国高等教育》两个期刊在2010年后也保持了良好的发展势头。可见专业性学术期刊、专业综合性期刊和专业学会会刊对学科发展的影响至关重要，国外学术期刊的发展情况更是体现了这一点，尤其是学会会刊，往往代表着这一领域最顶尖的学术载体。

从学科交流的角度考量，学术声誉较高和影响较大的期刊有《高等教育研究》《中国高教研究》《中国高等教育》《现代大学教育》《高教探索》等专业类学术期刊、《教育研究》《教育发展研究》《北京大学教育评论》等教育类综合性期刊，以及《北京师范大学学报（社会科学版）》《经济研究》《中国社会科学》等人文社科权威期刊，形成了高等教育学专业类——教育学综合类——其他人文社会科学类的三级期刊模式。可见，教育学类期刊仍然占据高被引期刊的主导地位，高等教育学研究在理论和方法上，借鉴较多的是人文社会科学领域的研究成果。在加快推进"双一流"高校建设的背景下，学科交叉融合研究有待拓展。①对中国高等教育学研究而言，要进一步转变研究范式，既要就教育而言教育，拓展其研究深度；也要跳出高等教育而言高等教育，加强其研究广度。要与社会科学和人文科学开展交叉研究，特别是与自然科学开展远缘交叉研究，借鉴其科学实证的研究方法，推进高等教育学研究方法的规范性和科学性，构建与世界接轨的高等教育研究标准。

这些期刊在研究范式上，逐渐由演绎的逻辑范式向归纳的实证范式转变，科学规范的质性研究和量化研究日益受重视。高等教育学理论的突破与创新，在很大程度上依赖于方法的综合与创新。引领理论创新与实践导向相结合的研究范式是新时期教育期刊的时代担当与发展使命②。学术期刊在此转变上担当着尤为重要的角色，如《北京大学教育评论》和《华东师范大学学报（教育科学版）》等32家教育学术期刊和《光明日报》曾力倡开展实证研究，提高应对重大教育理论和实践问题的能力，论文遴选标准和引文规范均向自然科学靠拢，一定程度上影响了相关作者群的研究范式，并产生了"涟漪效应"，同时提升了期刊的国际学术声誉，并促进了国内高等教育研究群体的范式转变。

从理论上讲，基础理论学科的文献要比应用技术学科文献的被引半衰期长，历史悠久的学科的文献要比新兴学科文献的被引半衰期长③。从期刊被引半衰期的角度看，排名前20位的期刊2018年的平均被引半衰期为5.7年。这个被引半衰期值在近些年有增加的趋势，表明我国高等教育学逐渐发展为成熟学科，并形成了一定的理论基础和学科底蕴。由于半衰期代表着学科3～10年发展的总体趋势，被引半衰期值增加说明科学研究成果的生命周期不断延长，知识更新速度变慢，理论和实践的替代程度相对较低，沿袭性和延续性较强。但也同时反映出知识创新的难度不断增加，原创性成果或具有重大理论意义的成果较难获得。尤其是随着高等教育学科发展成熟度不断增强，中国高等教育系统不断完善和稳定，高等教育实践问题不断被研究和解决，高等教育学知识迭代和范式转变将进

---

① 周海涛，徐珊. 近年来学科建设研究的重点领域及其展望［J］. 现代教育管理，2020 (1)：15-20.

② 于小艳，陈海娃. 新时期教育期刊的时代担当与发展使命——全国第五届教育期刊改革与发展高峰论坛综述［J］. 现代教育论丛，2019 (3)：86-90.

③ 王洵. 科技文献的"半衰期"［J］. 情报科学，1980 (4)：21-23.

入漫长的蜕变期。

综上言之,随着高等教育学科的不断成熟、中国高等教育系统的不断完善,中国高等教育学研究的分化趋势也越加明显,学科内部和外部的交流也会越来越频繁和紧密,广度和深度将不断增强。与此同时,新的研究范式、权威文献、权威期刊也将有所更替,信息源和辐射源也越趋多元和动态,在内部发展驱动力和外部需求刺激的双重诱导下,高等教育学知识生产的规模、质量、方式、取向和影响等都将迎来新的突破。

第六章

高等教育学"学者合作"知识图谱分析

如前文所述,高等教育学科内外部之间的交流、对其他学科文献的引证,映射和决定了研究者须具备两项基本的研究素养:多学科方法和团队合作。前者是就相关个体专业而言,强调学者需要掌握多学科的研究范式,或者说至少须掌握一种其他学科的研究方法,如社会学、统计学;后者主要是从科研本身的特征而言,随着学科的分化,新知识的生产越来越依赖研究人员的资源共享和知识互补,单打独斗式的研究已远远不能适应当前复杂的学术现象和环境,需要借鉴他人的研究思路和成果,多维度地对研究问题进行立体剖析,方可事半功倍,得出全面、科学、经得起时间拷问的研究结论。尤其是随着高等教育学研究领域的不断延伸,闭门造车、个体独白式的研究将捉襟见肘。我国政府从国家战略的高度,在《国家中长期科学与技术发展规划纲要(2006—2020年)》中明确将"扩大国际和地区科技合作与交流"作为增强国家自主创新能力的一项重要举措。研究学者如何加强合作,提升科研管理质量,进而提高知识产出效率成为创新型国家的重要议题。

在1978—1979年期间,学者Debbeaver D. 和

Rosen R. 连续刊发了三篇系列论文,从科学合作职业化起源、科研合作生产力、现代科学合作演化等角度首次提出了科学合作理论并做了实践调研①②③,之后,学者 Pravdi N. 等、Salinero M. C. 等、Hilario C. M. 等相继以科研论文为数据源,从作者科研合作产出、机构科研合作网络、学科合作特征等方面开展了研究④⑤⑥。在国内,学者们以科研论文为数据源,从科研合作知识扩散⑦、中外科研合作⑧、国家合作⑨、科学合作的地域倾向⑩、省市合作⑪⑫、高校科研合作网络⑬、企业合作⑭、

---

① DEBBEAVER D, ROSEN R. Studies in scientific collaboration Part 1:The professional origins of scientific co – authorship [J]. Scientomentrics, 1978, 1 (1):65 – 84.

② DEBBEAVER D, ROSEN R. Studies in scientific collaboration Part 2:Professionalization and the natural history of modern [J]. Scientomentrics, 1979, 1 (2):133 – 149.

③ DEBBEAVER D, ROSEN R. Studies in scientific collaboration Part 3:Professionalization and the natura lhistory of modern [J]. Scientomentrics, 1979, 1 (3):231 – 245.

④ PRAVDIC N, OLUICVUKOVIC V. Dual approach to multipleauthorship in the study of collaboration and scientific output relationship [J]. Scientometrics, 1986, 10 (5 – 6):259 – 280.

⑤ SALINERO M C, MICHALSKI F. Implications of scientific collaboration networks on studies of aquatic vertebrates in the Brazilian Amazon [J]. PLos One, 2016, 11 (6):e0158413.

⑥ HILARIO C M, CABRINI GRACIO M C. Scientific collaboration in Brazilian researches:A comparative study in the information science, mathematics and dentistry fields [J]. Scientometrics, 2017, 113 (2):929 – 950.

⑦ 李纲,巴志超. 科研合作超网络下的知识扩散演化模型研究 [J]. 情报学报, 2017, 36 (3):274 – 284.

⑧ 胡一竑,朱道立,张建同,等. 中外科研合作网络对比研究 [J]. 管理学报, 2009, 6 (10):1323 – 1329.

⑨ 王继民,王若佳,曾兰馨,等.1996—2015年"一带一路"沿线国家科研合作网络的演化分析 [J]. 图书情报工作, 2017 (16):76 – 83.

⑩ 梁立明,沙德春. 985高校校际科学合作的强地域倾向 [J]. 科学学与科学技术管理, 2008 (11):112 – 116.

⑪ 尹丽春,姜春林,殷福亮,等. 基于CSCD和SCI的跨省区科学合作网络可视化分析 [J]. 图书情报工作, 2007 (8):62 – 64.

⑫ 吴素春,聂鸣. 创新型城市内部科研合作网络特征研究——以武汉市论文合著数据为例 [J]. 情报杂志, 2013, 32 (1):111 – 117.

⑬ 邱均平,温芳芳. 我国"985工程"高校科研合作网络研究 [J]. 情报学报, 2011 (7):746 – 755.

⑭ 周磊,张玉峰. 基于专利情报分析的企业合作竞争模式研究 [J]. 情报学报, 2013 (6):593 – 600.

大学合作[①]、学科合作[②]、作者合作[③]等角度展开了研究。这些研究为科研合作的理论和实践提供了坚实基础，也奠定了科研合作的研究范式。"人们企图从各个角度去研究科学合作的性质、结构与规律，但是直到目前，合作的表现形式仍然主要是合著的科学论文。"[④] 虽然从共同作者无法窥得全貌，但分析共同作者仍是研究科学合作的好方法[⑤]。伴随着20世纪30年代社会网络分析理论和方法的提出，利用定量分析工具对各种社会关系进行可视化研究成为各类型关系研究的焦点。该方法认为，社会不是由个体的人而是由相互之间的网络组成的，个体只是社会网络中的节点，各个节点之间关系的不断延伸构成了整个社会网络结构。社会网络分析不仅仅是一个工具，更是关系论的思维方式的呈现，能够将复杂的社会关系量化为可测评的节点网络，从而掌握其结构特征与演化规律。目前，该方法在经济学、管理学、心理学、通信科学等领域应用广泛，在教育领域中也逐渐引起重视。

高等教育学学者合作网络也同其他网络一样，会随网络规模扩大、节点联系增多而导致复杂网络现象。这种现象与效应一定程度上反映了高等教育学学者科研合作网络的内在演化规律。通过绘制网络图谱，对这些复杂网络结构进行解读、对其演变进行观测，能够从更深层次上揭示我国高等教育学科科研合作的内在规律与现实困境，以推动高等教育学科科研合作范式创变、构建适应新时期高等教育发展的新型科研合作模式。

本章首先基于科研合作理论绘制高等教育学研究者合作网络知识图谱，并对其进行中心性分析以及论文合著率分析；其次，对研究者合作团体进行三种复杂网络分析，包括"小世界"效应、"社团"结构现象以及"桥点"现象分析；最后，通过合作频率演化分析以及知识传播效率演化分析呈现高等教育学科研合作网络演化特征和改革开放以来高等教育学研究人员合作的相关变化情况。

[①] 严程棋，赵映慧，谌慧倩，等. "十二五"期间我国农林类高校论文合著网络研究[J]. 图书情报工作，2016，60（S2）：107-110.

[②] 牛奉高，邱均平. 基于国家、学科合作网络和期刊分布的中国科研国际合作研究[J]. 情报科学，2015，33（5）：111-118.

[③] 邱均平，董克. 作者共现网络的科学研究结构揭示能力比较研究[J]. 中国图书馆学报，2014，40（1）：15-24.

[④] 王崇德. 论科学合作[J]. 科技管理研究，1984（5）：26-29.

[⑤] 崔鹤，王丹. 中国高等教育研究领域个体、机构及地域科研合作情况研究——基于2016年18家教育类中文核心期刊的合著文献分析[J]. 中国高教研究，2017（4）：48-55.

一、 高等教育学学者合作网络知识图谱

高等教育学学者合作网络知识图谱可清晰呈现高等教育学学者间的合作关系，而复杂网络分析中的点度中心性（point centrality）、中间中心性（between centrality）和接近中心性（close centrality）从更微观的层面呈现了作为个体的高等教育学学者在网络中的知识传递作用和学术威望。

（一） 高等教育学学者合作网络知识图谱概况

基于1979—2018年高等教育学研究者的数据分析，对其进行科研合作网络知识图谱绘制。为对图谱进行简化，以便更加简洁清晰地呈现高等教育学科学者的合作关系，在此遴选发文量在6篇以上的高产作者作为分析样本。去除独立节点后，其科研合作网络关系如图6-1所示。

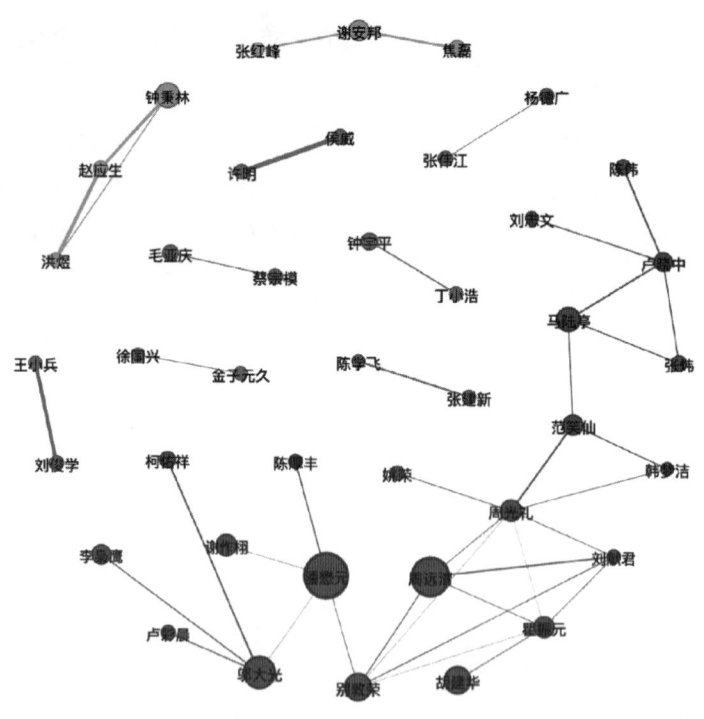

图6-1 1979—2018年高等教育学研究高产作者科研合作网络知识图谱

从图6-1中可以看出，高等教育学高产作者科研合作网络可分为三大聚类，分别用不同的灰度表示。图中右下角深灰部分的规模最大，包含作者最多，作者之间的合作关系较为复杂。这一类作者之间的合作关系将在下文中进行详细讨

论。图形中央浅灰部分为第二类，合作规模仅限于两者之间，具有明显的二元合作关系。图形左上角为第三类，合作者为三人，具有一定的交叉性。

通过对科研合作网络的拓扑结构分析，可以观测到中国高等教育学研究人员的科研合作情况。深灰部分的合作者网络结构虽然复杂，但总体合作规模仍然偏小，且部分学者之间的合作关系仍然不够紧密，节点密度稀疏。结合网络节点中学者的工作单位及学缘关系，看以看出我国高等教育学科研合作局限于学缘、组织之间的亲缘关系，跨部门、跨学缘、跨代际的科研合作仍然强度较弱；而小规模的科研合作则缺乏中心节点，或者说缺乏团队中的核心学术领军人物，合作的规模和强度有待提高。下文将通过复杂网络分析来研究科研合作网络中的节点分布、连通及发展情况，以及合作频率和知识传播速率等的演化规律。

（二）高等教育学学者合作网络中心性指数分析

在社会网络分析中，有个重要的指标——中心性，其包括两个核心概念：中心度（centrality）和中心势（centralization of graph）。前者指一个节点在网络中处于核心地位的程度；后者则描述整个社会网络图的紧密程度或一致性，也就是一个图的中心度。中心性常用的指标有三个——点度中心性（point centrality）、中间中心性（between centrality）和接近中心性（close centrality），每一种中心性又分为中心度和中心势。在本章绘制的高等教育学科研合作网络中，点代表着研究者个体，图代表由这些研究者组成的学术合作共同体。下文分别对以上三种中心性进行简单介绍，并根据这三项指标对高等教育学科研合作网络进行定量分析。

1. 点度中心性（point centrality）

即点的度数中心度。其可分为绝对中心度和相对中心度，某一点 i 的点中心度可以用 C_i 表示。某一点 i 的绝对度数中心度就是与该点直接相连的其他点的个数，用 C_{AD_i} 来表示（其中 AD 是 absolute degree 的缩写）。相对中心度就是该点的绝对中心度与网络中点的最大可能的度数之比，用 C_{RD_i} 表示（其中 RD 是 relative degree 的缩写）。节点的度越大，这个节点拥有的资源和机会就越多；图的度数中心势越高，表明图的一致性或总体整合度越好。

2. 中间中心性（between centrality）

又称中间中心度。这一概念最早由 Freeman 提出，用于描述处于许多交往网络路径上的行动者的节点所居的重要地位，其是沟通他者的桥梁，具备着控制他人之间的交往的能力，因而中间中心度测量的是行动者对资源信息的控制程度。如果一个点处在其他点的交通路径上，则该点的中间中心度就越高。

3. 接近中心性（closeness centrality）

又称接近中心度。包括两个方面：一是点的接近中心度，一个点的接近中心度就是该点和节点网络图中其他全部点的最短路径距离之和，即一个节点和网络其他节点间的"亲近"程度，可以用节点之间路径的长度来衡量；二是图的接近中心度，表示整个图谱接近中心度的趋势，星形网络图的接近中心势为100%，环形网络图的接近中心势为0。

以上三种中心性的计算公式如表6-1所示。

表6-1 三种中心性的计算公式

	点度中心性	中间中心性	接近中心性
绝对点度中心度	$C_C = \dfrac{\sum_i (C'_{RC_{max}} - C'_{RC_i})}{(n-2)(n-1)} \times (2n-3)$	$C_C = \dfrac{\sum_i (C'_{RC_{max}} - C'_{RC_i})}{(n-2)(n-1)} \times (2n-3)$	$C_C = \dfrac{\sum_i (C'_{RC_{max}} - C'_{RC_i})}{(n-2)(n-1)} \times (2n-3)$
相对点度中心度（标准化）	$C_C = \dfrac{\sum_i (C'_{RC_{max}} - C'_{RC_i})}{(n-2)(n-1)} \times (2n-3)$	$C_C = \dfrac{\sum_i (C'_{RC_{max}} - C'_{RC_i})}{(n-2)(n-1)} \times (2n-3)$	$C_C = \dfrac{\sum_i (C'_{RC_{max}} - C'_{RC_i})}{(n-2)(n-1)} \times (2n-3)$
图的中心势	$C_C = \dfrac{\sum_i (C'_{RC_{max}} - C'_{RC_i})}{(n-2)(n-1)} \times (2n-3)$	$C_C = \dfrac{\sum_i (C'_{RC_{max}} - C'_{RC_i})}{(n-2)(n-1)} \times (2n-3)$	$C_C = \dfrac{\sum_i (C'_{RC_{max}} - C'_{RC_i})}{(n-2)(n-1)} \times (2n-3)$

将全部作者数据导入Ucinet后，利用其中间度算法，分别对三种中心性进行计算，具体结果如图6-2～图6-4所示。

首先，发表6篇论文以上的高产作者的点度中心度等于1的共有11人，分别是侯威、卢晓中、许明、徐国兴、谢安邦、周光礼、姚荣、焦磊、张炜、陈伟、金子元久等人（图6-2）。这些作者的发文总量并非特别高，但其点度中心度和图的中心势较高。这说明这些作者在科研合作网络中处于中心地位，具有一定的稳定性和向心力。因之，高产作者的论文数量与科研合作率及其学术声望并无必然的正相关，其在科研合作网络中的地位还与其论文质量、学术水平等相关。

其次，发表6篇论文以上的高产作者中，中间中心度最高的有潘懋元、范笑

	1 Degree	2 NrmDegree	3 Share
1	0.2886751294136047	1.000	2.500	0.050
2	0.3333333432674408	1.000	2.500	0.050
3	0.4082483053207397	1.000	2.500	0.050
4	0.5	1.000	2.500	0.050
5	0.5773502588272095	1.000	2.500	0.050
6	侯威	1.000	2.500	0.050
12	卢晓中 张炜	1.000	2.500	0.050
28	许明	1.000	2.500	0.050
9	卢晓中 0.4082483053207397	1.000	2.500	0.050
10	卢晓中 0.5	1.000	2.500	0.050
21	徐国兴 金子元久	1.000	2.500	0.050
29	谢安邦 0.5773502588272095	1.000	2.500	0.050
13	卢晓中 陈伟	1.000	2.500	0.050
16	周光礼 姚荣	1.000	2.500	0.050
15	周光礼 0.3333333432674408	1.000	2.500	0.050
18	姚荣	1.000	2.500	0.050
26	焦磊	1.000	2.500	0.050
20	张炜	1.000	2.500	0.050
30	谢安邦 焦磊	1.000	2.500	0.050
36	陈伟	1.000	2.500	0.050
17	周光礼 韩梦洁 0.3162277638912201	0.000	0.000	0.000
7	刘志文 卢晓中 0.4082483053207397	0.000	0.000	0.000
14	卢晓中 马陆亭 0.5	0.000	0.000	0.000
22	李奥鹰 邬大光 0.4082483053207397	0.000	0.000	0.000
23	柯佑祥 邬大光 0.5	0.000	0.000	0.000
24	潘懋元 邬大光 0.2236067950725555	0.000	0.000	0.000
27	范笑仙 韩梦洁 0.4082483053207397	0.000	0.000	0.000
8	卢彩晨 邬大光 0.4082483053207397	0.000	0.000	0.000
19	张建新 陈学飞 0.5	0.000	0.000	0.000
25	潘懋元 陈厚丰 0.4082483053207397	0.000	0.000	0.000
11	卢晓中 刘志文 0.4082483053207397	0.000	0.000	0.000
32	邬大光 李奥鹰 0.4082483053207397	0.000	0.000	0.000
33	邬大光 柯佑祥 0.5	0.000	0.000	0.000
34	邬大光 潘懋元 0.2236067950725555	0.000	0.000	0.000
35	金子元久	0.000	0.000	0.000
31	邬大光 卢彩晨 0.4082483053207397	0.000	0.000	0.000
37	陈厚丰 潘懋元 0.4082483053207397	0.000	0.000	0.000
38	陈学飞 张建新 0.5	0.000	0.000	0.000
39	韩梦洁 周光礼 0.3162277638912201	0.000	0.000	0.000
40	韩梦洁 范笑仙 0.4082483053207397	0.000	0.000	0.000
41	马陆亭 卢晓中 0.5	0.000	0.000	0.000

图 6-2 高产作者点度中心度分析

	1 Betweenness	2 nBetweenness
1	0.2886751294136047	0.000	0.000
2	0.3333333432674408	0.000	0.000
3	0.4082483053207397	0.000	0.000
4	0.5	0.000	0.000
5	0.5773502588272095	0.000	0.000
6	侯威	0.000	0.000
7	刘志文 卢晓中 0.4082483053207397	0.000	0.000
8	卢彩晨 邬大光 0.4082483053207397	0.000	0.000
9	卢晓中 0.4082483053207397	0.000	0.000
10	卢晓中 0.5	0.000	0.000
11	卢晓中 刘志文 0.4082483053207397	0.000	0.000
12	卢晓中 张炜	0.000	0.000
13	卢晓中 陈伟	0.000	0.000
15	周光礼 0.3333333432674408	0.000	0.000
16	周光礼 姚荣	0.000	0.000
17	周光礼 韩梦洁 0.3162277638912201	0.000	0.000
18	姚荣	0.000	0.000
19	张建新 陈学飞 0.5	0.000	0.000
20	张炜	0.000	0.000
21	徐国兴 金子元久	0.000	0.000
22	李奥鹰 邬大光 0.4082483053207397	0.000	0.000
23	柯佑祥 邬大光 0.5	0.000	0.000
24	潘懋元 邬大光 0.2236067950725555	0.000	0.000
26	焦磊	0.000	0.000
27	范笑仙 韩梦洁 0.4082483053207397	0.000	0.000
28	许明	0.000	0.000
29	谢安邦 0.5773502588272095	0.000	0.000
30	谢安邦 焦磊	0.000	0.000
31	邬大光 卢彩晨 0.4082483053207397	0.000	0.000
32	邬大光 李奥鹰 0.4082483053207397	0.000	0.000
33	邬大光 柯佑祥 0.5	0.000	0.000
34	邬大光 潘懋元 0.2236067950725555	0.000	0.000
35	金子元久	0.000	0.000
36	陈伟	0.000	0.000
37	陈厚丰 潘懋元 0.4082483053207397	0.000	0.000
38	陈学飞 张建新 0.5	0.000	0.000
39	韩梦洁 周光礼 0.3162277638912201	0.000	0.000
40	韩梦洁 范笑仙 0.4082483053207397	0.000	0.000
41	马陆亭 卢晓中 0.5	0.000	0.000

图 6-3 高产作者中间中心度分析

	1 inFarness	2 outFarness	3 inCloseness	4 outCloseness
1	0.2886751294136047	1600.000	1640.000	2.500	2.439
2	0.3333333432674408	1600.000	1640.000	2.500	2.439
3	0.4082483053207397	1600.000	1640.000	2.500	2.439
4	0.5	1600.000	1640.000	2.500	2.439
5	0.5773502588272095	1600.000	1640.000	2.500	2.439
6	侯威	1600.000	1640.000	2.500	2.500
9	卢晓中 0.4082483053207397	1600.000	1640.000	2.500	2.439
28	许明	1600.000	1600.000	2.500	2.500
15	周光礼 0.3333333432674408	1600.000	1640.000	2.500	2.439
10	卢晓中 0.5	1600.000	1640.000	2.500	2.439
29	谢安邦 0.5773502588272095	1600.000	1640.000	2.500	2.439
7	刘志文 卢晓中 0.4082483053207397	1640.000	1640.000	2.439	2.439
11	卢晓中 刘志文 0.4082483053207397	1640.000	1640.000	2.439	2.439
12	卢晓中 张炜	1640.000	1600.000	2.439	2.500
13	卢晓中 陈伟	1640.000	1600.000	2.439	2.500
16	周光礼 姚荣	1640.000	1600.000	2.439	2.500
17	周光礼 韩梦洁 0.3162277638912201	1640.000	1640.000	2.439	2.439
18	姚荣	1640.000	1600.000	2.439	2.500
14	卢晓中 马陆亭 0.5	1640.000	1640.000	2.439	2.439
20	张炜	1640.000	1600.000	2.439	2.500
21	徐国兴 金子元久	1640.000	1600.000	2.439	2.500
22	李奥鹰 邬大光 0.4082483053207397	1640.000	1640.000	2.439	2.439
23	柯佑祥 邬大光 0.5	1640.000	1640.000	2.439	2.439
24	潘懋元 邬大光 0.2236067950725555	1640.000	1640.000	2.439	2.439
25	潘懋元 陈厚丰 0.4082483053207397	1640.000	1640.000	2.439	2.439
26	焦磊	1640.000	1600.000	2.439	2.500
27	范笑仙 韩梦洁 0.4082483053207397	1640.000	1640.000	2.439	2.439
8	卢彩晨 邬大光 0.4082483053207397	1640.000	1640.000	2.439	2.439
19	张建新 陈学飞 0.5	1640.000	1640.000	2.439	2.439
30	谢安邦 焦磊	1640.000	1600.000	2.439	2.500
31	邬大光 卢彩晨 0.4082483053207397	1640.000	1640.000	2.439	2.439
32	邬大光 李奥鹰 0.4082483053207397	1640.000	1640.000	2.439	2.439
33	邬大光 柯佑祥 0.5	1640.000	1640.000	2.439	2.439
34	邬大光 潘懋元 0.2236067950725555	1640.000	1640.000	2.439	2.439
35	金子元久	1640.000	1640.000	2.439	2.439
36	陈伟	1640.000	1600.000	2.439	2.500
37	陈厚丰 潘懋元 0.4082483053207397	1640.000	1640.000	2.439	2.439
38	陈学飞 张建新 0.5	1640.000	1640.000	2.439	2.439
39	韩梦洁 周光礼 0.3162277638912201	1640.000	1640.000	2.439	2.439
40	韩梦洁 范笑仙 0.4082483053207397	1640.000	1640.000	2.439	2.439
41	马陆亭 卢晓中 0.5	1640.000	1640.000	2.439	2.439

图 6-4 高产作者接近中心度分析

仙、邬大光、周光礼、卢晓中等人（图6-3）。中间中心度越高的作者，其活跃程度越高，但与点度中心度的情况不一定完全匹配。中间中心度高的作者，往往能打破不同学术共同体的界线，或打破学派、组织的壁垒，有助于形成系统宽泛且联系紧密的科研合作网络。

最后，发表6篇论文以上的高产作者的接近中心度中，入接近中心度最高的有侯威、卢晓中、许明、周光礼、刘志文、张炜、陈伟、周光礼、姚荣、邬大光、潘懋元、范笑仙等人；出接近中心度最高的有侯威、许明、卢晓中、周光礼、姚荣、张炜、徐国兴、焦磊、谢安邦、陈伟等人（图6-4）。入接近中心度表达的是整合力（intergration），即作者的向心力；出接近度表达的是辐射力（radiaty），即作者的影响力。以上入接近度和出接近度均较高的作者，说明其在科研合作网络中能吸引到众多的科研资源，同时对科研合作网络产生了积极主动的影响，容易形成跨学科、跨组织的学术共同体。

除此之外，本书还从更广泛的视野来考察科研合作网络的聚类现象。将所有作者数据导入Ucinet后，去除独立节点，得到309个具有合作关系的作者网络，对其进行K-core分析后，结果如图6-5和图6-6所示。

由图6-5可知，具有合作关系的作者网络中，最多可进行三种聚类区分，度数分别为1，2，3。其中，度数为3的分区包含5个点，代表5名学者，分别是周光礼、瞿振元、潘懋元、别敦荣、邬大光；度数为2的分区有14个点，代表14名学者，分别是周光礼、瞿振元、潘懋元、别敦荣、邬大光、刘献君、范笑仙、马陆亭、卢晓中、谢安邦、赵应生、杨德广、毛亚庆、陈学飞；他们共形成了三个聚类。由此可见，高等教育学科研究者合作网络核心的存在，使得边缘作者有机会、有动力加入核心网络中；而从另一个方面来看，边缘作者由于在网络中所处的位置离中心较远，在科研资源和信息获取上具有一定的难度，无法同核心作者相提并论，这一定程度上加剧了科研作者之间的科研产出水平差距。

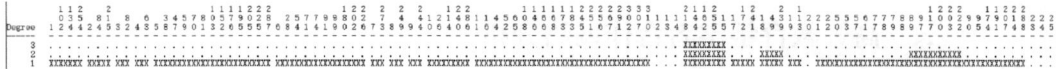

图6-5 K-core 分析结果示意图(部分)

```
Partition Metrics - each column is a partition
                         1       2       3
                      ------- ------- -------
     1 nClusters     193.000 302.000 309.000
     2       CL1       0.013   0.003   0.003
     3       CL2       0.010   0.003   0.003
     4       CL3       0.006   0.003   0.003
     5       CL4       0.006   0.003   0.003
     6       CL5       0.042   0.003   0.003
     7       CL6       0.032   0.003   0.003
     8       CL7       0.006   0.003   0.003
     9       CL8       0.006   0.003   0.003
    10       CL9       0.006   0.003   0.003
    11      CL10       0.016   0.003   0.003
    12      CL11       0.061   0.003   0.003
    13      CL12       0.003   0.003   0.003
    14      CL13       0.003   0.003   0.003
    15      CL14       0.003   0.003   0.003
    16      CL15       0.016   0.016   0.016
    17      CL16       0.010   0.003   0.003
    18      CL17       0.010   0.003   0.003
    19      CL18       0.006   0.010   0.003
    20      CL19       0.003   0.003   0.003
    21      CL20       0.073   0.003   0.003
    22      CL21       0.003   0.003   0.003
    23      CL22       0.003   0.003   0.003
    24      CL23       0.003   0.003   0.003
    25      CL24       0.003   0.003   0.003
    26      CL25       0.003   0.003   0.003
    27      CL26       0.003   0.003   0.003
    28      CL27       0.003   0.003   0.003
    29      CL28       0.003   0.003   0.003
    30      CL29       0.003   0.003   0.003
    31      CL30       0.003   0.003   0.003
    32      CL31       0.003   0.003   0.003
    33      CL32       0.003   0.003   0.003
    34      CL33       0.006   0.003   0.003
    35      CL34       0.003   0.003   0.003
    36      CL35       0.003   0.003   0.003
    37      CL36       0.003   0.003   0.003
    38      CL37       0.003   0.003   0.003
    39      CL38       0.010   0.003   0.003
    40      CL39       0.003   0.003   0.003
    41      CL40       0.010   0.003   0.003
    42      CL41       0.003   0.003   0.003
    43      CL42       0.003   0.003   0.003
    44      CL43       0.003   0.003   0.003
    45      CL44       0.003   0.003   0.003
    46      CL45       0.003   0.003   0.003
    47      CL46       0.003   0.003   0.003
    48      CL47       0.003   0.003   0.003
    49      CL48       0.006   0.003   0.003
    50      CL49       0.003   0.003   0.003
    51      CL50       0.006   0.003   0.003
    52      CL51       0.006   0.003   0.003
    53      CL52       0.003   0.003   0.003
    54      CL53       0.003   0.003   0.003
```

图6-6 三类 K-core 分区中包含的聚类数示意图(部分)

二、高等教育学学者合作网络分析

科研合作网络本质上属于复杂网络的一种，因此可以利用复杂网络的基本理论和方法对高等教育学学者的科研合作网络进行整体分析。以下主要从"小世界"效应、"社团"现象和"桥点"现象三个方面进行分析。

（一）高等教育学学者合作网络 "小世界" 效应分析

"小世界"效应（Small World Effect）又称为六度分离理论（Six Degree Separation Theory）。匈牙利作家考林蒂（Karinthy F.）于1929年提出了这样一个观点：世界上任何2个个体之间均可以平均通过5位联系人组成的链条而联系起来，也就是存在"小世界"现象。随后，美国哈佛大学社会心理学教授斯坦利·米尔格兰姆（Stanley Milgram）做了一个连锁信件实验，目标是验证任意2个人均可以通过平均5个熟人联系起来，这就是著名的"六度分隔"（Six Degrees of Separation）理论①。该理论后来陆续经由伊锡亚·德·索拉·普尔（Ithiel de Sola Pool）、曼弗雷德·科赫（Manfred Kochen）、邓肯·瓦特斯（Duncan J. Watts）、斯蒂芬·斯特洛盖兹（Steven H. Strogatz）等人普及、推广，在20世纪90年代成为"显学"。随后，"小世界理论"被学术界和工业界一直不断验证、发展，延伸出了"七度分隔"（Seven Degrees of Separation）、"四度分隔"（Four Degrees of Separation）。虽然该理论的名称（表象）没有定论，但可以确定的是人类已经生活在一个网状社会中了，人和人之间可以经由短的路径（short path）而获得联系，且这种网状存在的范围愈来愈广。可以毫不夸张地说，六度分隔理论已成为一把理解社会性结构的钥匙②。

应用在社会网络结构中，若网络中任意两点间的平均距离 L 随网络格点数 N 的增加呈对数增长，即 $L \sim \ln N$，且网络的局部结构上仍具有较明显的集团化特征，则称该网络具有小世界效应。1998年，沃茨（Watts）和斯托加茨（Strogatz）提出小世界网络模型（简称为WS模型，如图6-7所示），即具有较短的平均路径长度又具有较高的聚类系数的网络的总称。

---

① STANLEY M. The small world problem [J]. Psychology Today, 1967, 1 (1): 61-67.
② LARS B, et al. Four degrees of separation, Advances in social networks analysis and mining (ASONAM) [J]. Conference on IEEE, 2012: 1222-1227.

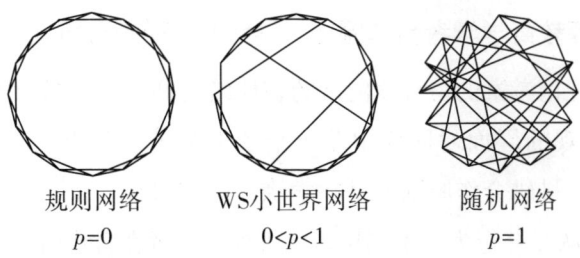

图6-7 随机化重连网络示意图

由此可见，小世界网络的基本特征为具有较高的聚类系数。通过计算高等教育学科研合作网络的作者聚类系数，可以判断其是否符合小世界网络的特征。首先，将数据导入Ucinet，按照"Transform→Symmetrize→Maximum"的步骤，进行对称化处理；然后按照"Network→Cohesion→Clustering Coefficient"的步骤计算聚类系数，最终计算结果如图6-8所示。从中可见，根据整体密度计算出来的聚类系数（overall graph clustering coefficient）值为0.301，根据传递性计算出来的聚类系数（weighted overall graph clustering coefficient）值为0.062，此结果表明高等教育学科研合作具有典型的"小世界"效应，如图6-9所示。

```
Input dataset:                    Untitled(r●●●●●●●) (D:\●●●●●●▲●_●●●●●●●\Untitled(r●●●●●●●))
Overall graph clustering coefficient: 0.301
Network density: 0.001
(cc - density)/cc: 0.995
Weighted Overall graph clustering coefficient: 0.062
Small world index: -410.815
```

图6-8 聚类系数计算结果示意图

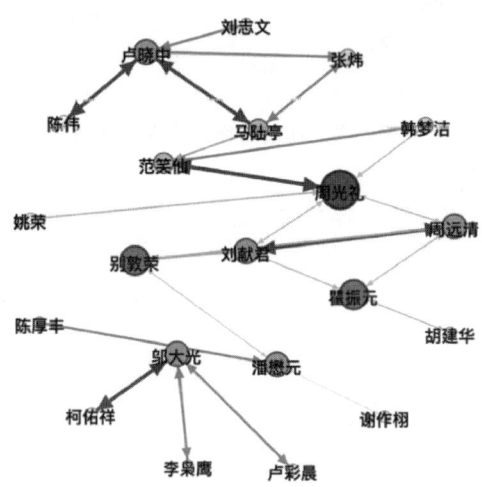

图6-9 具有典型"小世界"效应的高产作者合作网络示意图

（二）高等教育学学者合作网络 "社团" 现象分析

"小世界"理论考察的是合作网络的整体结构和趋势，接下来进一步缩小考察范围，从中微观的层面对网络中若干个子聚类进行分析，透视其"小世界"中的"小团体"。科研合作原则上是在学缘、研究兴趣、个人资源、研究力量等因素影响下的团队互补行为。不同层级、规模的学者在合作时会产生不同的"社团"现象，要么是强强联合、要么是强弱联合。仍然以高等教育学研究高产作者为分析对象，透视其科研合作情况。如图 6-10 所示，不同的灰度代表不同的社团，节点之间连线的粗细代表着它们之间的合作强度。

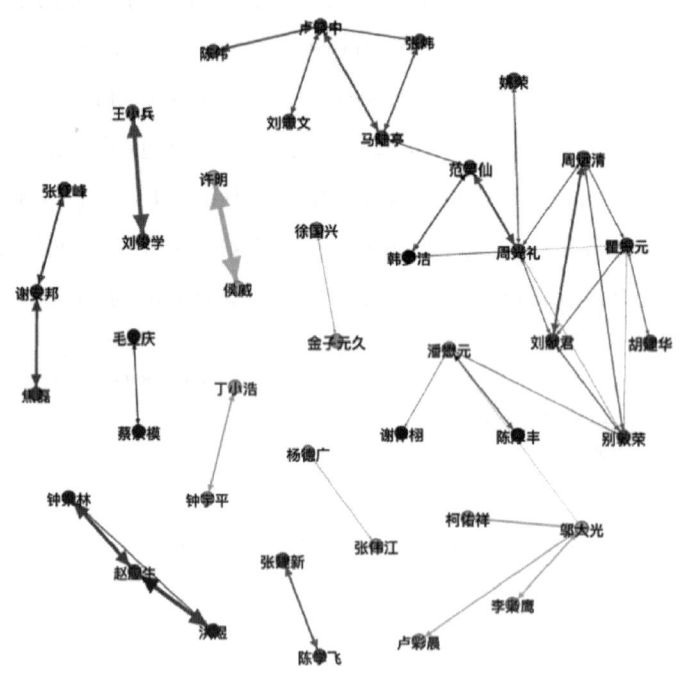

图 6-10 高产作者合作网络中的社团结构

由上可见，高等教育学研究高产作者科研合作网络图谱共有 10 个 "社团"，大致可分为三个层级。第一层级是超大社团，从进出度强度来看，又可细分为以卢晓中为核心的团队，以周光礼、周远清、瞿振元为核心的团队，以刘献君为核心的团队，以潘懋元、邬大光、别敦荣为核心的团队。这四个团队基本上代表了我国高等教育学研究力量的四大区域分布：以北京首都为基地，以清华大学、北京大学、中国人民大学、中国农业大学、中国高等教育学会为代表的北方团队；以刘献君、胡建华为代表的中东部团队；以潘懋元、邬大光、别敦荣为代表的厦门大学团队；以卢晓中、陈伟为代表的南方团队。这四个团队之间均能通过关键人物产生联系，如马陆亭联系起了南方团队和北方团队，刘献君联系起了北方团队和厦门大学团队，别敦荣则联系起了北方团队、中东部团队和厦门大学团队。尤其值得注意的是，厦门大学团队内部又形成了三个小团队：以潘懋元为核心的主要团队、以别敦荣为核心的团队和以邬大光为核心的团队，其中，别敦荣团队与外部团队联系最紧密，而邬大光团队则从内向外辐射。也就是说，大社团内部仍有小社团，小社团之间既相互独立又相互联系，如卢晓中即师出厦门大学，这从另一个侧面印证了"小世界"理论的假设。

除第一层级外，第二层级的规模相对较小，只有2个，分别是以谢安邦为核心的团队和以赵应生为核心的团队。而第三层级的规模相比第二层级有所增大，共有7个团队，但合作关系仅限于两两之间。这两个层级的团队合作参与人员较少，且与团队外部没有建立合作关系。值得注意的是，许明-侯威团队（一年内师生二人合作，以硕士研究生侯威为第一作者在CSSCI来源期刊上发表标题含有"高等教育"的论文5篇）和王小兵-刘俊学团队（一年内师生二人合作，以硕士研究生王小兵为第二作者在CSSCI来源期刊上发表标题含有"高等教育"的论文4篇，王小兵毕业后师生二人继续合作，发表论文3篇）合作强度最高，这也从侧面说明了合作网络规模与强度之间并无必然的正向关系，合作网络规模越大、节点越多，成员之间的合作关系可能更松散，反之则更紧密。这主要是因为随着科研合作规模的扩大，研究领域之间的分化也越强烈，协调成本过高，网络中的小团队也随之产生，从而稀释和削弱了合作强度。

综合前述可以看出，高等教育学科研团体之间具有两个明显的合作特征：一个是主流团队之间具有一定的合作关系，从而扩大了合作网络，如北方、南方、中部、厦门大学等力量通过中介研究者进行联系；二是弱小团队之间的合作较少。换言之，高等教育学科研合作团队具有强强联合的跨地域、跨学缘的特征，而强弱联合、弱弱联合较少，主要以学缘为纽带。

上述两个科研合作特征并非高等教育学科所独有，在科研领域具有普遍意义。对于强强联合跨地域、跨学缘的特征，赵蓉英、王旭、亓永康对我国世界一流大学建设高校科研合作网络进行了研究，结果发现，高校的科研国际化程度不断提高，发文总数、合作发文总数及合作率总体都呈上升趋势；科研合作偏重强强联合、优势互补；核心网络规模逐渐扩大，高校不断向网络中心聚集并呈现出去中心化色彩[①]；有关高等教育研究领域合作的研究表明，城际合作、省域合作的随机性较强，受地理区位的影响较大[②]。这一结论不仅出现在高等教育领域的合作中，有研究发现，距离也是影响我国技术经济及管理学科学者科研合作的重要因素之一[③]。此外，管理学科研合作常发生于机构内部或地理临近的机构之间[④]。科研合作实质上体现了社会资本和物质资本之间有倾向性的整合。上述种种结论表明，科研合作受到时间、空间等因素的制约较明显。不同性质的机构合作更是带有天然的壁垒，虽然科研合作尤其是高水平合作在政策文本中被大力提倡，但落实起来却困难重重。

对于强弱联合，尤其是师生合作，胡一竑、朱道立等通过统计实证研究，证明国内的合作群体相对分散，倾向于按地域或相同师承进行合作，较少强强联手，国内学者间的合作规模和合作程度与国际相比仍有一定的差距[⑤]。我国管理科学领域学者的合作行为也以师生合作居多[⑥]。在高等教育研究中，两人小团体的合作占主流，其中师生合作的现象较为普遍，但合作的稳定性较低[⑦]。解释师生合作高频率的理由主要有两个：一是教师和学生即使没有正式的合作，但在以后的学术生涯中通常维持着密切的联系，因而教师在这一研究领域中的想法和倾向性更容易在学生对这一领域的认识中留下痕迹[⑧]，为以后的师生科研合作打下伏笔；二是师生的科研合作协调成本通常较低。导师对于研究生的毕业有决定

[①] 赵蓉英, 王旭, 亓永康. 我国世界一流大学建设高校间科研合作网络及演化研究[J]. 现代情报, 2019 (3): 132–143.

[②] 崔鹤, 王丹. 中国高等教育研究领域个体、机构及地域科研合作情况研究——基于2016年18家教育类中文核心期刊的合著文献分析[J]. 中国高教研究, 2017 (4): 48–55.

[③] 胡琳娜, 张所地, 高平. 中国技术经济及管理学科的科研合作研究——"反射自时空棱镜之光"[J]. 科学学研究, 2015, 33 (1): 21–29.

[④] 贾茜, 李亚婷, 张斌. 科学合作的形成及其影响因素[J]. 情报理论与实践, 2014 (6): 40–45.

[⑤] 胡一竑, 朱道立, 等. 中外科研合作网络对比研究[J]. 管理学报, 2009 (10): 1323–1328.

[⑥] 岳洪江, 梁立明, 刘思峰, 等. 中国管理科学研究队伍的年龄结构研究[J]. 科研管理, 2011, 32 (4): 120–127.

[⑦] 崔鹤, 王丹. 中国高等教育研究领域个体、机构及地域科研合作情况研究——基于2016年18家教育类中文核心期刊的合著文献分析[J]. 中国高教研究, 2017 (4): 48–55.

[⑧] 克兰. 无形学院——知识在科学共同体的扩散[M]. 刘珺珺, 顾昕, 王德禄, 译. 北京: 华夏出版社, 1988: 38.

权，属于合作关系中的强势力，即使学生在合作过程中对论文署名、论文内容等产生分歧意见，也通常只能选择沉默①。这种外在因素导致的合作虽然有时违背学生的意愿，但相比师生合作给学生带来的声誉及其他资源，学生对此既排斥又迎合。

鉴于上述我国高等教育领域科研合作的特征，提升高等教育合作研究水平是当前促进高等教育研究深入发展的重要举措②。至于增进合作的具体措施，前人研究甚多，其中华勒斯坦的观点特别值得一提，即跨学院聘用教授。在未来的大学里，每个科研人员（教师）都同时受聘于两个系，其中一个系的专业与他（她）所拥有的学位相关，另一个系的专业则与他（她）的个人兴趣相关，或与他（她）所做的有关研究工作相关。这样一来，自然就会产生一系列不可思议、不同的组合形式③，进而产生不可思议的研究成果。

不管是强强联合，还是强弱联合，从我国的高等教育学学者合作基础来看，多属于学缘式合作，资源式合作处于非主流状态。学缘概念借用自血缘概念，是指由于"学术基因"（即学术流派，或者说学术思想、学术风格）的师徒传承而建立起来的学术源流关系。学缘既是一种现实的学术资源，也是一种学术资源共享关系④。而学缘式合作可以定义为为了利用和积聚这种学术资源，有学缘关系的科研人员进行的合作。学术资源是资源的一种，强调其"与生俱来"的"基因"性质。资源式合作同样以资源的合理利用和聚集为目标，但其中的资源强调物质性、可移动性和交互实用性等。学缘式合作更接近于熟人合作，而资源式合作不以熟人为必要条件。突破学缘式合作的局限，实现更大范围、更深层次的资源式合作将成为我国高等教育学科研合作未来的发展方向。

如果以时间切片来考察科研合作网络中的社团合作现象，则更能说明问题。在此，我们引入科研合作率这一指标。科研合作率反映了整体网络的连接程度，以某个时间切片内所选节点数与其之间的连线数之比来表示。假设某个时间段内

---

① 潘士远. 合作研究、协调成本与知识增长 [J]. 北京大学学报（哲学社会科学版），2005（4）：88-97, 154.
② 田依林. 我国高等教育合作研究团队的分析——基于部分 CSSCI 刊源教育类期刊载文研究 [J]. 中国高教研究，2014（6）：23-26, 42.
③ 华勒斯坦. 开放社会科学 [M]. 北京：生活·读书·新知三联书店，1997：112.
④ 黄建雄，卢晓梅. 高校教师队伍学缘结构的三重特征及其优化 [J]. 江苏高教，2011（5）：41-43.

的节点（node）数记作 N，节点之间的连线（line）数量记作 L，则科研合作率 C（cooperate）可表示为：

$$C = \frac{L}{N}$$

在有两个以上节点（$N \geqslant 2$）的网络中，L 值的范围是 $[0, N(N-1)/2]$，由以上公式可知，C 的取值范围为 $[0, (N-1)/2]$。根据不同的 C 值，可以将网络分为三种基本结构：稀疏网络（$0 < C < 1$）、标准网络（$C = 1$）和紧密网络（$1 < C < (N-1)/2$）。

我们接着将所有作者数据导入 Ucinet，去除独立节点后，得到 309 个具有合作关系的作者，通过年份切片计算可以得知其科研合作率，如表 6-2 所示。

表 6-2　按年份切片计算得出的科研合作率

年份	节点数量（N）	连线数量（L）	科研合作率（C）
1997	3	1	0.33
2000	4	1	0.25
2001	4	1	0.25
2002	4	1	0.25
2003	13	3	0.23
2004	19	6	0.32
2005	20	8	0.40
2006	28	8	0.29
2007	32	10	0.31
2008	28	7	0.25
2009	16	4	0.25
2010	28	8	0.29
2011	8	3	0.38
2012	21	7	0.33
2013	12	3	0.25
2014	13	4	0.31
2015	23	9	0.39

续上表

年份	节点数量（N）	连线数量（L）	科研合作率（C）
2016	16	5	0.31
2017	16	4	0.25
2018	4	1	0.25
1999—2018	312	94	0.3

将表中数据绘制成曲线图，可以看出其变化趋势，如图 6-11 所示。

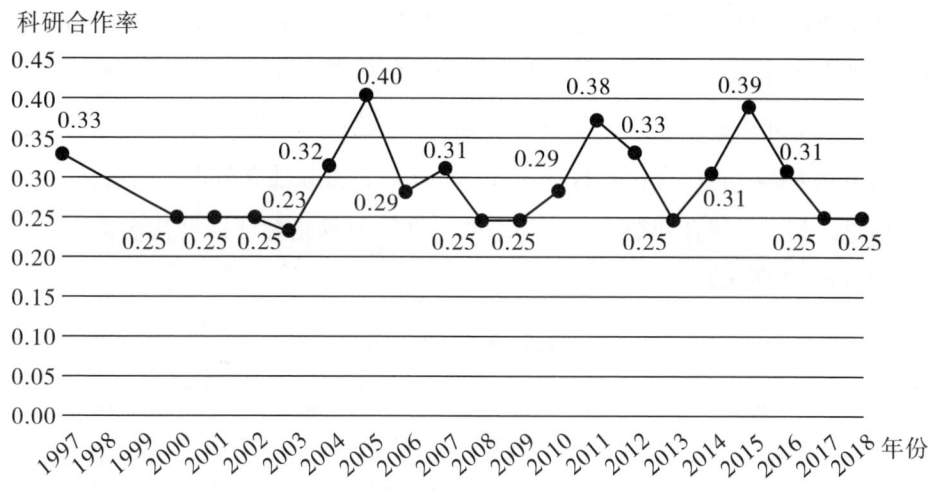

图 6-11　1997—2018 年我国高等教育学科研合作变化趋势图

可以看出，我国高等教育学研究整体科研合作率为 0.3，C 值小于 1，且每年的合作率均低于 1，属于稀疏网络。自 2000 年开始，我国高等教育学科研合作就呈现出波浪形的发展趋势，合作率最高值为 0.4，最低值徘徊在 0.25 附近，且间隔时间均为约 5 年。2015 年后再次出现下降趋势，到 2018 年又触峰底。按照此规律，当下的科研合作率将有所回升。但总体来看，我国高等教育学科研合作率仍然偏低，团体之间互动并不频繁。在如今更加强调跨学科、跨组织的多元科研范式下，高等教育学应积极加强不同领域、学缘、组织之间的合作，破除发展创新壁垒，不断提升高等教育学领域的科研水平。

（三）高等教育学学者合作网络"桥点"现象分析

所谓"桥点"，即在合作网络中具有桥梁和中介作用的节点[①]，反映的是节点的连通作用和中介意义。因此，根据其特性可分为两种类型："显性桥点"和"隐性桥点"。"显性桥点"可以在网络图谱中直观地分辨和计算得出；"隐性桥点"则表示团队中具有声望和地位的作者对外部联通的影响力。从这一意义上讲，"隐性桥点"是辐射源，而"显性桥点"则是传导器，两者之间可能具有同一性，也可能不尽相同，但都反映出科研合作网络中的微观结构特征。

1. "显性桥点"分析

如上所述，尽管高等教育学科研团队之间的合作较少，但在高产作者团队中，仍然有较好的协作，也存在一些较为活跃的作者，成为跨学科、跨学缘、跨组织合作的中介人物。在此，本书继续使用中介数指标，揭示科研团队合作之间的关键节点人物。将所有作者数据导入 Ucinet 后，去除独立节点，共得到 309 个作者信息。其中，综合介数值、聚类系数、度数值等指标活跃度排名前 30 位的作者如表 6-3 所示。

表 6-3　活跃度排名前 30 位的作者

序号	作者	介数值	聚类系数	度数值
1	潘懋元	1513	0.02	10
2	别敦荣	1299	0.28	9
3	周光礼	1188	0.27	20
4	范笑仙	561	0.55	11
5	邬大光	479	0.11	8
6	彭拥军	462	0	2
7	董泽芳	416	0.05	7
8	马陆亭	411	0.1	5
9	瞿振元	296	0.38	10
10	谢作栩	213	0	4

---

① 林聚任. 社会网络分析——理论、方法与应用 [M]. 北京：北京师范大学出版社，2009：105-146.

续上表

序号	作者	介数值	聚类系数	度数值
11	王小梅	146	0.47	13
12	卢晓中	143	0.17	4
13	周远清	142	0.52	7
14	周蜜	142	0.33	4
15	徐小洲	142	0.47	6
16	刘承波	112	0	3
17	陈厚丰	95	0	2
18	李燕	84	0	2
19	韩梦洁	72	0.5	4
20	姚荣	72	0.33	3
21	李枭鹰	72	0	2
22	李国强	72	0.33	3
23	刘乙江	20	0.67	11
24	周详	20	0.67	11
25	丁小浩	8	0	3
26	徐辉	6	0	4
27	方展画	6	0	4
28	谢安邦	6	0	4
29	洪煜	5	0.60	5
30	何晓芳	5	0.60	5

由表6-3可知，潘懋元、别敦荣、周光礼、范笑仙、邬大光等人的介数值排在合作网络中的前列。也就是说，这些作者对于联通其他作者和团队起到了关键的桥梁作用，且他们的介数值与度数值存在一定的关联——排名前30位、度数值较高的作者，同时也是介数值较大的作者，说明他们不仅处在科研合作网络的中心，且同时也是沟通不同科研团队之间的桥梁，具有双重中心地位和作用。

2. "隐性桥点"分析

节点重要度计算,除介数、聚类系数、度数值等指标外,还可以通过特征向量(eigenvector)来评估。特征向量指标是考察网络中节点的地位或声望的特定参数,它不仅反映了节点在社团内部的地位和作用,而且反映出其在邻近领域(neighborhood)中的作用和重要度。也就是说,特征向量考察的不仅是节点对内部团队的贡献,更考虑到对"邻居"的重要性。因此,它属于隐性的"桥点"。通过与接近度值的匹对比较,可以观测出科研团队之间合作的隐性人物,具体统计结果如表6-4所示。

表6-4 隐性人物中排名前30位的作者

序号	作者	特征向量值	接近度值
1	周光礼	1	0.382198953
2	王小梅	0.791567347	0.314655172
3	刘乙江	0.764752605	0.306722689
4	周详	0.764752605	0.306722689
5	范笑仙	0.706873623	0.320175439
6	王嘉铭	0.657343732	0.302904564
7	刘植萌	0.657343732	0.302904564
8	姜尚峰	0.657343732	0.302904564
9	崔鹤	0.657343732	0.302904564
10	瞿振元	0.411565401	0.342723005
11	潘昆峰	0.358287183	0.281853282
12	刘静茹	0.358287183	0.281853282
13	武建鑫	0.358287183	0.281853282
14	别敦荣	0.294437975	0.390374332
15	韩梦洁	0.282430723	0.299180328
16	周远清	0.276198647	0.334862385
17	陈浩	0.265182849	0.331818182
18	刘献君	0.265182849	0.331818182
19	徐小洲	0.192851265	0.281853282

续上表

序号	作者	特征向量值	接近度值
20	李立国	0.18390338	0.279693487
21	胡建华	0.18390338	0.279693487
22	周蜜	0.137998762	0.284046693
23	姚荣	0.133283613	0.282945736
24	莫甲凤	0.112323407	0.27756654
25	马陆亭	0.094374327	0.253472222
26	潘懋元	0.089850482	0.365000000
27	李燕	0.082205453	0.27340824
28	邬大光	0.050038028	0.28515625
29	韩晓燕	0.04947149	0.256140351
30	吕东伟	0.040617167	0.252595156

通过表6-4不难发现，排名最前的周光礼特征向量值达到1，接近度也排名第一，说明他在科研团队内外部的联系中重要性非常大且声望高，其更接近合作网络中心；而显性桥点作用突出的潘懋元、邬大光等人，这个指标并不突出。相比较两种桥点而言，显性桥点和隐性桥点的排名差异较大，排名前十的显性桥点人物中，只有周光礼、范笑仙和瞿振元三人具有隐性桥点作用。从中可以看出，在科研合作知识网络中，其对其他科研团队甚至整个科研合作网络的影响并非简单地以与其他科研团队的合作来体现，他们的学术威望和影响力更多的是通过其他显性桥点作者的中介作用而带动整个科研领域的发展和创新。如潘懋元先生的学术影响力在我国高等教育学科中无疑是最大的，但他与其他科研团队的合作并不突出，他的影响力更多的是通过其他科研团队传导出的合作性体现出来的。

三、高等教育学学者合作网络演化分析

（一）高等教育学学者合作网络合作频率演化分析

科研合作网络中作者的合作频率可以通过网络平均数指标来测量。网络中有节点度数的平均值被称为网络的平均度，它和网络密度有着极大的关系。网络密

度的计算公式为：

$$D = \frac{2E}{N(N-1)}$$

式中，E 为网络中所有的边，N 为节点。

网络平均度计算公式为：

$$K = \frac{2E}{N}$$

根据公式，可以计算出高等教育学科研合作网络的网络平均度，以此观测科研合作网络的合作频率演化，具体计算结果如图 6-12 所示。从图中可知，高等教育学学者科研合作网络的密度为 0.007，属于非常稀疏的网络；网络总体平均度为 2.038，合作强度不大。

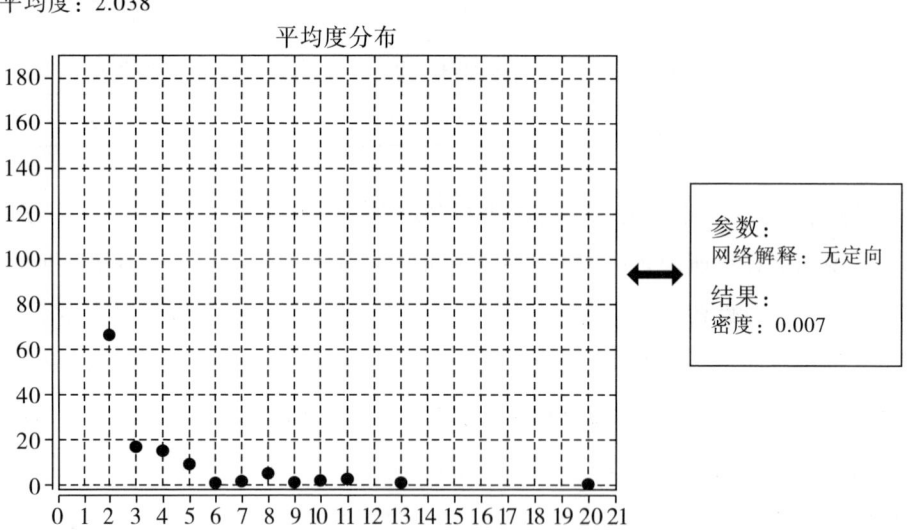

图 6-12 高等教育学科研合作网络的网络平均度

通过分年切片统计，可以观测出合作趋势，如图 6-13 所示。从图中不难看出，整个网络的合作率起伏较大，分别在 2000 年、2010 年、2017 年有三个发展高峰，最高峰出现在 2000 年。这三个年份分别代表着中国高等教育三个不同的发展阶段：稳定阶段、成熟阶段和变革阶段，或者说是高等教育由精英化向大众化过渡时期、再由大众化向普及化过渡时期。在高等教育发展的转型时期，学科研究者的合作频率均比较高，积极性强，随后则表现比较平稳。值得注意的是，近年来高等教育学研究者的合作频率为历史最低，且有快速转向下滑的趋势。在

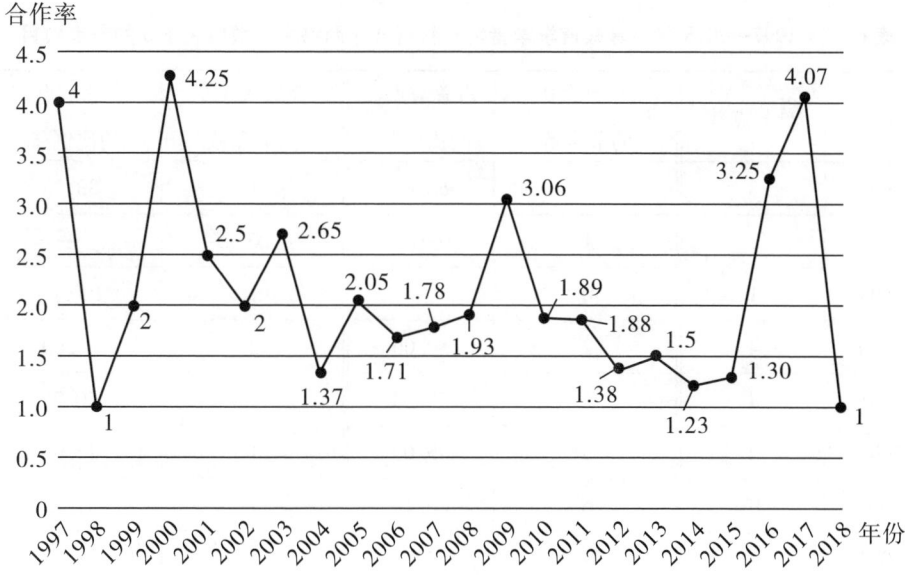

图 6-13　高等教育学科学者年度合作率变化情况

即将迎来高等教育跨越式发展的新时代，还需要高等教育学界不断加强合作，以改变当前局限于学缘、地域、组织的合作范式。

（二）高等教育学学者合作网络知识传播效率演化分析

通过对当前高等教育学科研合作网络的整体分析发现，高等教育学科仍然存在较为严重的学术壁垒，学缘、组织、领域之间的合作频率低，导致了知识传播的速度和效率也非常低。根据网络介数指标的含义，其代表的通过性即可以表达知识传播的速率和效率。尽管高产作者的介数指标非常大，知识的传播速度和效率很高、影响较大，但大部分作者的介数比较低，且介数值为 0 的作者占据了相当大的一部分，如表 6-5 所示。这一部分作者在科研合作网络中完全处于出度中心，知识传播在此没有形成回路，亦即未产生传播推力和叠加效应，一定程度上延缓了知识传播的效率。为观测科研合作网络知识传播效率的年度变化，可以用每年网络中介数值大于 0 的节点数目的变化来予以分析。通过统计得出如下数据，如表 6-5 和图 6-14 所示。

表6-5 1997—2018年高等教育学学者每年科研合作网络中介数值大于0的节点数目

年份	总节点数	介数为0的节点数	占总节点数的比例/%	介数大于0的节点数	占总节点数的比例/%
1997	3	2	66.67	1	33.33
1998	1	1	100.00	0	—
1999	1	0	—	1	100.00
2000	4	2	50.00	2	50.00
2001	4	2	50.00	2	50.00
2002	4	3	75.00	1	25.00
2003	13	6	46.15	7	53.85
2004	19	14	73.68	5	26.32
2005	20	16	80.00	4	20.00
2006	28	24	85.71	4	14.29
2007	32	26	81.25	6	18.75
2008	28	19	67.86	9	32.14
2009	16	12	75.00	4	25.00
2010	28	24	85.71	4	14.29
2011	8	7	87.50	1	12.50
2012	21	18	85.71	3	14.29
2013	12	11	91.67	1	8.33
2014	13	13	100.00	0	—
2015	23	21	91.30	2	8.70
2016	16	13	81.25	3	18.75
2017	15	14	93.33	1	6.67
2018	4	4	100.00	0	—

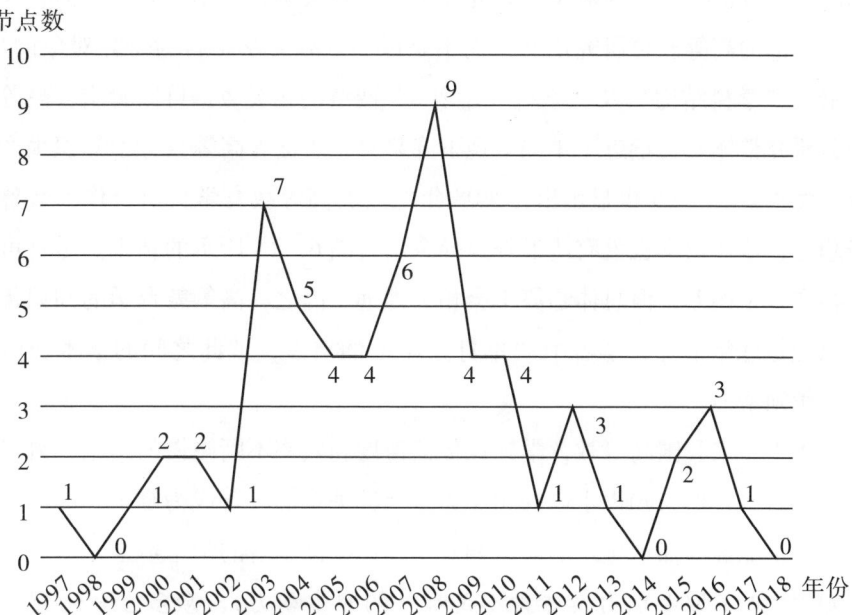

图 6-14 1997—2018 年高等教育学学者每年科研合作网络中介数值大于 0 的节点数目示意图

从图 6-14 中可以看出，介数值大于 0 的节点总数并不多，甚至没有超出 10 个，且从 2008 年以来一直呈下降趋势。这是否是高等教育学科研合作领域的独特现象？为了回答该问题，本书对比了其他学科的相关研究。郭崇慧、王佳嘉在全学科样本的研究成果中表明，"985 工程"高校在国内外期刊都建立了广泛的科研合作关系，在国内期刊的科研合作上从 2008 年开始下降，在国际期刊的科研合作上持续增多且有比较高的合著率[1]。此外，有另一个看似与此相反的高等教育研究结论：学者崔鹤和王丹发现，2006—2016 年，高等教育研究领域（基于我国 18 家教育类中文核心期刊）中合著现象较为普遍，合著率一直呈上升趋势[2]。那么，为什么高等教育研究的合作率上升了，介数大于 0 的节点数却下降了呢？

本书倾向于给出如下解释：学者崔鹤和王丹以我国 18 家教育类中文核心期

---

[1] 郭崇慧，王佳嘉. "985 工程"高校校际科研合作网络研究 [J]. 科研管理，2013 (ZK)：211-220.

[2] 崔鹤，王丹. 中国高等教育研究领域个体、机构及地域科研合作情况研究——基于 2016 年 18 家教育类中文核心期刊的合著文献分析 [J]. 中国高教研究，2017 (4)：48-55.

刊的高等教育研究论文为对象的研究成果，虽然表明合作率上升了，但合作率的基数是全部的高等教育研究论文，而不是以高等教育学学科为研究对象的论文。从本书的"学科结构"及"学科'给养'"两章的相关数据可以看出，高等教育学相关研究整体发文量近十年都呈现下降趋势，表征着高等教育学知识生产速度减慢；而本章表6-5也显示出，2008年之后的高等教育学科研合作人数整体呈下降趋势，传播效率也就有所下降，导致出现图6-14所示的结果。尽管可能和实际存在一定误差，但总体趋势不会相去太远。因之，高等教育学的知识传播效率可以说是逐年下降，学者中"单打独斗"的更多，彼此之间的学术交流和资源共享亟须增强。

基于十年来我国高等教育学知识传播速度和效率不断减慢的结论，科研合作的动力、科研合作与知识生产的相关关系及其关系的改善成为绕不开的问题。科研合作通常能提高知识生产的质量和效率，而提高学者的学术声誉是科研合作者进行知识生产的原生动力（尽管不是唯一的原生动力）。众多已有研究成果表明，合著论文的影响力明显高于非合著论文[1][2][3]，合作不仅能够提高科研论文产出的数量，而且能够提高科研论文产出的质量和影响力以及科研人员的学术声誉[4]。

此外，合作者的合作程度对论文的学术影响力存在显著相关性[5][6]，不同合作频率的论文学术影响力大小不同。在合作范围/对象方面，合著者的国际合著

---

[1] 苏芳荔. 科研合作对期刊论文被引频次的影响[J]. 图书情报工作, 2011, 55(10): 144-148.

[2] 张菊, 方永才, 刘艳阳. 分析SCI论文探讨合作研究对提高高校科研水平的作用[J]. 科技进步与对策, 2005, (2): 132-134.

[3] 钟镇. 农业经济与政策Web of Science期刊论文合著规模与绩效的相关性分析[J]. 中国科技期刊研究, 2014, (12): 1513-1518.

[4] 赵君, 廖建桥. 科研合作研究综述[J]. 科学管理研究, 2013, 31(2): 117-120.

[5] LOTKA A. The frequency distribution of scientific productivity[J]. Journal of the Franklin Institute, 1926, 202(2): 271-271.

[6] PRICE D, BEVER D. Collaboration in an invisible college[J]. American Psychologist, 1966, 21(11): 1011-1018.

论文的被引频次及影响因子高于非国际合著论文[1][2][3][4]，国际合作通过提升论文的影响力提升了论文作者以及科研单位的国际影响力[5]，论文的"国际化程度"成为论文影响力的一个潜在评价指标。基于上述结论，本书认为学术声誉、科研合作、知识生产效率可以构建起一个三角形的助推模式，形成科研合作的良性循环，如图6-15所示。

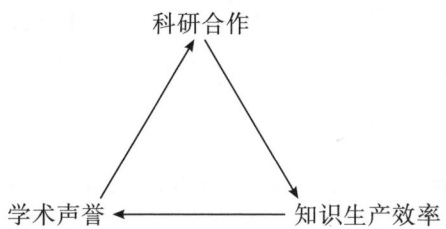

图6-15　"学术声誉—科研合作—知识生产效率"助推模式示意图

合作对科研生产力具有重要影响，通过合作建立的社会网络因促进信息流动、提升了科研成果的被认可度、强化和凝聚了集体的工作而具有生产性特征[6]。通过科研合作进行知识生产受到下述各种因素的影响：

首先，合作网络特征与知识生产。当网络密度较小、关系强度较强、网络中心性较大时，科研团队能够创造出较多的知识。网络密度小意味着网络节点的连接成本较低，而关系强度较强则有助于隐性知识的交流，对团队知识的创造有积极作用[7]。这两点解释了我国高等教育学科研合作中师生二人合作不仅数量大且稳定性较好的现象。在追求网络密度较小、关系强度较强的目标时，"高、大、

---

① BASU A, AGGARWAL R. International collaboration in science in India and its impact on institutional performance [J]. Sciento-metricsm, 2001, 52 (3): 379-394.

② ADAMS J, GURNEY K, MARSHALL S. Patterns of international collaboration for the UK and leading partners [J]. Science Focus, 2007, 36 (11): 131-136.

③ LEEUWEN T N V. Strength and weakness of national science systems: A bibliometric analysis through cooperation patterns [J]. Scientometrics, 2009, 79 (2): 389-408.

④ 范爱红，战玉华，杨芳，等. 国内外研究型大学国际合著论文的比较研究 [J]. 情报杂志, 2013 (11): 59-63.

⑤ 袁晓园，华薇娜. 中国图情学国际合著论文的文献计量分析 [J]. 情报杂志, 2014 (10): 137-141, 158.

⑥ 梁文艳，周晔馨. 社会资本、合作与"科研生产力之谜"——基于中国研究型大学教师的经验分析 [J]. 北京大学教育评论, 2016, 14 (2): 133-156.

⑦ 张鹏程，李铭泽，刘文兴，等. 科研合作与团队知识创造——一个网络交互模型 [J]. 科研管理, 2016 (5): 51-59.

上"的合作方式不可强求。而在团队知识创造中强调多样化的异质性知识,借助中心人物的聚集功能,使每个人都专注于自身领域,才会有更多的知识产出。

其次,合作者类型与知识生产。丛杭青、王华平、沈琪根据萨戛德(Thagard P.)的标准,对合作研究的四种类型分别进行考察,得出不同合作类型的科研产出效果,如表6-6所示[①]。师徒及非同行的同事的科研合作对创造力也就是新知识的生产有较强的作用,而对每个评价指标都有促进作用的科研合作类型也只有非同行同事之间的合作。由此可见,高等教育学研究的跨界合作是一种有广泛发展前景的合作方式。

表6-6 对不同类型的合作研究的评价结果

合作类型	可靠性	效能	创造力	效率	效益	功效
雇佣与被雇佣	降低	提高	影响不大	提高	提高	影响不大
师徒	降低	提高	大为提高	提高	持平	影响不大
同行	持平	提高	影响不大	提高	影响不大	提高
非同行同事	提高	提高	大为提高	提高	提高	大为提高

此外,一些学者从机构规模、合作制度、合作方式、合作者数量、合作频次维度等方面探究了合作与知识生产的关系。Dundar 和 Lewis 在解释美国研究型大学教师科研生产力与机构规模呈现出的正相关关系时认为,机构规模越大,科研合作越容易发生——原因之一是较近的空间距离使教师拥有较强的"科研社会关系";原因之二是大规模机构容易招聘"明星教授"(star professor),通过"明星教授"产生的合作对学术能力和声望的提升效果更明显,因而科研人员与"明星教授"合作的动机增强并与前者形成良性互动[②]。这也就能够解释为什么我国高校倾向于不断扩大规模——机构规模越大,资源型合作更便捷,甚至在机构内部就能够完成。Ramsden 在解释澳大利亚研究型大学教师科研生产力与机构制度建设之间的关系时指出,机构是否建立起了有利于形成合作的制度是影响大

[①] 丛杭青,王华平,沈琪. 合作研究及其认识论评价 [J]. 科学学研究,2004 (5): 455-459.

[②] DUNDAR H, LEWIS D R. Determinants of research productivity in higher education [J]. Research in Higher Education,1998,39 (6): 607-631.

学教师科研生产力最关键的因素之一①。科研合作的方式对提升科研产出的质量至关重要，有学者指出"最好的科学来源于国际合作"②。科研合作的规模和频次对科研产出也存在正相关关系：合作作者数量越多，基于作者同行关系、同事关系、师生关系等社会关系，论文被扩散的机会增大，因而对论文的被引频次产生影响③。科研论文产出与著者之间的合作频次密切相关，著者的高产出率与合作的高水平呈正相关，与高产作者的合作一般能提高个人的科研论文产出能力④⑤⑥⑦。这个结论与 Dundar 和 Lewis 的研究成果一定程度上不谋而合。

由上述梳理可见，相较国外丰富的学术成果，针对中国研究型大学教师群体科研生产力和科研合作问题的研究并不多，且为数不多的此类研究多将目光集中在理工科和诸如经济学等个别社会学科领域，教育学科长期未受到关注。随着教育学科的研究对象更加复杂、学科研究范式与国际接轨的程度增强，教育科研人员在提升教育学科科研水平和实现知识创新的过程中必须突破传统研究范式，通过"协同"实现"创新"⑧。而高等教育学也须在现有学者合作的基础上，通过增强跨界、跨地域、跨学科合作，实现自主、理性发展。

四、小结

本章主要利用复杂网络相关理论和方法，对我国高等教育学学者的合作情况进行宏观描述、中观解构以及微观阐释，以透视我国高等教育学科研合作及知识

---

① RAMSDEN P. Describing and explaining research productivity [J]. Higher Education, 1994, 28: 27 – 226.

② ADAMS J. Collaborations: The fourth age of research [J]. Nature, 2013, 497 (7451): 557 – 560.

③ 何海燕，李芳. 高校科研合作对论文产出质量的影响——基于国家重点实验室分析 [J]. 北京理工大学学报（社会科学版），2017 (5): 162 – 166.

④ HODDER P. Limits to collaborative authorship in science publishing [J]. Journal of Research Communications Studies, 1980, 2 (3): 169 – 178.

⑤ PAO M L. Co-authorship as communication measure [J]. Library Research, 1981, (2): 327 – 338.

⑥ DE S P D J, BEAVER D. Collaboration in an invisible college [J]. American Psychologist, 1966, 21 (11): 1011 – 1018.

⑦ PAO M L. Collaboration in computational musicology [J]. Journal of the American Society for Information Science, 1982, 33 (1): 38 – 44.

⑧ 梁文艳，刘金娟，王玮玮. 研究型大学教师科研合作与科研生产力——以北京师范大学教育学部为例 [J]. 教师教育研究，2015 (4): 31 – 39.

产出的现状、趋势、特征和规律；借助复杂网络和图论相关理论和技术，定量与定性相结合，对高等教育学科研合作的整体、局部和演化做了多层次的分析。

（一）高等教育学学者合作整体情况

首先，基数较大、占比较高的研究者未形成有效的合作关系，多数处于单打独斗的学术生态。这部分群体也一直未能进入中心群体，居于知识传播路径的末端。其次，在小团队合作中，未形成具有一定感召力、影响力的领军式核心人物，合作规模较小，合作意愿、合作方式多是一种互补式合作，或是学缘式合作。最后，大型合作团队尽管规模较大、结构复杂，但并非完全具有对等的合作权重关系，部分学者之间的可达距离较远，合作关系不够紧密。

高等教育学科研合作网络核心的存在，一方面使得边缘作者有机会和动力加入到核心网络中；而从另一方面来看，边缘作者由于在网络中所处的位置离中心较远，在科研资源和信息的获取上具有一定的难度，无法与核心作者相提并论，一定程度上加剧了科研作者之间的科研产出水平差距。可以说，我国高等教育学科研合作正处于由学缘式合作向资源式合作的转型期，新的合作范式尚未形成，旧的合作范式已难以适应当前的复杂研究，亟须抛弃门户之见，打破组织壁垒，建立跨学缘、跨组织、跨学科的合作范式。

（二）高等教育学学者合作团体复杂网络分析

高等教育学科研合作网络呈现出了典型的"小世界"效应，网络平均路径为3.8，具有较好的聚类系数。由此，也形成了若干结构稳固的科研社团，且社团之间还存在相互关联、分化、重组的现象。但如前文所述，由高等教育学科研合作范式决定的社团同样具有较强的学缘性和组织特性。大型合作社团具有强学缘性和稳定性，而小社团的合作关系则具有较强的随机性和不稳定性。

多元化的学术生态是学术多样化发展的前提，高等教育学研究社团需要在规模上进一步扩大，在结构上更趋多样化，形成稳定、互补的长期合作关系，并且要加强社团之间的互动，特别是社团内部和外部之间的互动。如果社团合作关系过于稳定或单一，反而会加剧学术封闭。因此，一方面要不断加强科研合作，形成新的合作机制和社团，凝聚研究力量，形成百家争鸣的局面；另一方面要防止出现学术研究中的"利益集团"现象，确保高等教育学学术研究呈现开放、共享、平等、多样的态势。

高等教育学学者合作中存在一些起到桥梁和中介作用、具有知识传播源特质的学术领军人物。他们在学术团队内外部、学术组织甚至学术代际之间的互动上发挥了重要的媒介作用；他们利用自身的学术生产力、传播力和影响力，挑起了整个中国高等教育学研究的重要担当，对破除学术壁垒起到了积极的推动作用。尽管他们的学术影响力并没有直接体现在科研合作的显性形式中，但他们的学术声望可以间接通过显性桥点人物进行传递。可以说，显性的桥点人物和隐性的信息源人物，共同串起了科研合作网络的主线。

（三）高等教育学学者合作演进

从高等教育学学者的年度合作率来看，我国高等教育学整体科研合作率为 0.3，C 值小于 1，且每年的合作率均低于 1，属于稀疏网络，团体之间的互动并不频繁。整个网络的合作率起伏较大，分别在 2000 年、2010 年、2017 年有三个发展高峰，最高峰出现在 2000 年。这三个年份分别代表着中国高等教育三个不同的发展阶段：稳定阶段、成熟阶段和变革阶段，或者说是高等教育由精英化向大众化过渡时期、再由大众化向普及化过渡时期。在高等教育发展的转型时期，科学研究者的合作频率均比较高，积极性强，随后则比较平稳。但值得注意的是，近年来的合作频率为历史最低，且有快速下滑的趋势。在如今更加强调跨学科、跨组织的多元科研范式下，高等教育学应积极加强不同领域、学缘、组织之间的合作，破除发展创新壁垒，不断提升高等教育学的科研水平。

通过对合作网络演化特点的分析，我们可以发现，无论是基于合作范式的网络化发展，还是由社团现象而导致的收敛式发展，都是一种并存式的科研范式。高等教育学学者在网络结构中，基于资源互补和学术与组织的联姻，发展出的科研合作关系呈发射状的网状分布。在此过程中，一个个研究团队被凝聚、形成，由此又产生了一定的收敛性。网络化发展和收敛性发展都有其必然性。在这样不断代谢的学者合作网络演进中，新的个体、团队的形成，预示了旧的个体、团队的不断分化、重组甚至消亡。在此前提下，既要保证具有一定学术特色的研究团队的稳定性和贡献度，同时也要注重推陈出新，形成多样化、良性争鸣的学术氛围，促进高等教育学研究健康、高效、可持续地发展。

（四）高等教育学研究的谱系特征

本章通过对科研合作网络的多维分析，可以得出一个重要的推断：高等教育学研究具有明显的谱系特征，或者说存在或明或暗的学派。学派的形成是学术研究发展到一定阶段的产物，是学术思想日趋活跃的基本标志，是学术水平不断提升的重要基础①，其有赖于三个条件——领军人物、经典著作和学术传承。领军人物往往成为学派的代名词，如中国古代的程朱理学、王学等；经典著作则是该学派的主要学术成果和观点，是学派的显性物质；学术传承即门人弟子或追随者。经过改革开放四十多年的发展，根据科研合作网络图谱分析，尤其是对"小世界"效应、"社团"现象和"桥点"现象的分析，高等教育学无疑也形成了具有师承性、地域性和问题特征的学派特征，其中，科研合作社团规模最大、连线最多、影响最大的无疑是"厦大学派"。

高等教育学"厦大学派"可以概括为以厦门大学为主要学术阵地的学术共同体，其学术领军人物为中国高等教育学科的创始人潘懋元先生，学派经典著作为潘懋元先生编写的《高等教育学》，其代际传承为以邬大光、别敦荣、刘海峰等为核心的门人弟子。厦门大学高等教育研究团队不仅在学术研究上具有明显的学派特征，在学术组织、学科建设上也具有较强的地域性、问题性和辐射性。地域性体现为以厦门大学为发源地，以厦门大学高等教育研究院为依托；问题性体现为注重研究高等教育基本理论问题，同时以早期开设高师班为契机，对高等教育政策、管理和实践具有较强的影响；辐射性体现为社团现象中的子聚类中出现了以卢晓中为首的华南师范大学团队，其可以视为"厦大学派"的分支。从本章科研合作网络结构中可以发现，具有"小世界"效应的最大的合作社团——厦门大学研究团队，或者说具有厦门大学学术背景的研究人员，组成了合作网络的主要结构，具有明显的网状辐射特征。

须要说明的是，本书在此提出高等教育学研究的"厦大学派"，完全基于科研合作网络的结构和演化规律分析，并非有意对整个高等教育学进行势力划分，而是基于学科发展特点做出的特征分析，旨在加强各个学术共同体之间的交流，取长补短，并对整个高等教育学发展的谱系研究作探索性尝试，以期为高等教育学的发展尽绵薄之力。

---

① 郑文. 王承绪先生与比较教育研究的"杭州学派"[J]. 华南师范大学学报（社会科学版），2015（5）：42-44.

结　语

对高等教育学研究进行纵向和横向探究，不仅要考察其知识源流、知识体系的结构及知识生产的范式等，还要考察学科研究人员和机构、学科基金及项目、学科的社会交流平台和交流机制等。作为学科评估的替代性方法，研究产出评价为高等教育学研究提供了新思路。自现代科学共同体形成以来，在期刊上发表论文就是科学家报告科研成果的主要甚至是唯一的形式[①]，且学术期刊体现了一定时间范围内科学实践活动中被公认的范例，并以此为基础形成学术共同体。由此，本书选取期刊论文作为数据源，以伯顿·克拉克关于学科知识与组织的论述为核心概念，融合学科分化、演进、范式等理念构建分析框架，利用知识图谱理论对我国高等教育学研究产出进行定量与定性分析。具体而言，本书的主要研究结论、学科发展建议及未来展望如下。

一、研究总结

本书首先从组织的观点考察中国高等教育学

---

① 刘小强，蒋喜锋. 知识转型、"双一流"建设与高校科研评价改革——从近年来高校网络科研成果认定说起 [J]. 中国高教研究，2019（6）：59 – 64.

科的发展基础，借助词频分析、共现分析等计量学分析方法，以及社会网络分析方法，以人员、机构、项目为观测点，对我国高等教育学科的"学科给养"情况进行了综合分析。接着从知识的观点分析中国高等教育学科的发展脉络，具体又分为三个维度。第一个维度是"学科结构"，主要运用词频分析、聚类分析和多维尺度分析，从宏观上考察中国高等教育学科的内部纵横向结构；第二个维度是"学科交流"，主要运用作者共被引分析、文献共被引分析和期刊共被引分析，从中观层面考察中国高等教育学科内外部的知识交叉与渗透；第三个维度是"学者合作"，主要运用社会网络分析和多维度尺度分析，从微观角度考察中国高等教育学研究者的合作关系网络。鉴于前述六章每章都对研究结论做了小结，此处仅从更宏观的角度，从高等教育学研究的全景视野对如下结论进行简要阐述：

（1）学科发展与社会发展不完全同构，两种逻辑合力推进学科演进。高等教育学科发展逻辑并非完全同构于社会发展，而有其特殊性，其是由学科内部发展逻辑与外部应力刺激双重作用下冲突整合的产物。改革开放以来，我国高等教育学研究主要以理论研究、政策研究、社会热点追踪和回应为主，基本形成了理论研究、实践研究、交叉研究和比较研究四大分支，但内部结构和发展却极其复杂，交错融合。从高等教育学研究的演进来看，第一个阶段的研究主要集中在体制机制改革，第二个阶段的研究关注高等教育的规模与质量，第三个阶段的研究关注内涵、质量与国际化。这三个阶段是递进式的，互有交叉，而非静态的、突发的。中国高等教育学科分化和交叉频繁与中国社会结构和事务日趋复杂的趋势相关联。

（2）高等教育非均衡发展持续存在，政府主导模式效果明显。中国高等教育学研究是在政府的宏观指导下、以问题为驱动的研究模式，因而政府机构文件的被引频次最高。高等院校是受基金资助力度最大、范围最广的机构，基金资助成果产出数量和质量也稳居首位，呈现出国家对不同类型高等教育学研究机构的功能定位和资助倾向。高等院校是中国高等教育学研究的主要力量，其中又以"双一流"高校实力最为强劲，其是中国高等教育学研究水平和创新能力的代表。高等教育学研究高产机构与低产机构差距较大。各省市的经济实力和教育水平与研究机构的产出水平和质量成正比，浙江、广东、福建的发展势头超越北京和上海。

（3）高等教育学研究人员的延续性不强，学科发展疾呼"深耕者"与"开拓者"。改革开放以来，学术带头人或学科创始人始终在学术发展方面具有引领作用，开拓并夯实了学科发展的理论和范式。然而，中国高等教育学高产作者的延续性并不强，持续在高等教育学研究中"深耕"的科研人员时有流失。这与高等教育学发展进入成熟期创新难度加大有直接关系，也与学科人才的成长周期长有关。随着高等教育学经典文献作者的仙逝或年事渐高，加上经典文献对新时代高等教育实践的解释力度减弱，高等教育学学科发展疾呼新的"深耕者"和"开拓者"。

（4）科学研究环境日新月异，新的合作范式亟待形成。两人合作、三人合作在中国高等教育学界较为普遍，合作的形式主要集中在学缘合作、组织合作上，且小团体合作中未形成具有决定性作用的领军人物。大合作社区相对较复杂，社团开放性不足，关系过于稳定。在合作关系中，出现了一些具有桥梁和纽带作用、具有信息传播源特质的中坚人物，他们是整个中国高等教育学研究的灵魂人物。综而观之，中国高等教育学研究合作网络中，无论是开放性的网络化发展，还是收敛性的学缘、地缘发展，学术团队亦在不断地演化，合作范式正由学缘式合作向资源式合作转变。在此过程中，形成了不同的派别和谱系，其中以"厦大学派"最为显著，形成了多个子聚类，体现了"小世界"效应。

（5）学术期刊及其从业人员作用显现，学科建设亟须协同学术期刊共同发展

从前述六章研究可见，学术期刊在高等教育学发展中至少发挥了以下作用。其一，选择、确定高等教育学研究的真命题并通过选题策划影响高等教育学研究成果的数量和方向。其二，规范高等教育学研究人员的研究行为和结果，推动研究成果的规范化和国际化。其三，积累、汇集高等教育学研究共同体的符号概括、模型和范例，推动研究范式的转化和创新。这些作用存在已久，但高等教育学学科建设未给予应有的重视和运用。此外，高等教育学学术期刊的重要从业人员（出版人）也在学科发展中发挥了学科人意想不到的效用。此处以学者范笑仙为例，其于2006年进入《中国高教研究》编辑部，在编辑部从业十余年。首先，自21世纪头十年以来，范笑仙表现出了强劲的学术产出，他的产出以会议综述居多。会议综述是情报研究的重要组成部分，创新性虽不及学术论文，但高水平的会议综述承载的知识体量大，知识传播价值高。其次，范笑仙作为发表了6篇论文以上的高产作者，其中间中心度与潘懋元先生、邬大光、周光礼、卢晓

中等人相当，表明其往往能打破不同学术共同体的界线，或打破学派、组织的壁垒，有助于形成跨学科和跨界的科研合作网络。最后，发表6篇论文以上的高产作者的接近中心度中，范笑仙的入接近中心度也与潘懋元先生、卢晓中、周光礼、邬大光等人居于同一梯队，表明其在高等教育学研究团队中有明显的整合力和作者向心力。上述学科外在建制的学术期刊的作用，是高等教育学跨学科研究的重要对象，也是高等教育学学科建设需积极吸纳的力量，以使高等教育学术期刊真正立足于高等教育学科，进而推动两者充分协同发展。

（6）提升高等教育学研究国际水平，追赶国际一流高等教育期刊。高等教育学期刊是呈现和助力高等教育学研究发展不可替代的平台，是高等教育学科建设的组成部分。从全球视野来看，高等教育学期刊的发展经历了专业化、次学科分化和研究主题分化三个阶段，而我国高等教育学期刊诞生之时就具备了上述三个阶段的特征。国内高等教育学乃至整个教育学期刊较诞生之期，其规范化程度和影响力都有了巨大进步，但低水平重复现象屡见不鲜，标题哗众取宠者不在少数，学术成果传承方面以讹传讹、误用套用等不规范现象更是不胜枚举。从全球范围来看，我国高教期刊与国外高教期刊相比仍然有较大的差距，我国高教期刊的学术影响力甚至难望其项背（从影响因子、被引国别广泛度等指标可见一斑），提升国内期刊的原创性、体现重大成果发表的时效性、增强学术论文的规范性等迫在眉睫。

二、学科发展建议

从改革开放40余年的高等教育研究来看，中国高等教育学发展成绩斐然，但其存在的不足亦相当明显，其发展模式亟须变革、发展动力亟须加强、发展水平尚待提高。具体而言，应从以下几个方面入手：

（1）中国高等教育学应建设好人力梯队，储备人才，加强智力支撑。中国高等教育学研究队伍的规模应进一步扩大；注重年龄、性别、学缘、地缘等结构，特别是应重视青年人才的培养，要从学科及学术期刊两个维度为他们营造崛起的氛围和土壤。研究机构要建设好平台，提升自身作为研究型和政策型智库的作用。国家政策尤其是基金支持，要重点资助基础理论研究和区域研究，助力区域创新体制的形成，以此推动学科布局的均衡发展和人才的合理流动。

（2）中国高等教育学研究要与高等教育学术期刊协同，进一步加强自身理论建设，要基于中国丰富而复杂的高等教育实践，凝练具有中国特色的高等教育理论体系，并以此指导中国高等教育实践。中国高等教育学科必须突破从成熟到卓越的发展瓶颈，以创新为驱动，取长补短，放眼世界，推动我国真正由高等教育研究大国向高等教育研究强国迈进。

（3）中国高等教育学研究要进一步转变研究范式，既要就教育而言教育，加强其研究深度；也要跳出高等教育而言高等教育，扩大其研究广度。不仅要与社会科学和人文科学开展交叉研究，而且要扩大与自然科学的远缘交叉研究，借鉴其科学实证的研究方法，推进高等教育学研究方法的规范性和科学性，构建与世界接轨的高等教育研究标准。

（4）中国高等教育研究要摒弃单打独斗、小团队研究的封闭模式，建设开放型的研究社区。应组建跨学缘、跨组织、跨国别的创新团队，培养具有世界一流水准的学科领军人物和团队。同时应建立丰富、开源的高等教育研究资源共享知识库，放下门户之见，博采众长，以内涵发展促进开放发展。

（5）高等教育学期刊在学科发展中的作用体现在学科知识生产、传播、渗透、学科新人协助培养等方面。一流的高等教育学科需要一流的高等教育学学术期刊。中国高等教育学学术期刊要与世界接轨，进一步通过改进期刊内容推动期刊国际化发展，同时要推进稿源国际化、审稿国际化、编委国际化、论文编排国际化、语言载体国际化等，以便在高等教育学科发展中更有所为。

三、研究展望

学科的发展是不断累积的，单个研究人员的研究视野、能力会囿于学科环境和个人水平等因素而呈现出局限性。基于上述原因，本书对未来的研究工作做出如下展望：

（1）关于学科演进的研究，未来无论是方法论层面，还是技术操作层面，均需开发出更加丰富的方法和手段，如大数据、信息挖掘、人工智能、谱系学等，不断提升中国高等教育学研究的科学性及水平，缩小中国高等教育学研究与国际同行研究水平的差距。

（2）在学科给养方面，本书仅仅考察了人才、机构、项目三个因素，未能结合更为宏观的政治、经济、文化等外缘因素予以考量。未来研究可以尝试从社会大系统的角度来"俯视"高等教育学研究，增强其整体和立体研究。

（3）在学科结构方面，其分类标准仍然有待继续明确。尽管本书的分类方法参考了权威观点，事实上中国高等教育学研究的结构远比书中讨论的要更加复杂，如私立高等教育、成人高等教育、高等职业教育领域等。随着时代的不断发展，高等教育学的内部分化也必将越来越细，其分类需与时俱进。

（4）在学科交流方面，本书从信息流的角度分析高等教育学学科知识的内外部连接及流动，但并未就信息流相关理论作深入讨论。随着计算机技术的发展，尤其是人工智能的普及，未来高等教育学研究内部信息的交换和流通机制将会是一个非常值得关注的领域。

（5）在学者合作方面，本书应用复杂网络分析的方法形成了与事实较为一致的结论，也显现出了高等教育学研究谱系的相关特征。但学派之间显性和隐性特点并存，有时甚至在观点上有所相左。本书并未对其隐性学派特征、学派之间的观点差异进行比较分析，未来研究可以更加聚集在谱系特征的比较和分析上。

（6）在高等教育学期刊发展方面，应加强学术期刊与学科的协同，策划学科建设专栏，增加高等教育学学科建设论文的发文量；以更加开放、包容的态度对待中青年研究人员的来稿，鼓励、助推中青年高等教育学研究人员成长。同时，可通过下列措施提升整个高等教育学界的研究水平和知识传播效果：施行开放同行评议（open peer review），加快科研成果"认定"速度；引领高等教育学前沿选题并加快国际高等教育学知识前沿的引介速度，增加新知识的流通速度；尝试预印本网站发布学术论文，借此改变科研选题方式，扩展科研平台，改变科研评价方式并对科研成果进行及时、有效的保护，进一步推动高等教育学研究的发展。

总之，随着我国高等教育由大众化向普及化迈进，由高等教育大国向高等教育强国、创新型国家转型，高等教育学作为一门培养高级专门人才的学科，其地位和作用日益突显。中国高等教育学科的研究实力和发展水平是保证其完成历史使命的坚实根基。在此关键的发展节点，对中国高等教育学科的发展脉络、历史成就、现实困境、未来预期进行基于时间和空间维度的全面检视，可以化繁为简，明晰优势与不足，有效防止路线偏差，彰显中国高等教育学研究的本土化特色，提升中国高等教育学研究的国际化水平。

参考文献

一、著 作

[1] 克兰. 无形学院——知识在科学共同体的扩散[M]. 刘珺珺,顾昕,王德禄,译. 北京:华夏出版社,1988.

[2] 库恩. 科学革命的结构[M]. 4版. 金吾伦,胡新和,译. 北京:北京大学出版社,2012.

[3] 库恩. 必要的张力[M]. 范岱年,等译. 北京:北京大学出版社,2004.

[4] 沃勒斯坦. 知识的不确定性[M]. 王昺,等译. 济南:山东大学出版社,2006.

[5] 克莱恩. 跨越边界——知识 学科 学科互涉[M]. 姜智芹,译. 南京:南京大学出版社,2005.

[6] 克拉克. 高等教育系统——学术组织的跨国研究[M]. 王承绪,等译. 杭州:杭州大学出版社,1994.

[7] 陈燮君. 学科学导论——学科发展理论探索[M]. 上海:上海三联书店,1991.

[8] 陈国元,刘烈刚. 预防医学实验教程[M]. 武汉:湖北科学技术出版社,2016.

[9] 陈悦. 创新管理知识图谱[M]. 北京:人民出版社,2014.

[10] 陈悦. 管理学知识图谱[M]. 大连:大连理工大学出版社,2008.

[11] 陈振标. 文献信息检索——分析与应用[M]. 北京:海洋出版社,2016.

[12] 高宣扬. 结构主义[M]. 上海:上海交通大学出版社,2017.

[13] 华勒斯坦,等. 学科·知识·权力[M]. 刘健芝,等编译. 北京:生活·读书·新知三联书店,1999.

[14] 华勒斯坦. 开放社会科学[M]. 北京:生活·读书·新知三联书店,1997.

[15] 韩延明. 高等教育学新论[M]. 济南:山东人民出版社,2012.

[16] 韩延明. 潘懋元先生记事年表[M]. 厦门:厦门大学出版社,2015.

［17］胡建华，陈列，周川，等. 高等教育学新论［M］. 南京：江苏教育出版社，2005.

［18］黄明喜. 简明中外教育史［M］. 北京：高等教育出版社，2019.

［19］林聚任. 社会网络分析——理论、方法与应用［M］. 北京：北京师范大学出版社，2009.

［20］李杰，陈超美. CiteSpace：科技文本挖掘及可视化［M］. 北京：首都经济贸易大学出版社，2016.

［21］刘江涛. SPSS 数据统计与分析应用教程［M］. 北京：清华大学出版社，2017.

［22］刘军. 整体网分析 UCINET 软件实用指南［M］. 2 版. 上海：上海人民出版社，2014.

［23］卢晓中. 现代高等教育发展论纲［M］. 广州：广东教育出版社，2005.

［24］李志辉，罗平. SPSS for Windows 分析教程［M］. 北京：电子工业出版社，2004.

［25］马克思恩格斯文集（第 5 卷）［M］. 北京：人民出版社，2009.

［26］潘懋元. 高等教育学（上）［M］. 北京：人民教育出版社，1984.

［27］潘懋元，王伟廉. 高等教育学［M］. 福州：福建教育出版社，1995.

［28］祁占勇. 中国教育政策学的知识图谱研究：1985—2015［M］. 北京：科学出版社，2019.

［29］祁占勇. 基于共词可视化的教育政策基本问题研究 30 年：1985—2015［M］. 北京：科学出版社，2019.

［30］王续琨. 科学学科学引论［M］. 北京：人民出版社，2017.

［31］文传浩. 经济学研究方法论——理论与务实［M］. 重庆：重庆大学出版社，2015.

［32］吴世勇. 王承绪学术思想研究［M］. 广州：广东高等教育出版社，2018.

［33］肖明. 知识图谱工具使用指南［M］. 北京：中国铁道出版社，2014.

［34］杨良斌. 信息分析方法与实践［M］. 长春：东北师范大学出版社，2017.

［35］张应强，等. 中国教育改革 40 年——高等教育［M］. 北京：科学出版社，2018.

二、论　文

［1］白红梅，阿木古楞. 民族高等教育的综合改革与发展诉求——第三届全

国民族高等教育高峰论坛会议综述［J］. 民族高等教育研究, 2017 (3): 43-46.

［2］包国庆. 21 世纪高等教育的哲学前瞻［J］. 高等理科教育, 2000 (1): 16-23.

［3］别敦荣, 夏颖. 发展普及化高等教育与素质教育［J］. 中国高教研究, 2017 (7): 17-21.

［4］蔡建东, 汪基德, 马婧. 教育理论研究的量化与技术化路径——科学计量学方法与技术在教育理论研究中的应用［J］. 教育研究, 2013 (6): 17-23.

［5］蔡克勇. 中国高等教育管理五十年［J］. 高等教育研究, 1999 (3): 20-27.

［6］蔡克勇. 应把高等学校管理作为一门学科来研究［J］. 高等教育研究, 1982 (4): 40-45.

［7］蔡琼, 李铁芳. 第九届大学教育思想研讨会综述［J］. 高等教育研究, 2003 (1): 5-7.

［8］曹如军. 高等教育视野中多学科研究的三个问题［J］. 大学教育科学, 2009 (2): 9-13.

［9］曹叔亮. 近十年来我国高等教育研究发展的实证分析——基于 2005—2014 年度教育部人文社会科学研究一般项目［J］. 高校教育管理, 2016 (4): 118-124.

［10］陈巴特尔. 关于 21 世纪初我国少数民族高等教育发展的若干思考［J］. 中央民族大学学报（哲学社会科学版）, 2001 (6): 95-100.

［11］陈必坤, 王曰芬. 学科结构与演化可视化分析的内容研究［J］. 图书情报工作, 2016 (11): 87-95.

［12］陈昌贵, 王璐. 从文化视角透视美国高等教育大众化进程［J］. 江苏高教, 2002 (2): 117-131.

［13］陈厚丰, 李莉. 大学理念的哲学审视——潘懋元《多学科观点的高等教育研究·哲学的观点》述评［J］. 中国高教研究, 2004 (9): 93-94.

［14］陈金龙. 论中国特色社会主义话语权的建构［J］. 思想理论教育, 2015 (3): 8-12.

［15］陈伟. 省域高等教育系统的崛起——动力分析和路径选择［J］. 高等教育研究, 2017 (11): 39-45.

［16］陈伟. 中国高等教育的历史方位——分析维度和变迁趋势［J］. 高等教育研究, 2019 (3): 1-8.

［17］陈先哲. 新时代高等教育与高等教育新时代［J］. 教育发展研究, 2018 (Z1): 58-66.

［18］陈学飞, 展立新. 我国高等教育发展观的反思［J］. 高等教育研究,

2009（8）：1-26.

［19］陈学飞. 外国高等教育研究史50年回眸［J］. 高等教育研究，1999（5）：47-51.

［20］陈悦，陈超美，等. CiteSpace：知识图谱的方法论功能［J］. 科学学研究，2015（2）：242-253.

［21］陈悦，刘则渊. 悄然兴起的科学知识图谱［J］. 科学学研究，2005（2）：149-154.

［22］褚照锋，陈廷柱，李明忠. 高等教育学学科学术论文生产现状的多维分析——基于C100指数视角［J］. 高教探索，2017（9）：5-13.

［23］丛杭青，王华平，沈琪. 合作研究及其认识论评价［J］. 科学学研究，2004（5）：455-459.

［24］崔鹤，王丹. 中国高等教育研究领域个体、机构及地域科研合作情况研究——基于2016年18家教育类中文核心期刊的合著文献分析［J］. 中国高教研究，2017（4）：48-55.

［25］丁煜，桑新民. 国外教育技术学专家访谈启示录［J］. 中国电化教育，2005（8）：24-27.

［26］董杰. 我国高等教育与区域经济发展研究［J］. 江苏高教，2010（3）：51-53.

［27］董立平. 潘懋元与中国高等教育学会高等教育学专业委员会［J］. 高等教育研究，2013（4）：8-19.

［28］方宝. 三十年来我国高等教育经济功能研究的发展及偏误［J］. 河北师范大学学报（教育科学版），2015（5）：73-78.

［29］方文. 社会心理学的演化——一种学科制度视角［J］. 中国社会科学，2001（6）：126-136.

［30］方泽强. 高等教育学科的历史争论、建设反思和未来发展［J］. 西南交通大学学报（社会科学版），2019（1）：125-131.

［31］费孝通. 关于社会学的学科、教材建设问题［J］. 西北民族研究，2001（2）：1-6.

［32］冯向东. 高等教育研究中的"范式"与"视角"的辨析［J］. 北京大学教育评论，2006（3）：12-15.

［33］龚放. 追问研究本意 纾解"学科情结"［J］. 北京大学教育评论，2011（4）：41-48.

［34］龚放. 中国教育研究领域学者、论著影响力报告——基于2005—2006年CSSCI的统计分析［J］. 复旦教育论坛，2009（2）：35-45.

［35］顾明远. 走向新世纪的中国高等教育［J］. 清华大学教育研究，2000

（3）：24-26.

[36] 郭崇慧,王佳嘉."985工程"高校校际科研合作网络研究[J]. 科研管理,2013（ZK）：211-220.

[37] 韩水法. 大学制度与学科发展[J]. 中国社会科学,2002（3）：77-78.

[38] 韩婷,阎梦娇. 后大众化时代的中国高等教育——第十六届全国大学教育思想研讨会综述[J]. 高等教育研究,2017（2）：103-104.

[39] 韩颖,郑如莹,刘花香. 新时代的大学教育思想——第十七届全国大学教育思想研讨会综述[J]. 大学教育科学,2018（6）：32-35.

[40] 何海燕. 李芳. 高校科研合作对论文产出质量的影响——基于国家重点实验室分析[J]. 北京理工大学学报（社会科学版）,2017（5）：162-166.

[41] 胡弼成. 20世纪世界高等教育发展回眸[J]. 有色金属高教研究,2000（4）：35-39.

[42] 胡建华. 高等教育学科发展的昨天、今天与明天[J]. 高等教育研究,2008（4）：24-25.

[43] 胡建华. 高等教育学科建设与发展的中国道路——研习潘懋元先生的高等教育思想[J]. 山东高等教育,2015（6）：78-84.

[44] 胡建华. 潘懋元先生之于我国高等教育学科发展的意义[J]. 高等教育研究,2010（8）：26-29.

[45] 胡建华. 我国高等教育学学科发展的特殊性分析[J]. 教育研究,2003（12）：15-18,86.

[46] 胡建华. 中国高等教育学科发展[J]. 教育研究,2018（9）：24-35.

[47] 胡建华. 近20余年来我国高等教育研究发展的实证分析——基于"六五"至"十五"的全国教育科学规划课题[J]. 现代大学教育,2005（2）：10-15.

[48] 胡建华. 学科"研究制度化"的重要一环——写在《高等教育研究》创刊三十周年之际[J]. 高等教育研究,2010（11）：28-30.

[49] 胡琳娜,张所地,高平. 中国技术经济及管理学科的科研合作研究——"反射自时空棱镜之光"[J]. 科学学研究,2015,33（1）：21-29.

[50] 胡一竑,朱道立,张建同,等. 中外科研合作网络对比研究[J]. 管理学报,2009,6（10）：1323-1329.

[51] 胡一竑,朱道立,等. 中外科研合作网络对比研究[J]. 管理学报,2009（10）：1323-1328.

[52] 黄建雄,卢晓梅. 高校教师队伍学缘结构的三重特征及其优化[J]. 江苏高教,2011（5）：41-43.

[53] 贾茜, 李亚婷, 张斌. 科学合作的形成及其影响因素 [J]. 情报理论与实践, 2014 (6): 40-45.

[54] 贾永堂, 罗华陶. 新中国高等教育发展道路的历史考察——基于后发展理论的分析 [J]. 高等教育研究, 2016 (5): 1-12.

[55] 柯佑祥. 略论高等教育学的繁荣 [J]. 高等教育研究, 1999 (3): 82-84.

[56] 柯佑祥. 中国 21 世纪的高等教育——兼评第三次全教会《决定》[J]. 有色金属高教研究, 2000 (3): 7-11.

[57] 兰国帅, 汪基德, 梁林梅. 国外教育技术十大领域与权威人物的知识图谱建构研究——基于 18 种 SSCI 期刊（1960—2016 年）文献的可视化分析 [J]. 远程教育杂志, 2017 (2): 74-85.

[58] 雷云. 略论教育经典与教育知识生产 [J]. 上海教育科研, 2011 (3): 9-11.

[59] 黎琳, 李枭鹰. 高等教育强国的基本特征与生发机制 [J]. 现代大学教育, 2009 (5): 97-101.

[60] 李纲, 巴志超. 科研合作超网络下的知识扩散演化模型研究 [J]. 情报学报, 2017, 36 (3): 274-284.

[61] 李金奇, 冯向东. 学科规训与大学学科发展 [J]. 高等教育研究, 2005 (5): 79-83.

[62] 李均. 也论高等教育学与教育学的"因缘" [J]. 高等教育研究, 2016 (4): 50-57.

[63] 李明忠. 高等教育多学科研究的现实审视与发展思路——基于《高等教育研究》2001—2010 年的载文分析 [J]. 高等教育研究, 2013, 34 (3): 40-51.

[64] 李盛兵. 我国高等教育发展的现阶段特征 [J]. 高等教育研究, 2016 (12): 1-6.

[65] 李文海. 打破学科分割　促进学科交叉——对历史学学科建设的一点思考 [J]. 历史档案, 2004 (2): 119-122.

[66] 李枭鹰, 魏晓娜. 高等教育理论创新的本土化选择 [J]. 黑龙江高教研究, 2008 (8): 10-12.

[67] 李雪飞, 孔垂谦, 樊泽恒. 全面深化改革阶段的大学教育思想——第十五届全国大学教育思想研讨会综述 [J]. 高等教育研究, 2014 (12): 107-109.

[68] 梁立明, 沙德春. 985 高校校际科学合作的强地域倾向 [J]. 科学学与科学技术管理, 2008 (11): 112-116.

[69] 梁文艳, 刘金娟, 王玮玮. 研究型大学教师科研合作与科研生产力——以北京师范大学教育学部为例 [J]. 教师教育研究, 2015 (4): 31-39.

［70］梁文艳，周晔馨. 社会资本、合作与"科研生产力之谜"——基于中国研究型大学教师的经验分析［J］. 北京大学教育评论，2016，14（2）：133－156.

［71］梁秀娟. 科学知识图谱研究综述［J］. 图书馆杂志，2009（6）：58－62.

［72］刘晖. 高等教育大众化进程中的教育质量评估问题——兼论英国高等教育质量监督与评估的经验和启示［J］. 外国教育研究，2001（3）：42－46.

［73］刘林青. 作品共被引分析与科学地图的绘制［J］. 科学学研究，2005（2）：155－159.

［74］刘献君. 科学发展观与高等教育发展［J］. 高等教育研究，2004（5）：1－5.

［75］刘献君. 21世纪中国高等教育的走向［J］. 高等教育研究，2000（2）：1－4.

［76］刘献君. 院校研究的基本范式——定性模式与定量模式［J］. 现代大学教育，2003（3）：7－11.

［77］刘小强，蒋喜锋. 知识转型、"双一流"建设与高校科研评价改革——从近年来高校网络科研成果认定说起［J］. 中国高教研究，2019（6）：59－64.

［78］刘振天. 提高质量：21世纪高等教育改革与发展的主旋律——中国南京"大学教育思想国际研讨会"综述［J］. 高等教育研究，2000（1）：62－65.

［79］刘志文. 中国高等教育自主发展的路径研究［J］. 高教探索，2008（3）：16－20.

［80］刘志文. 综合大学教育学科发展的三维审视［J］. 华南师范大学学报（社会科学版），2018（1）：84－90.

［81］卢晓中. 社会变革视野下高等教育发展理论创新［J］. 高等教育研究，2011（10）：20－25.

［82］卢晓中，陈伟. 试论高等教育发展研究［J］. 高等教育研究，2007（8）：54－58.

［83］卢晓中，汤晓蒙. 高等教育发展与代价的关系探析［J］. 大学教育科学，2010（5）：3－8.

［84］卢晓中. 对高等教育学研究中若干问题的认识［J］. 高教探索，2000（3）：54－56.

［85］卢晓中. 21世纪高等教育的新视野和行动——世界高等教育理念与中国高等教育改革小型研讨会综述［J］. 中国高教研究，2000（8）：22－23.

［86］马陆亭. 从"理论要点"到"高教强国"和"思想体系"的研究

——20年旨在影响高等教育实践的理论探索［J］．中国高教研究，2011（8）：13－17．

［87］马陆亭．从规模经济到范围经济——对21世纪中国高等教育发展模式的思考［J］．中国高教研究，1996（6）：17－19．

［88］毛祖恒．中国高等教育史五十年述评［J］．高等教育研究，1999（4）：39－44．

［89］闵维方，丁小浩．对我国高等教育经济学研究的回顾和展望［J］．高等教育研究，1999（3）：6－11．

［90］牛奉高，邱均平．基于国家、学科合作网络和期刊分布的中国科研国际合作研究［J］．情报科学，2015，33（5）：111－118．

［91］欧颖．我国高等教育研究的演进与转向——范式的视角［J］．黑龙江高教研究，2016（12）：6－9．

［92］潘黎，侯剑华．国际高等教育研究代表人物和学术团体思想的可视化探析——基于 *Higher Education* 等8种SSCI期刊作者共被引的分析［J］．中国高教研究，2012（6）：8－12．

［93］潘懋元，李均．高等教育研究60年——后来居上 异军突起［J］．中国高等教育，2009（18）：15－19，41．

［94］潘懋元，左崇良．高等教育大众化——理论与实践的反思［J］．攀登，2016（2）：138－144．

［95］潘懋元．21世纪：可持续发展的中国高等教育——兼论中国高等教育大众化问题［J］．黄河科技大学学报，1999（3）：1－8．

［96］潘懋元．高等教育研究的比较、困惑与前景［J］．高等教育研究，1991（4）：1－12．

［97］潘懋元．高等教育研究在中国发展的轨迹——为《高等教育研究在中国》（英文本）而作［J］．高等教育研究，1998（1）：1－7．

［98］潘懋元．高等教育学的若干问题［J］．高等教育研究，1983（1）：4－26．

［99］潘懋元．高等教育学的若干问题（下）［J］．高等教育研究，1983（2）：27－45，97．

［100］潘懋元．中国高等教育大众化的理论与政策［J］．高等教育研究，2001（6）：1－5．

［101］潘懋元，蔡宗模，朱乐平，等．中国高等教育改革发展70周年：回顾与前瞻——潘懋元先生专访［J］．重庆高教研究，2019（1）：5－9．

［102］潘懋元，等．21世纪初我国高等教育研究的进展与问题［J］．国家教育行政学院学报，2006（8）：30－39．

[103] 潘士远. 合作研究、协调成本与知识增长 [J]. 北京大学学报（哲学社会科学版），2005（4）：88-97，154.

[104] 秦长江，侯汉清. 信息图谱——知识管理和信息管理的新领域 [J]. 大学图书馆学报，2009（11）：30-37.

[105] 邱均平，董克. 作者共现网络的科学研究结构揭示能力比较研究 [J]. 中国图书馆学报，2014，40（1）：15-24.

[106] 邱均平，温芳芳. 我国"985工程"高校科研合作网络研究 [J]. 情报学报，2011（7）：746-755.

[107] 邱均平. 文献信息词频分布规律——齐普夫定律 [J]. 情报理论与实践，2000（5）：396-400.

[108] 全国教育科学规划领导小组办公室. "中国高等教育学科的发展与反思"成果报告 [J]. 大学（学术版），2011（11）：87-91.

[109] 桑新民. 学术权威人物个案研究的理念与方法论——美国教育技术学领军人物学术思想研究述评 [J]. 现代教育技术，2010（1）：5-9.

[110] 厦门大学. 在调整改革中加速发展高等教育 [J]. 高等教育研究，1983（3）：7-10.

[111] 沈文钦. 高等教育研究的起源与演进——基于学术期刊增长的视角 [J]. 高等教育研究，2019（3）：53-64.

[112] 沈勇. 论文指标与一级学科评估结果之比较 [J]. 高教发展与评估，2016（2）：49-57.

[113] 史朝. 国际高等教育发展理论述评（上、下）[J]. 外国教育研究，1998（6）：1-6，48.

[114] 苏芳荔. 科研合作对期刊论文被引频次的影响 [J]. 图书情报工作，2011，55（10）：144-148.

[115] 田联刚. 新时代民族教育政策的创新和完善 [J]. 理论视野，2018（1）：78-81.

[116] 田依林. 我国高等教育合作研究团队的分析——基于部分CSSCI刊源教育类期刊载文研究 [J]. 中国高教研究，2014（6）：23-26，42.

[117] 汪永铨. 关于我国高等教育科学研究的几点思考 [J]. 教育研究，1999（10）：23-29.

[118] 王崇德. 论科学合作 [J]. 科技管理研究，1984（5）：26-29.

[119] 王洪才. 多学科研究方法：高等教育学的独特方法？[J]. 江苏高教，2014（1）：5-7.

[120] 王洪才. 教育研究的基本方法论 [J]. 北京师范大学学报（人文社会科学版），2006（6）：21-27.

[121] 王洪才. 论高等教育研究的四种范式［J］. 北京师范大学学报（人文社会科学版），2002（3）：74-82.

[122] 王继民，王若佳，曾兰馨，等. 1996—2015年"一带一路"沿线国家科研合作网络的演化分析［J］. 图书情报工作，2017（16）：76-83.

[123] 王建华. 高等教育质量研究——管理的视角［J］. 高等教育研究，2009（2）：1-9.

[124] 王建军，王德礼. 管理学 CSSCI 检索期刊学术影响力分析［J］. 情报学报，2010（1）：142-150.

[125] 王建华. 一流之后的路——朝向高等教育真正的发展［J］. 苏州大学学报（教育科学版），2019（3）：43-46.

[126] 王锦贵. 论经典文献［J］. 新世纪图书馆，2004（6）：47-50.

[127] 王京山，王锦贵. 经典文献概念分析［J］. 图书与情报，2006（1）：103-105，115.

[128] 王伟廉，别敦荣. 全国高等教育学研究会第三届学术研讨会综述［J］. 高等教育研究，1995（3）：6-9.

[129] 王伟廉. 全国高等教育学研究会成立大会暨第二届学术研讨会综述［J］. 高等教育研究，1994（1）：16-17，27.

[130] 邬大光. 我国民办教育的特殊性与基本特征［J］. 教育研究，2007（1）：3-8.

[131] 吴斌. 基于科技文献的科研组织网络分析方法研究［J］. 情报学报，2008（4）：591-595.

[132] 吴素春，聂鸣. 创新型城市内部科研合作网络特征研究——以武汉市论文合著数据为例［J］. 情报杂志，2013，32（1）：111-117.

[133] 马金森. 全球知识经济中的高等教育［J］. 北京大学教育评论，2008（3）：94-118.

[134] 谢作栩，黄荣坦. 20世纪下半叶中国高等教育规模发展波动研究——兼21世纪初高等教育发展预测［J］. 教育研究，2000（10）：15-20，27.

[135] 谢作栩. 马丁·特罗高等教育大众化理论述评［J］. 现代大学教育，2001（3）：13-18.

[136] 徐永. 区域高等教育非均衡发展的形成机制及其检视——一个"国家行动"的解释框架［J］. 教育发展研究，2013（19）：18-25.

[137] 许杰，于建福. 高等教育管理研究的前沿动态和热点追踪［J］. 中国高等教育，2007（Z2）：36-39.

[138] 薛天祥. 全国高等教育学研究会第五届学术年会总结报告［J］. 河北师范大学学报（教育科学版），1999（3）：33-37.

[139] 严程棋,赵映慧,谌慧倩,等."十二五"期间我国农林类高校论文合著网络研究[J]. 图书情报工作,2016,60(S2):107-110.

[140] 杨益民. 区域高等教育规模与经济发展关系的实证分析[J]. 江苏高教,2006(3):35-38.

[141] 易高峰,刘盛博,赵文华.《高等教育研究》研究热点及其知识基础图谱分析[J]. 高等教育研究,2009(10):74-80.

[142] 殷辉. 基于科学知识图谱的我国物流学合作网络分析[J]. 现代管理科学,2011(6):56-58.

[143] 尹丽春,姜春林,殷福亮,等. 基于CSCD和SCI的跨省区科学合作网络可视化分析[J]. 图书情报工作,2007(8):62-64.

[144] 于小艳. 高等教育发展与代价的关系探析[J]. 高教探索,2009(5):23-26.

[145] 于小艳. MOOCs:传统大学的警钟还是丧钟[J]. 现代教育管理,2015(8):90-94.

[146] 于杨. 后大众化阶段高等教育质量保障特点及发展趋势[J]. 高等教育研究,2016(3):39-45.

[147] 袁本涛. 依附发展——20世纪中国高等教育发展的重要特征[J]. 教育发展研究,2000(6):46-48.

[148] 袁德俊. 论学派的特点、作用和形成条件[J]. 福州大学学报(社会科学版),1989(1):41-47.

[149] 袁晓园,华薇娜. 中国图情学国际合著论文的文献计量分析[J]. 情报杂志,2014(10):137-141,158.

[150] 岳洪江,梁立明,刘思峰,等. 中国管理科学研究队伍的年龄结构研究[J]. 科研管理,2011,32(4):120-127.

[151] 张德祥. 面向经济建设主战场着力提升区域内高校创新能力[J]. 中国高教研究,2006(11):4-8.

[152] 张继明. 我国高等教育国际化战略的反思——基于文化自觉的视角[J]. 现代教育管理,2009(11):12-15.

[153] 张婕. 大学学科发展的路径选择——基于知识生产方式的视角[J]. 国家教育行政学院学报,2013(6):19-23.

[154] 张菊,方永才,刘艳阳. 分析SCI论文探讨合作研究对提高高校科研水平的作用[J]. 科技进步与对策,2005(2):132-134.

[155] 张俊超. 以科学发展观指导高等教育发展——第十届大学教育思想研讨会综述[J]. 高等教育研究,2004(5):108-109.

[156] 张立军. 改革开放30年民族高等教育政策的演进[J]. 教育学术月

刊，2010（8）：56-60.

［157］张鹏程，李铭泽，等. 科研合作与团队知识创造——一个网络交互模型［J］. 科研管理，2016（5）：51-59.

［158］张务农. 从经济学命题到教育学命题——供给侧改革之于高等教育发展意义审思［J］. 江苏高教，2017（3）：30-34.

［159］张晓玲. 可持续发展理论——概念演变、维度与展望［J］. 中国科学院院刊，2018（1）：10-19.

［160］张秀梅，吴巍. 科研合作网络的可视化及在文献检索服务中的应用［J］. 情报学报，2006（1）：9-15.

［161］张艳丽. 普及化高等教育的内涵及其意蕴探析——来自美国的启示［J］. 复旦教育论坛，2017（3）：107-112.

［162］张胤. 我国教育学科学术生产力研究——基于C100指数的分析［J］. 北京师范大学学报（社会科学版），2016（1）：42-49.

［163］张应强. 超越"学科论"和"研究领域论"之争——对我国高等教育学学科建设方向的思考［J］. 北京大学教育评论，2011（4）：49-61.

［164］赵君，廖建桥. 科研合作研究综述［J］. 科学管理研究，2013，31（2）：117-120.

［165］赵蓉英，王旭，亓永康. 我国世界一流大学建设高校间科研合作网络及演化研究［J］. 现代情报，2019（3）：132-143.

［166］郑文. 王承绪先生与比较教育研究的"杭州学派"［J］. 华南师范大学学报（社会科学版），2015（5）：42-44.

［167］钟秉林. 认真实施"新世纪教改工程" 努力开创高等教育新纪元［J］. 中国大学教学，2000（3）：7-11.

［168］钟镇. 农业经济与政策 Web of Science 期刊论文合著规模与绩效的相关性分析［J］. 中国科技期刊研究，2014（12）：1513-1518.

［169］周川. 致力于高等教育学的理论发展——读《多学科观点的高等教育研究》［J］. 高等教育研究，2002（2）：105-107.

［170］周光礼，武建鑫. 什么是世界一流学科［J］. 中国高教研究，2016（1）：65-73.

［171］周光迅. 全国高等教育学研究会成立大会暨第二届学术研讨会召开［J］. 石油教育，1994（1）：95.

［172］周磊，张玉峰. 基于专利情报分析的企业合作竞争模式研究［J］. 情报学报，2013（6）：593-600.

［173］周丽华. 学校、学科、学生——200年德国古典大学模式的肇创与流变［J］. 清华大学教育研究，2013（6）：59-66.

[174] 周远清. 我国高等教育改革的现状及"面向21世纪课程教材"的推广 [J]. 中国大学教学, 2000 (5): 4-8.

[175] 朱九思. 看得重, 抓得狠, 锲而不舍, 力争上游——在师资培养工作会议上的讲话 [J]. 高等教育研究, 1981 (4): 1-6.

[176] 朱为鸿. 创新型国家建设中的高等教育发展——第十一届大学教育思想研讨会综述 [J]. 高等教育研究, 2006 (10): 104-106.

[177] 祝爱武. 我国高等教育学科发展轨迹分析 [J]. 南通大学学报 (教育科学版), 2009 (3): 21-25.

[178] 左玉河. 学科、学会与学术——中国现代学术共同体之建构 [J]. 安徽史学, 2014 (5): 37-48.

[179] 范爱红, 战玉华, 杨芳, 等. 国内外研究型大学国际合著论文的比较研究 [J]. 情报杂志, 2013 (11): 59-63.

[180] ADAMS J. Collaborations: The fourth age of research [J]. Nature, 2013, 497 (7451): 557-560.

[181] ADAMS J, GURNEY K, MARSHALL S. Patterns of international collaboration for the UK and leading partners [J]. Science Focus, 2007, 36 (11): 131-136.

[182] BASU A, AGGARWAL R. International collaboration in science in India and its impact on institutional performance [J]. Scientometrics, 2001, 52 (3): 379-394.

[183] DEBBEAVER D, ROSEN R. Studies in scientific collaboration Part 1: The professional origins of scientific co-authorship [J]. Scientometrics, 1978, 1 (1): 65-84.

[184] DEBBEAVER D, ROSEN R. Studies in scientific collaboration Part 2: Professionalization and the natural history of modern scientific co-authorship, 1799—1830 [J]. Scientometrics, 1979, 1 (2): 133-149.

[185] DEBBEAVER D, ROSEN R. Studies in scientific collaboration Part 3: Professionalization and the natural history of modern scientific co-authorship [J]. Scientometrics, 1979, 1 (3): 231-245.

[186] DUNDAR H, LEWIS D R. Determinants of research productivity in higher education [J]. Research in Higher Education, 1998, 39 (6): 607-631.

[187] HILARIOCM, CABRINI GRACIO M C. Scientific collaboration in Brazilian researches: A comparative study in the information science, mathematics and dentistry fields [J]. Scientometrics, 2017, 113 (2): 929-950.

[188] HODDER P. Limits to collaborative authorship in science publishing

[J]. Journal of Research Communications Studies, 1980, 2 (3): 169 – 178.

[189] LEEUWEN T N V. Strength and weakness of national science systems: A bibliometric analysis through cooperation patterns [J]. Scientometrics, 2009, 79 (2): 389 – 408.

[190] LOTKA A. The frequency distribution of scientific productivity [J]. Journal of the Franklin Institute, 1926, 202 (2): 271 – 271.

[191] PRICE D, BEAVER D. Collaboration in an invisible college [J]. American Psychologist, 1966, 21 (11): 1011 – 1018.

[192] PAO M L. Co-authorship as communication measure [J]. Library Research, 1981 (2): 327 – 338.

[193] PAO M L. Collaboration in computational musicology [J]. Journal of the American Society for Information Science, 1982, 33 (1): 38 – 44.

[194] PRAVDIC N, OLUICVUKOVIC V. Dual approach to multipleauthorship in the study of collaboration and scientific output relationship [J]. Scientometrics, 1986, 10 (5 – 6): 259 – 280.

[195] PRICE D J. Networks of scientific paper [J]. Science, 1965 (7).

[196] RAMSDEN P. Describing and explaining research productivity [J]. Higher Education, 1994 (28): 27 – 226.

[197] SALINERO M C, MICHALSKI F. Implications of scientific collaboration networks on studies of aquatic vertebrates in the Brazilian Amazon [J]. PLos One, 2016, 11 (6): e0158413.

[198] SMALL H. Paradigms, citations and maps of science: A personal history [J]. Journal of American Society for Information Science, 2003 (4).

[199] BACK K H. The behavior of scientists: Communication and creativity [J]. Sociological Inquiry, 1962 (32): 82 – 87.

[200] LARS B, et al. Four degrees of separation, advances in social networks analysis and mining (ASONAM) [J]. International Conference on IEEE, 2012 (32): 1222 – 1227.

[201] KLEIN, JULIE T. Blurring, cracking, and crossing: Permeation and the fracturing of discipline [J]. // Messer – Davidow, Shumway, and Sylvan, 1993: 185 – 211.

[202] PHILIP G A. The American academic model in comparative perspective [J]. // Altbach P. Comparative higher education: Knowledge, the university and development. Norwood, N. J Alblex, 1998: 55 – 73.

[203] QING P, HE J G, CHEN C M. How many ways to use citeSpace? A

study of user interactive events over 14 Months [J]. Journal of the Sociation for Information Science and Technology, 2017, 68 (5): 1234 – 1256.

[204] STANLEY M. The small world problem [J]. Psychology Today, 1967, 1 (1): 61 – 67.

三、其 他

[1] 陈超美, 李杰. 科学知识前沿图谱理论与实践 [M] // 陈超美. CiteSpace 的分析原理. 北京: 高等教育出版社, 2018: 1 – 4.

[2] 何超. 我国管理科学学科演进的知识图谱研究 [D]. 长沙: 湖南大学, 2012.

[3] 庞青山. 大学学科结构与学科制度研究 [D]. 上海: 华东师范大学, 2004.

[4] 廖益. 大学学科专业评价研究——以广东省高等学校名牌专业和重点学科为例 [D]. 厦门: 厦门大学, 2007.

[5] 任鸿隽. 中国科学之前瞻与回顾 [J] // 樊洪业, 张久春. 科学救国之梦——任鸿隽文存. 上海: 上海科技教育出版社, 2002: 565.

[6] 潘懋元. 《2008 亚太国际教育会议》大会报告 [R]. 2008.

[7] 中国科学技术信息研究所. 2018 年中国科技期刊引证报告社会科学卷 [R]. 2018.

[8] 袁新文. 大学不能"摊大饼" [N]. 人民日报, 2007 – 05 – 30 (11).

[9] CSSCI 数据库简介. [EB/OL]. (2016 – 02 – 26) [2021 – 01 – 01]. http:// cssrac. nju. edu. cn/a/cpzx/zwshkxwsy/sjkjj/20160226/1141. html.

[10] 华东师范大学高等教育研究所简介 [EB/OL]. [2019 – 07 – 20]. http:// www. ihe. ecnu. edu. cn/bsjj/list. htm.

[11] 《高教研究与实践》简介 [EB/OL]. [2019 – 06 – 04]. http:// gjs. jlu. edu. cn/xsqk/_ gjyjysj_ /jj. htm.

[12] 国家新闻出版广电总局. 2016 年全国新闻出版业基本情况 [EB/OL]. [2019 – 02 – 12]. http:// www. sapprft. gov. cn/sapprft/govpublic/6677/1633. shtml.

[13] 厦门大学教育研究院概况 [EB/OL]. (2017 – 07 – 13) [2021 – 01 – 01]. https://ihe. xmu. edu. cn/2017/0713/c16591a325286/page. htm.

[14] 中国教育新闻网. 中国高等教育期刊概况 [EB/OL]. (2015 – 07 – 03) [2021 – 01 – 01]. http:// www. jyb. cn/zggdjy/qkgk/201507/t20150703_ 628656. html.

[15] 人大复印报刊资料. 人文社科三大期刊评价体系分学科重要期刊目录 [EB/OL]. [2021 – 01 – 01]. http:// www. sohu. com/a/278188262_ 273375.

[16] 中国研究生招生信息网[EB/OL].[2021 – 01 – 01]. https：// yz. chsi. com. cn/zyk/specialityDetail. do?zymc = % e9% ab%98% e7% ad% 89% e6% 95% 99% e8% 82% b2% e5% ad% a6&zydm = 040106&ssdm = &method = distribution&ccdm = &cckey = 10.

[17] 中国高等教育学会. 中国高等教育学会简介[EB/OL]. (2015 – 01 – 14)[2018 – 01 – 14]. http：// www. hie. edu. cn/overview_ 12570/20150114/t20150114_ 993091. shtml.

[18] 中国高等教育学会. 中国高等教育学会事业发展规划（2014—2020年）[EB/OL]. (2015 – 01 – 12)[2018 – 01 – 14]. http：// www. hie. edu. cn/overview_ 12570/20150112/t20150112_ 993047. shtml.

[19] 中国高等教育学会高等教育学研究会章程［S］. 1993.

[20] OECD – CERI. Interdisciplinary，1972：78.

后 记

学术写作的过程可谓是一段苦乐年华，尽管"苦"的成分多一点，但并不影响"乐"的纯度。此刻，在本书即将完成之际，特别感谢那些为我的这段历程注入"乐"元素的人、事和物。

首先，感谢我的师长群！感谢思路缜密、逻辑严谨的卢晓中教授对选题及研究框架拨云见日的指点！感谢温文儒雅、风度翩翩、才思敏捷的李盛兵教授、郑文教授、陈伟教授、刘志文教授、刘晖教授对本书提出的宝贵建议！感谢温婉大方的周丽华教授为我此次学术写作增加了"甜"度和温度！感谢那些给予我精神食粮的师长们，他们的讲座或言论等让我思路开阔，他们至少包括如下教授及编审：张学文、宣小红、高宝立、武宝瑞、蔡蓉华、孙金鑫、杨九铨、张应强、陈洪捷、陈金龙、胡中锋、赵敏、袁振国、王建华、孙绵涛、胡建华、邬大光、安文铸、别敦荣、周川、眭依凡、赵庆年、马凤岐、李枭鹰、安文铸、陈昌贵……

其次，感谢我的同侪群！感谢我的出版同行们不断启发我从跨学科以及学科融合的视角探究学科和学术发展问题！感谢华南理工大学出版社李秋云编辑的精心编校和其他同行对本书的审校和设计！感谢温柔博学的师姐喻春兰编审和多才多艺、精益求精的师兄卢家明编审在出版专业和教育专业上给我的双重帮助！感谢高等教育学专业的同学们不断为我枯竭的思想注入活水！感谢崔卫生博士的温柔呵护和帮助，每次和她接触都让人感到风轻云淡、宁静致远，坚定大小困难都可如期解决的信心！感谢杜燕锋博士，陪我走了上千遍的校园马路，在我手术住院期间每天汗流浃背地来看望我！感谢吴世勇博士给予的数据处理上的帮助！感谢杨蕾博士在我出差期间伸出援手帮我照顾两个孩子，让我有机会聆听期刊发展和学科发展的高峰思想！感谢李晶博士不定期组织"吐槽会"，驱走我学术写作道路上的心理障碍……

再次，感谢文献作者群！学术知识的生产以积累和传承为基础，在这个过程中，我身边的每个人、目光停留的每篇文献都对本书做出了贡献。深深感谢所有本书引用及参考文献的作者们！你们的辛勤工作引导我选择了这一选题，启发我竭尽全力将这一选题做出阶段性成果！感谢你们悄无声息的付出！

最后，感谢华南师范大学这个让我不断发现其可爱之处的校园！感谢华南师范大学资助出版本书！感谢华南师范大学教育科学学院提供兼容并包的学术平台！《现代教育论丛》编辑部历任领导有声或无声的支持，协助我完成了很多凭个人之力无法企及的事情！感谢陈海娃编辑不断改进的工作以及她那充满朝气的脸——总是让人看了便觉心平气和！感谢历任编辑部助理的配合，让我有可能在上班时间高质量地完成编辑部工作，有可能在下班之后开展出于"闲逸好奇"的探索！

上述林林总总的帮助，让本书得以顺利付梓。寄望其能够提供一种新的视角和思维路向，为高等教育学的跨学科、多学科研究，为学术期刊研究，为两者的协同发展带来些许启迪。

于小艳

2022 年 8 月 1 日